Abiturwissen
Jesus Christus

Uwe Stamer

ABITUR
WISSEN

Jesus Christus

Ernst Klett Verlag
Stuttgart Düsseldorf Leipzig

Herausgeber der Reihe Abiturwissen Religion:
Dr. Uwe Stamer

9 783129 295298

Die Deutsche Bibliothek – CIP-Einheitsaufnahme

Ein Titeldatensatz für diese Publikation ist bei
Der Deutschen Bibliothek erhältlich

Auflage 9. 8. 7. 6. | 2005 2004 2003 2002

Die letzten Zahlen bezeichnen jeweils die Auflage und das Jahr
dieses Druckes.

Internetadresse: http://www.klett-lerntraining.de
E-Mail: klett-kundenservice@klett-mail.de
Satz: Steffen Hahn GmbH, Kornwestheim
Druck: Wilhelm Röck, Weinsberg
Einbandgestaltung: Bayerl & Ost, Frankfurt/M.
ISBN 3-12-929529-1

Inhalt

Vorwort

In unserer Zeit hält die häufig unreflektierte und unstrukturierte Rückfrage nach religiösen Inhalten bzw. entsprechenden Surrogaten einerseits unvermindert an. Zum andern nimmt bei vielen die gleichgültige bis ablehnend-kritische Haltung, womöglich noch als „Beweis" eigener intellektueller Souveränität, gegenüber Kirche und christlich-theologischen Lehrinhalten eher zu.

So scheint es angebracht, dem Thema „Jesus Christus" auch und zunächst einmal rational zu begegnen. Dies zu vermitteln, ist nicht immer leicht, da hier mancherlei Blockaden auf seiten der Angesprochenen („Verwechslung" biblischer Fakten mit nicht immer akzeptierten kirchlichen Positionen; persönliche Negativerfahrungen usw.) im Wege stehen können. Doch ebenso unübersehbar ist die Bereitschaft gerade auch vieler junger Menschen, ihr häufig sehr fragmentarisches Wissen über biblische Stoffe, bei sachgerechter Anleitung, zu vervollständigen – durchaus auch mit der Konsequenz persönlicher religiöser Betroffenheit.

Solches kann allerdings in glaubwürdiger Form nur dann geschehen, wenn es gelingt, folgende Voraussetzungen zu erfüllen:

1. Die Botschaft von Jesus Christus muß als sinngebende Lebensform für den heutigen Menschen **verstehbar** sein. Dazu gehört der Einbezug aktueller Fragestellungen (Beispiel: „Jesus und die Frauen").
2. Es ist von Übel, wenn jahrtausendealte „christliche" Vorurteile, die an Gefährlichkeit nichts eingebüßt haben, weiter mitgeschleppt werden. Hier hilft, unter Einbezug des stets auszuweitenden jüdisch-christlichen Dialogs, nur **sachliche Aufklärung** (Beispiel: Die angebliche Schuld „der Juden" am Tod Jesu).
3. Überlieferte Lehrstoffe, die den Zugang zu wichtigeren Fragen erschweren und somit leicht abblocken können, sollten weder hinwegdiskutiert noch beharrlich aufrechterhalten werden. Hier gilt es, zwischen buchstäblich und bildhaft zu verstehenden Aussagen zu **unterscheiden** (Beispiel: Jungfrauengeburt).
4. Das Neue Testament, die „Frohe Botschaft", berichtet von positiven **Erfahrungen** der Menschen mit Gott. Es zwingt nicht dazu, scheinbar Widersinniges krampfhaft für wahr zu halten, läßt aber dem Irrationalen weiten Raum. Auch

letzte Fragen sollten mit Herz und Verstand er-griffen, können darum jedoch nicht immer be-griffen werden, müssen aber auf jeden Fall der **sprachlichen Vermittlung** zugänglich sein (Beispiel: Was heißt „Auferstehung"?).

Der vorliegende Band will solchen Voraussetzungen als selbstgesetzten Zielen nachkommen. Er ist jedoch keine Dogmatik in Kurzfassung. Vieles muß, schon aus Gründen des Stoffs und des Umfangs, fragmentarisch bleiben. Ein Verzeichnis der weiterführenden Literatur - hier seien die Arbeiten von Küng, Lapide, Leroy und Speidel, denen auch wir manche Anregungen entnommen haben, besonders genannt - findet sich am Ende des Buches.

In erster Linie angesprochen sind mit diesem Band die Schülerinnen und Schüler der gymnasialen Oberstufe. Er dient zur Vorbereitung auf das Abitur, aber auch als Arbeitsgrundlage in den Grund- und Leistungskursen. Die Sachinhalte sind neben der diskursiven Darstellung durchgehend systematisch strukturiert und memorierbar aufgelistet. Komprimierte Zusammenfassungen am Kapitelende, die mitunter auch als Analyse und Ausblick verstanden werden können, bringen das zuvor Gesagte nochmals auf den Punkt.

Ebenso eignet sich der Band als Begleitlektüre oder als Repetitorium für Studierende der Theologie in den Anfangssemestern. Und auch die lehrenden Kolleginnen und Kollegen können auf bestimmte Ausführungen zurückgreifen.

Dettenhausen/Tübingen, *Uwe Stamer*
im Januar 1993

1 Die textlichen Voraussetzungen: Die Quellen

1.1 Die neutestamentlichen Evangelien

In Kap. 1.1 wird nur das Wichtigste zusammengefaßt.

Grundsätzlich gilt, daß es sich bei allen Evangelien um Glaubenszeugnisse der Gemeinde handelt, also um kerygmatische Texte, geschrieben aus der nachösterlichen Perspektive, und nicht primär um historische Dokumente. Die Texte sind häufig aus vielen Einzelstücken zusammengesetzt, deren Entstehen und Überlieferungsprozeß meistens sehr genau rekonstruiert werden können.

kerygma (griech.) = Verkündigung

1.1.1 Die synoptischen Evangelien

synoptisch = zusammenschauend

Im Sinne der Möglichkeit historischer Rekonstruktion kommen praktisch nur die synoptischen Evangelien (also Matthäus, Markus, Lukas = Mt., Mk., Lk.) in Betracht (zum Johannesevangelium s. u.). Diese bilden gegenüber dem vierten Evangelium eine in Aufbau, Charakter und Traditionsgut z.T. bis in wörtliche Übereinstimmungen hinein zusammenhängende Gruppe.

Seit dem Ende des 18. Jahrhunderts hat man sich in der theologischen Forschung mit dem literarischen Zusammenhang dieser drei Evangelien untereinander befaßt. Nach mancherlei im Laufe der Zeit geäußerten Hypothesen erklärt diesen am einleuchtendsten die heute allgemein anerkannte **Zweiquellentheorie**:

- Das **Markus-Evangelium** wurde von Mt. und Lk. als Quelle benutzt; fast sein gesamter Stoff findet sich bei ihnen wieder.
- Die Tatsache, daß Mt. und Lk. dort, wo sie über Mk. hinausgehen, ebenfalls häufig in Sachfolge und Wortlaut übereinstimmen – und dies ist vor allem bei der Überlieferung der Worte Jesu der Fall –, läßt den Schluß zu, daß beiden eine weitere gemeinsame Quelle vorgelegen haben muß, die wegen ihres Inhalts die **Spruch-** oder **Logienquelle (Q)** genannt wird. Bei dieser Vorlage, die hauptsächlich Redenstoff aus Jesu Verkündigung enthalten haben muß und daher auch den Wandlungsprozessen der mündlichen Tradition stärker ausgesetzt war, handelt es sich vermutlich um eine schriftliche, in griechischer Sprache verfaßte Quelle, die allerdings als literarisches Werk nicht erhalten ist.
- Darüber hinaus besaßen Mt. und Lk. unabhängig voneinander eine eigene Überlieferung, das sog. **Sondergut**.

Mk.: verfaßt zwischen 64 und 70 (oder auch: um 70)
Lk.: verfaßt zwischen 70 und 90
Mt.: verfaßt zwischen 80 und 100

Als Schaubild läßt sich die Zweiquellentheorie folgendermaßen darstellen:

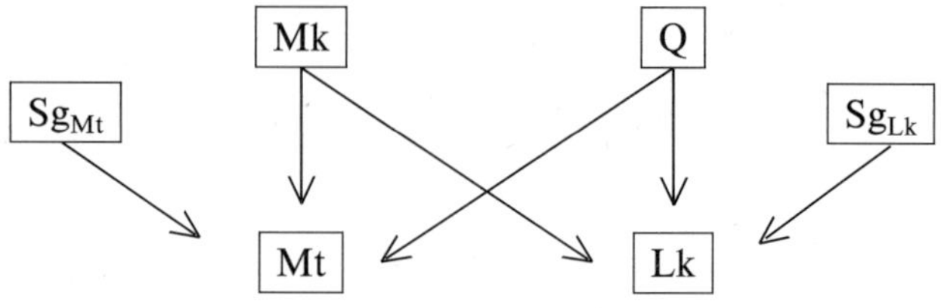

Auch das älteste Evangelium ist, abgesehen von seinem kerygmatischen Charakter, nur bedingt als historische Quelle zu betrachten, da sein zeitlicher und geographischer Aufbau nicht aus alter Überlieferung stammt, sondern einen später eingearbeiteten literarischen Rahmen darstellt.

Wenn auch schon die einzelnen Überlieferungsstücke – und nicht erst die Evangelien als ganze – als Glaubenszeugnisse angesehen werden müssen, so lassen sich doch bei allen Synoptikern bestimmte Merkmale historischer Echtheit erkennen:

- Dazu gehört, neben anderen Geschehnissen, die Passionsgeschichte, die schon sehr früh in fest umrissener Form überliefert wurde.
- Mit Sicherheit kann aus Jesu Lehre solches als echt gelten, was sich in das soziale und kulturelle Umfeld am wenigsten einfügen läßt, also das, was weder mit dem jüdischen Denken noch mit dem Glauben der späteren Gemeinde vereinbart werden kann. Dabei ist vor allem an solche Aussprüche Jesu zu denken, die unmittelbar aus einer bestimmten Situation heraus erwachsen sind.
- Auch der Grundbestand der Gleichnisse Jesu darf als historisch echt angesehen werden. Sie heben sich inhaltlich und stilistisch (erzählerische Form, Bildmaterial) deutlich ab von vergleichbaren jüdischen Texten. Auch zeigen sie das aus der Einheit von Wort und Tat (Wunder) resultierende unverwechselbare Selbstbewußtsein Jesu.

Joh.: verfaßt etwa um 100 (oder auch: zwischen 90 und 100)

1.1.2 Das Johannesevangelium

Gegenüber den Synoptikern ist das Johannesevangelium ein vom theologischen Verständnis und von seiner sprachlich-begrifflichen Konzeption her völlig eigenständiges Werk. Zwar kannte sein Verfasser die synoptischen Evangelien, und natürlich hat auch er die geschichtliche Überlieferung verarbeitet, doch ist sein Evangelium im ganzen eher ein literarisches Kunstgebilde, bestimmt von Ostern her, von der Schau des auferstandenen und verherrlichten Christus, und kommt daher als historische Quelle kaum in Betracht.

Aus den manchmal in die Diskussion gebrachten **außerkanonischen Evangelien** (z. B.: Petrusevangelium, entstanden um 150), die schon aus zeitlichen und inhaltlichen Gründen (sie haben oft einen erbaulichen bzw. theologisch unorthodoxen Charakter) unberücksichtigt bleiben müssen, gewinnen wir für das Verständnis der Person und der Lehre Jesu nichts Wesentliches.

Kanon des NT:
Die von der Kirche als Norm anerkannte Schriftensammlung

1.2 Außerchristliche Quellen

Darf man also aus der Tatsache, daß es sich bei den neutestamentlichen Evangelien um Glaubenszeugnisse handelt, nicht den Schluß ziehen, daß diese Texte als historische Quellen nun überhaupt nicht in Betracht kämen, so ist demgegenüber die Sachlage bei den außerchristlichen Quellen im umgekehrten Sinn viel eindeutiger. Bemerkenswert ist, daß an der Historizität Jesu nirgends gezweifelt wird, wobei natürlich die Autoren kein Interesse daran haben, christliche Glaubenswahrheiten zu verkündigen. Und wo dies, wie in einem Fall bei Josephus, doch vermutet werden könnte, handelt es sich mit Sicherheit - ganz oder teilweise - um einen nachträglichen christlichen Zusatz (s. 1.2.3).

1.2.1 Tacitus

Der römische Geschichtsschreiber Tacitus (geb. um 55, gest. nach 116 n. Chr.) berichtet in seinem Alterswerk „Annales“ (XV,44) über den Brand Roms unter Kaiser Nero (54-68) und von dessen Vorgehen gegen die römischen Christen: Um das Gerücht zu vernichten, der Brand sei auf seinen eigenen Befehl hin gelegt worden, habe er die Schuld auf die Christen - Tacitus nennt sie „Christianos“ - geschoben und sie mit den ausgesuchtesten Strafen („quaesitissimis poenis“) belegt. Dann führt er aus: „Der Urheber dieses Namens [sc. des Christentums] ist Christus, der unter Kaiser Tiberius durch den Prokurator Pontius Pilatus hingerichtet worden war.“

Nero:
Zeitgenössische Skulptur

„Auctor nominis eius Christus Tiberio imperitante per procuratorem Pontium Pilatum supplicio adfectus erat.“

Offenbar hält Tacitus „Christus“ für einen Eigennamen, der eigentliche Name „Jesus“ kommt bei ihm nicht vor.

Gewiß ist die von Tacitus mitgeteilte Nachricht seinerzeit in Rom allgemein bekannt gewesen, zumindest natürlich bei

Älteste Christusdarstellung: Das 1857 am Palatin in Rom freigelegte Spottbild weist auf den schändlichen Untergang des Stifters des Christentums hin. Das Bild zeigt die Gestalt eines gekreuzigten Mannes mit Eselskopf, links daneben eine kleine männliche Gestalt in Gebetshaltung. Der Text lautet übersetzt: Alexamenos betet seinen Gott an. – Die Meinung, Christen und Juden beteten einen eselsköpfigen Gott an, war damals weit verbreitet.

den offensichtlich zahlreichen Christen, deren Religion von Tacitus als „verderblicher Aberglaube“ („exitiabilis superstitio“) bezeichnet wird.

1.2.2 Plinius der Jüngere

Plinius der Jüngere (C. Plinius Caecilius Secundus, geb. 61 oder 62, gest. um 113), unter Kaiser Trajan (98–117) römischer Statthalter in Bithynien, hatte sich in seinem Amtsgebiet mit der dortigen Christengemeinde auseinanderzusetzen. In einem Brief an Trajan erkundigt er sich, wie er gegen die Christen rechtlich vorgehen solle. Die Hartnäckigen habe er bis jetzt verurteilt, die Abschwörenden freigelassen. Ihre Mitteilungen zeigen das Christentum als etwas ganz Harmloses: Man kommt an einem bestimmten Tag regelmäßig vor Sonnenaufgang zusammen, singt einen Hymnus auf Christus als seinen Gott („quasi deo carmina dicunt“) und verpflichtet sich zum sittlichen Leben.

1.2.3 Josephus Flavius

Der älteste Hinweis auf Jesus außerhalb des Neuen Testaments findet sich bei dem jüdischen Geschichtsschreiber Josephus Flavius (geb. 37 oder 38, gest. um 100). In seinem – griechisch geschriebenen – Werk „Antiquitates Judaicae“ („Jüdische Altertümer“; XX, 200), in welchem die jüdische Geschichte von der Urzeit bis 66 n. Chr. dargestellt wird, berichtet er, daß im Jahr 62 Jakobus, der Bruder Jesu, „des sogenannten Christus“, auf Veranlassung des Hohenpriesters Ananos (= Hannas II.) hingerichtet worden sei.

Im Gegensatz zu Tacitus und wohl auch Plinius d. J. weiß der gebildete Jude Josephus natürlich, daß „Christus“ kein Eigenname, sondern ein Hoheitstitel ist. Seinen römischen Lesern stellt er Jesus allerdings unter dem „Namen“ vor, unter dem er bei diesen bekannt war, nämlich „Christus“. Gleichzeitig läßt der einschränkende Zusatz „sogenannt“ die Distanz des Nichtchristen erkennen.

In einer weiteren Stelle aus den „Antiquitates“ (XVIII, 63 f.), dem sog. „Testimonium Flavianum“, wird der Name „Jesus“ erwähnt, vom Kontext her allerdings im Stil eines christlichen Bekenntnisses. Hier handelt es sich eindeutig um eine christliche Interpolation, also um einen Einschub in den Originaltext, der wahrscheinlich als ganzer von späterer Hand erfolgte.

1.2.4 Sueton

Bei dem römischen Schriftsteller Sueton (geb. um 70, 119–121 Kanzleichef Hadrians, Todesdatum unbekannt) taucht in der „Vita Claudii“ (25,4) der Name eines „Chrestus“ auf, der für messianische Tumulte in Rom unter Kaiser Claudius (41–54) verantwortlich gewesen sei: „Die Juden vertrieb er [Claudius] aus Rom, weil sie, von Chrestus angestachelt, beständig für Unruhe sorgten.“

„Iudaeos impulsore Chresto assidue tumultuantes Roma expulit.“

Der Zusammenhang dieser Stelle läßt sich nicht eindeutig klären. Unklar ist, ob „Chrestus“ hier überhaupt auf Jesus bezogen werden kann, zumal Sueton der Ansicht zu sein scheint, jener sei als Agitator selber in Rom aufgetreten. Dagegen ist es, gerade auch mit Hinblick auf die Notiz bei Tacitus (s. o.), durchaus vorstellbar, daß es schon zur Zeit des Claudius Christen in Rom gegeben hat. Vielleicht verweist Sueton, indem er eine unklare Überlieferung weitergibt, auf die Anfänge des dortigen Christentums?

1.2.5 Talmud

Talmud = „Lehre“: Sammlung der Gesetze und der mündlichen und schriftlichen religiösen Überlieferungen des nachbiblischen Judentums, um 500 n. Chr. abgeschlossen.

Einige Male wird Jesus in den frühen Schriften des Talmud genannt. Hier wird Jesus als Zauberer und Verführer Israels geschmäht. Er soll das uneheliche Kind eines römischen Soldaten namens Panthera gewesen sein, fünf Jünger gehabt haben und am Vorabend des Passahfestes gehängt worden sein.

Diese Angaben haben wegen ihres eindeutig polemischen Charakters keinen großen Aussagewert. Aufschlußreich ist allerdings die Tatsache, daß die Existenz Jesu nirgendwo bezweifelt wird.

2 Die Chronologie

Nach einigen Grundsatzüberlegungen zum „historischen Jesus“ werden in diesem Kapitel – so weit dies möglich ist – die Lebensdaten des Jesus von Nazareth rekonstruiert. Zunächst wird versucht, das Jahr der Geburt näherungsweise zu bestimmen; sodann wird das Todesdatum ermittelt, das ziemlich genau angegeben werden kann. Am Ende fragen wir nach der Dauer seiner öffentlichen Wirksamkeit.

2.1 Notwendige Vorüberlegungen

Die sog. **Leben-Jesu-Forschung** des 19. Jahrhunderts hatte sich vorgenommen, hinter den vom Glauben geprägten Evangelien des NT den „echten“, „eigentlichen“ historischen Jesus wieder neu zu entdecken. Sie war vor allem deswegen gescheitert, weil die Verfasser ihre eigenen weltanschaulichen Voraussetzungen zur Grundlage ihres Jesusbildes machten.

Rudolf Bultmann (ev. Theologe, 1884–1976): „Jesus Christus begegnet dem Menschen nirgends anders als im Kerygma.“ (Kerygma: s. S. 9)

Die sog. **formgeschichtliche Schule** (etwa ab 1920) hatte sodann die einzelnen Evangelientexte bis zu ihren Ursprüngen, ja bis in die mündliche Tradition zurückverfolgt und dabei jeweils ihren „Sitz im Leben“ zu bestimmen versucht. Man erkannte, daß schon die frühe Überlieferung von Jesus nicht historisch-biographischen Zwecken diente, sondern Glaubensinteressen galt. So sind auch die Evangelien insgesamt als Glaubenszeugnisse zu verstehen, als Verkündigung der nachösterlichen Gemeinde.

Höhlen von Qumran

In der **theologischen Forschung der Gegenwart** werden diese Ergebnisse zwar keineswegs bestritten, doch bisweilen etwas relativiert. Man weiß heute, daß sich das biblische Bild von Jesus sehr gut in das historische Umfeld Palästinas im 1. Jahrhundert einfügen läßt. Auch hat man in manchen Einzelheiten die von Jesus ausgelöste Bewegung präziser nachzeichnen können und dabei die Einsicht gewonnen, daß hinter allem eine prägnante historische Gestalt steht. Darüber hinaus haben wertvolle archäologische Funde, z. B. in den Höhlen von **Qumran** am Toten Meer (seit 1947), die Kenntnisse aus der Zeit Jesu im Vergleich zu früheren Jahren erweitert und ergänzt.

Bei der Frage nach den Lebensdaten Jesu bleibt grundsätzlich zu beachten:
- die Unsicherheit bei der Ermittlung genauer historischer Zusammenhänge darf nicht dazu verleiten, die historische Realität überhaupt abzuwerten;
- das Anliegen der neutestamentlichen Autoren ist ein anderes als das der heutigen Forschung: Sie wollten primär keine exakten, der Wissenschaft dienenden Angaben machen, sondern die Auferstehung Christi, also Gottes Wort, verkünden. In ihrem weithin mythisch-bildhaften Verstehen von Gott und Welt waren meßbare, nachprüfbare Daten und Fakten durchaus entbehrlich;
- dem (heutigen) Menschen helfen noch so klare historische Beweise keinen Schritt weiter, wenn er die Botschaft Jesu - also: die Schaffung einer neuen Lebenswirklichkeit, die Transzendierung der menschlichen Existenz - nicht ernst nimmt;
- für die Ermittlung der historischen Daten sind wir weithin auf die sog. „relative Chronologie", also die indirekte, kombinatorische Zeitfixierung, angewiesen.

2.2 Die Datierung der Geburt Jesu

Vorab bleibt zu berücksichtigen, daß unsere christliche Zeitrechnung, die im 6. Jahrhundert durch den römischen Mönch Dionysius Exiguus numerisch festgelegt wurde, wahrscheinlich auf einem Irrtum beruht. Jener Mönch erhielt den Auftrag, den Beginn der neuen Zeitrechnung rückwirkend zu bestimmen, und legte als das Geburtsjahr Jesu das Jahr 754 nach der Gründung Roms fest. Dieses Jahr nannte er das Jahr 1 nach Christi Geburt. Dabei hat er sich allerdings um fünf Jahre verrechnet, denn er übersah das Jahr Null und vergaß außerdem jene vier Jahre, die der römische Kaiser Augustus (= der Erhabene) unter seinem früheren Namen Octavianus regiert hatte. Seit dem Jahr 525 allerdings beruht auf der einmal getroffenen Einteilung unsere Zeitrechnung.

Nach der Legende wurde Rom am 21. 4. 753 v. Chr. durch Romulus auf dem palatinischen Hügel gegründet.

Genau handelt es sich um die Jahre 31–27 v. Chr. (63: Geburt des Gaius Octavius, des späteren Kaisers Augustus; 31: Nach dem Sieg über Marc Anton ist Octavian Alleinherrscher, seit 27 mit dem Titel „Augustus"; 14 n. Chr.: Tod des Augustus)

Eine genaue Datierung der Geburt Jesu ist nicht möglich. Die einzelnen biblischen Angaben hierzu sind von unterschiedlichem Rang, denn zwischen positiv verwertbaren Zeitangaben und legendärer Überlieferung läßt sich eine klare Trennungslinie ziehen.

2.2.1 Das Lukanische Zeugnis

Die „Rückrechnung": Lk. 3,1f.; Lk. 3,23

Tiberius: 14–37
Pontius Pilatus: 26–36
Herodes d. Gr.: 37–4 vdZ
Herodes Antipas: 4 vdZ–39 ndZ
Hannas: 6–15 (auch nachher einflußreich)
Kaiphas: 18–36

Eine der wenigen exakten Zeitangaben im NT findet sich bei Lukas:
„Im fünfzehnten Jahr der Herrschaft des Kaisers Tiberius, als Pontius Pilatus Statthalter in Judäa war und Herodes Landesfürst von Galiläa und sein Bruder Philippus Landesfürst von Ituräa und der Landschaft Trachonitis und Lysanias Landesfürst von Abilene, / als Hannas und Kaiphas Hohepriester waren, da geschah das Wort Gottes zu Johannes, dem Sohn des Zacharias, in der Wüste."

„Und Jesus war, als er auftrat, etwa dreißig Jahre alt..."

Tiberius

Man kann also festhalten, daß der Beginn der öffentlichen Wirksamkeit Jesu in das Jahr 28 (= das 15. Regierungsjahr des Tiberius), allenfalls 29, fällt: Jesus hatte sich der im Jahr 28 in Judäa entstandenen Buß- und Taufbewegung des Johannes angeschlossen, welche die innere und äußere Umkehr vor dem erwarteten großen Weltgericht predigte.

Während der Taufe durch Johannes (vgl. Mk. 1,9–11 par.), die historisch als sicher gilt, hatte Jesus ein - nicht näher nachprüfbares - Berufungserlebnis. Bald darauf entstand sein eigener Jüngerkreis.

Wenn man unter der Lukasangabe „etwa dreißig Jahre alt" das Alter zwischen 28 und 32 versteht und für den Beginn des öffentlichen Auftretens Jesus das Jahr 28 ndZ annimmt, dann ist für die Datierung der **Geburt** der Zeitraum von **0–4 vdZ** am wahrscheinlichsten.

Die „Schätzung": Lk. 2,1–5

Augustus: Daten s. S. 15

Publius Sulpicius Quirinius (= Cyrenius): gest. 21 ndZ, römischer Feldherr und Konsul, befehligte von 12 vdZ bis 16 ndZ in verschiedenen amtlichen Positionen den orientalischen Teil des römischen Reiches.

Der folgende Text aus der sog. „Weihnachtsgeschichte" ist nahezu Volksgut:
„Es begab sich aber zu der Zeit, daß ein Gebot von dem Kaiser Augustus ausging, daß alle Welt geschätzt würde. Und diese Schätzung war die allererste und geschah zur Zeit, da Quirinius Statthalter in Syrien war. / Und jedermann ging, daß er sich schätzen ließe, ein jeder in seine Stadt. / Da machte sich auf auch Josef aus Galiläa, aus der Stadt Nazareth, in das jüdische Land zur Stadt Davids, die da heißt Bethlehem, weil er aus dem Hause und Geschlechte Davids war, / damit er sich schätzen ließe mit Maria, seinem vertrauten Weibe, die war schwanger."

Lukas bezieht sich hier auf die erste allgemeine Erfassung von Personen und Besitzstand, die zum Zweck der Steuereinziehung im Jahre 6/7 ndZ, als Judäa römische Provinz wurde, stattfand. Sie stieß bei der jüdischen Bevölkerung

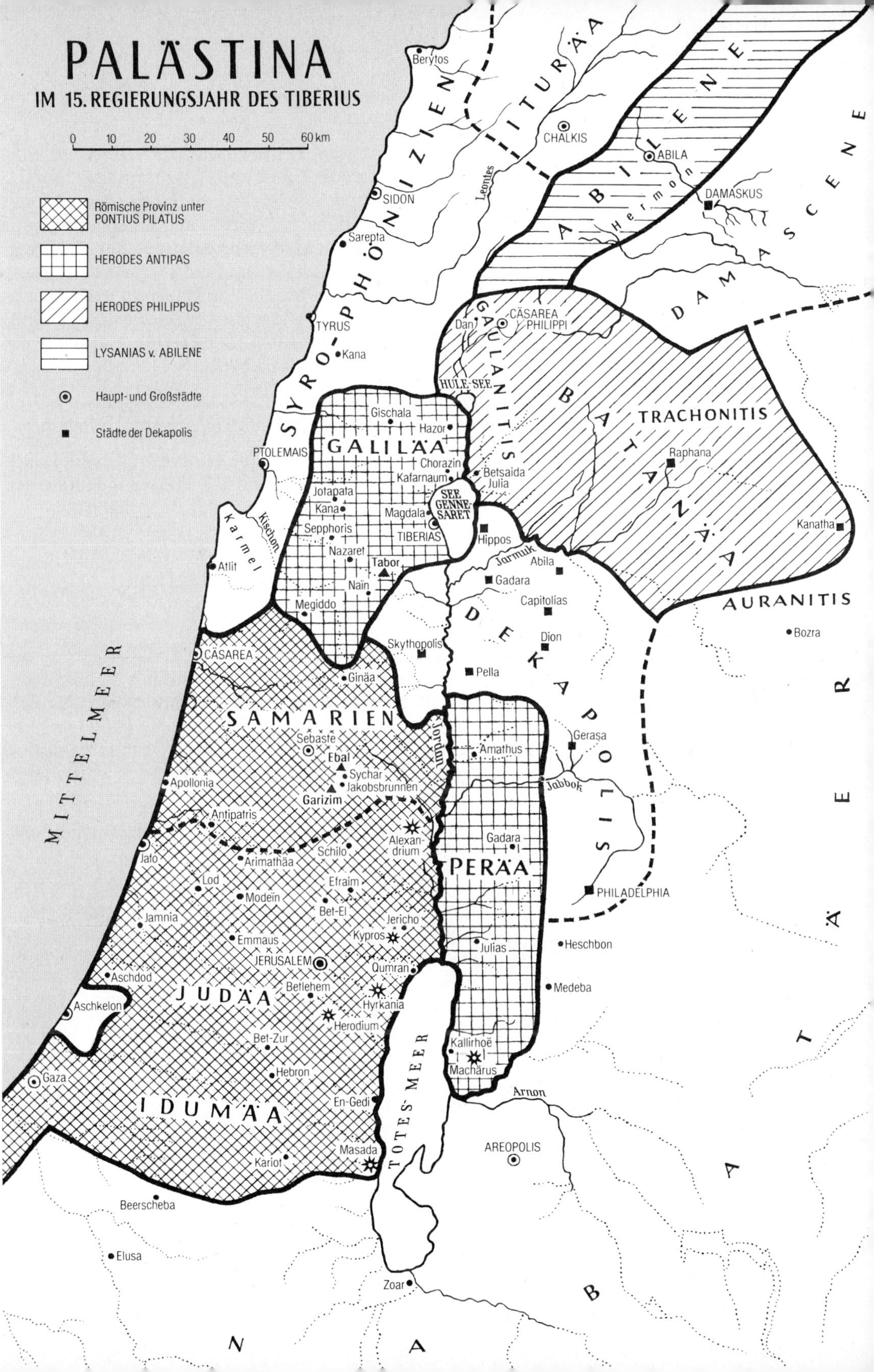
PALÄSTINA
IM 15. REGIERUNGSJAHR DES TIBERIUS
0 10 20 30 40 50 60 km
Römische Provinz unter PONTIUS PILATUS
HERODES ANTIPAS
HERODES PHILIPPUS
LYSANIAS v. ABILENE
Haupt- und Großstädte
Städte der Dekapolis
Berytos
SYRO-PHÖNIZIEN
ITURÄA
ABILENE
CHALKIS
ABILA
Leontes
Hermon
SIDON
DAMASKUS
DAMASCENE
Sarepta
TYRUS
Kana
CÄSAREA PHILIPPI
Dan
GAULANITIS
BATANÄA
HULE-SEE
TRACHONITIS
Gischala
Hazor
GALILÄA
PTOLEMAIS
Chorazin
Kafarnaum
Betsaida Julia
Raphana
Jotapata
Kana
SEE GENNESARET
Magdala
TIBERIAS
Hippos
Kanatha
Sepphoris
Kischon
Karmel
Atlit
Nazaret
Tabor
Jarmuk
Abila
Gadara
Nain
Megiddo
Capitolias
AURANITIS
DEKAPOLIS
Dion
Bozra
Skythopolis
CÄSAREA
Ginäa
Pella
SAMARIEN
Jordan
Sebaste
Ebal
Sychar
Jakobsbrunnen
Garizim
Amathus
Gerasa
Jabbok
Apollonia
Antipatris
Alexandrium
MITTELMEER
Jafo
Arimathäa
Schilo
Gadara
PERÄA
Lod
Efraim
Modeïn
PHILADELPHIA
Bet-El
Jamnia
Jericho
Emmaus
Kypros
Julias
Heschbon
JERUSALEM
Qumran
Aschdod
Betlehem
Medeba
JUDÄA
Hyrkania
Aschkelon
Herodium
Bet-Zur
TOTES MEER
Kallirhoë
Machärus
Hebron
Gaza
En-Gedi
Arnon
IDUMÄA
AREOPOLIS
Masada
Kariot
Beerscheba
Elusa
Zoar
NABATÄER

z. T. auf gewaltsamen Widerstand, bis hin zum öffentlichen Aufruhr (vgl. Apg. 5,37).

Zu Josephus Flavius vgl. Kap. 1.2.3

Diese „Schätzung", der „Zensus", wird auch von dem jüdischen Geschichtsschreiber Josephus („Antiquitates" XVIII, 1f.) erwähnt. Zu beachten bleibt allerdings, daß sich die Schätzung nur auf Judäa, nicht aber auf Galiläa und damit auf Nazareth erstreckte. Man vermutet indes, daß das Ereignis der Schätzung von Lukas dazu benutzt wurde, um die Wanderung Marias und Josephs von Nazareth nach Bethlehem zu begründen. Bethlehem aber mußte der Zielort sein, weil der verkündete Messias in der Davidsstadt hatte zur Welt kommen müssen (vgl. S. 24 ff.).

Das in Lk. 2,1–5 Berichtete dürfte sich also, vom historischen Standpunkt aus betrachtet, kaum so zugetragen haben.

Bisweilen wird auch die Annahme geäußert, es handele sich bei dieser Schätzung um eine um 8/7 vdZ beginnende erste Erfassung, was allerdings wenig wahrscheinlich ist.

2.2.2 Der „Kindermord zu Bethlehem": Mt. 2,16 ff.

Regierungsdaten s. S. 16

Aus Mythos und Märchen, aber auch aus der rabbinischen Tradition kennt man viele motivähnliche Erzählungen.

Historisch gesichert ist, daß im Jahr 4 vdZ Herodes der Große starb und sein Sohn Herodes Antipas an die Regierung kam. Dieser im Rahmen der Legende vom „Kindermord zu Bethlehem" erwähnte Machtwechsel auf dem jüdischen Königsthron (Mt. 2,19) macht die Annahme sicher, daß Jesus nicht später als im Jahr 4 vdZ geboren worden sein kann.

Diese Datierung läßt sich gerade noch, aber durchaus einleuchtend, mit Lk. 3,23 vereinbaren.

Da Matthäus (2,16) davon berichtet, daß Herodes „alle Kinder in Bethlehem ... und in der ganzen Gegend, die zweijährig und darunter waren", töten ließ, kommt allerdings auch der Zeitraum zwischen 6 und 4 vdZ in Betracht.

2.2.3 Die „Weisen aus dem Morgenland": Mt. 2,1 ff.

> *„Wo ist der neugeborene König der Juden? Wir haben seinen Stern gesehen im Morgenland und sind gekommen, ihn anzubeten. (...) Als sie nun den König gehört hatten, zogen sie hin. Und siehe, der Stern, den sie im Morgenland gesehen hatten, ging vor ihnen her, bis er über dem Ort stand, wo das Kindlein war."*
> *(Mt. 2,2.9)*

Der deutsche Astronom Johannes Kepler hatte für das Jahr 7/6 vdZ eine Konstellation der Planeten Jupiter und Saturn festgestellt („De stella nova“, 1606). J. Kepler: 1571–1630

Er hatte allerdings seine Beobachtung selber schon dahingehend erläutert, daß es sich bei dieser Konjunktion nicht um den Stern der Weisen, sondern nur um dessen Ankündigung, gewissermaßen also um den Vorboten eines außerordentlichen Geschehens, gehandelt habe. Nicht selten aber hat man später den Wunderstern mit dieser Konstellation gleichgesetzt.

Dagegen stehen jedoch folgende Überlegungen:
- Matthäus spricht von einem Wunderstern, der durch sein Erscheinen die Geburt ankündigt, und sodann von einem Wanderstern, der den drei Magiern den Weg zeigt zu dem Ort, „wo das Kindlein war“. Ein astronomisches Phänomen wird damit allerdings nicht geschildert.
- Eine Konjunktion kann nicht „voranziehen“, sich also auch nicht in nord-südlicher Richtung von Jerusalem nach Bethlehem bewegen, wie dies von dem Wanderstern berichtet wird (vgl. Mt. 2,9).
- Zum Motiv des Sterns, der die Geburt eines Helden oder eines Königs anzeigt und den Weg weist, existieren viele antike Parallelen. Dies gibt – wie auch manches andere – dem Text Mt. 2,1ff. eindeutig einen erzählerisch-novellistischen Charakter. Er gehört als ganzer in das Reich der Legende.

Eine zeitliche Fixierung der Geburt Christi nach dem Stern der Magier ist also nicht möglich.

2.2.4 Zusammenfassender Überblick zur Datierung der Geburt Christi

Nach allem lassen sich also die folgenden verschiedenen Angaben festhalten:

- 0 bis 4 vdZ,
- 6/7 ndZ,
- nicht später als 4 vdZ,
- 6 bis 4 vdZ,
- 7/6 vdZ.

Für den **Zeitraum** ist also immerhin die Spanne zwischen 7 vdZ bis 7 ndZ ziemlich sicher. Mit einer gewissen Wahrscheinlichkeit liegt das Jahr **4 vdZ** am nächsten.

2.3 Die Datierung der Passion

Mit sehr viel größerer Sicherheit läßt sich der Todestag Christi ermitteln.

vgl. S. 9ff.

Die Überlieferung der Evangelien wie auch außerchristliche Quellen bezeugen, daß Jesus zur Regierungszeit des Kaisers Tiberius, in der Amtszeit des römischen Prokurators Pontius Pilatus und des Hohenpriesters Kaiphas gekreuzigt wurde.

vgl. Mk. 15,42; Mt. 27,62; Lk. 23,54; Mk. 16,1 par.*; Joh. 19,31; 20,1
* par. = Parallelverse

Außerdem überliefern alle Evangelien, daß Jesus an einem Freitag starb und daß an einem Sonntag die Entdeckung des leeren Grabes erfolgte.

Bei der Datierung dieses Freitags aber stimmen die Synoptiker und das Johannesevangelium nicht mehr überein.

Synoptiker:	**Johannesevangelium:**
Mk. 14,12; Mt. 26,17; Lk. 22,7:	Joh. 13,1.29; 18,28; 19,31:
Freitag = der **1. Tag des Passahfestes**, der 15. Nisan	Freitag = der **Vortag** des Festes, der 14. Nisan

Beide Angaben lassen sich nicht miteinander harmonisieren.

Es bleibt noch offen, in welchem der in Frage kommenden Jahre der 14. bzw. 15. Nisan auf einen Freitag fiel. Nach Beobachtungen des jüdischen Kalenders ist man zu folgendem Ergebnis gekommen:

> Als **Todestag Jesu** ist Freitag, der 15. Nisan 30 (= 7. April 30) oder – weniger wahrscheinlich – Freitag, der 14. Nisan 30 (= 6. April 30) anzusehen.

Jesus war, als er starb, etwa 34 Jahre alt.

2.4 Der zeitliche Rahmen des Auftretens Jesu

Hier sind wir auf sehr spärliche Informationen angewiesen. Auch stehen zeitliche und geographische Angaben bei den Evangelisten bisweilen in einem bestimmten theologischen oder symbolischen Zusammenhang und sind schon von daher nicht immer im Sinn historisch konkreter Anhaltspunkte zu werten.

Erstaunlicher jedoch ist die Tatsache, daß der Zeitraum des öffentlichen Auftretens Jesu nach den uns vorliegenden neutestamentlichen Angaben maximal auf drei Jahre bemessen werden kann. Hier gibt es unterschiedliche Berechnungen (vgl. Kap. 2.4.2). Das bedeutet: Über den Zeitabschnitt zwischen der Geburt und der Loslösung Jesu aus dem Kreis um Johannes den Täufer wissen wir nichts Zuverlässiges.

2.4.1 Der zwölfjährige Jesus im Tempel (Lk. 2,41–52)

Als biographische Notiz – im Sinne einer weiteren chronologischen Fixierung – läßt sich dieser Text nicht verwenden. Er gehört in den Legendenkranz der ersten beiden Lukaskapitel und zeigt deutlich literarischen Charakter. Dies läßt für die Entstehungszeit eine relativ späte Form des Urchristentums annehmen. Die beiden literarischen Hauptmotive sind:

a) die erstaunliche Weisheit des jugendlichen Jesus (2,47);
b) sein Aufenthalt im Tempel, der auf seine religiöse Bestimmung hindeutet (2,46).

Bei Markus und Matthäus findet sich dieser Text nicht.

Zu beiden Motiven gibt es in der außerchristlichen religiösen Literatur verschiedene Parallelen. Der biographische Zusammenhang (Geburt – zwölfjähriger Jesus – Auftreten des erwachsenen Jesus [Lk. 3,1ff.]) wird erst später entstanden sein. Bei dem vorliegenden Text handelt es sich ursprünglich um eine Einzelgeschichte, welche die vorangegangenen nicht voraussetzt.

Aus V. 48 und 50 kann man erkennen, daß die Eltern von der Bedeutung des Kindes nichts wissen. Dies läßt sich mit den bis dahin von Lukas berichteten Ereignissen nicht vereinbaren.

2.4.2 Der Zusammenhang zwischen theologischen, geographischen und chronologischen Angaben in den Evangelien

Der Zeitraum des öffentlichen Auftretens Jesu hängt in der Darstellung der Evangelisten eng mit den von ihm besuchten Orten bzw. Landschaften zusammen. Zunächst ist zu klären, *warum* Jesus überhaupt umherzog. Dazu muß man sich nochmals seine anfängliche Nähe zu Johannes dem Täufer vergegenwärtigen.

Die Herkunft Jesu aus der Täuferbewegung

Es darf als einigermaßen gesichertes historisches Faktum gelten, daß Jesus zuerst zum Kreis um den Gerichts- und Bußprediger Johannes den Täufer gehörte und von diesem getauft wurde, daß er sich aber dann von dieser recht radikalen Gruppe löste und bald eigene Anhänger gewann.

In drei wesentlichen Punkten unterscheidet sich Jesus von Johannes dem Täufer:

1. Johannes predigte in drohendem Ton von Gericht, Strafe und Buße. Auch Jesus predigt vom Gericht Gottes. Aber er will den Menschen die Angst nehmen: Gott ist nicht furchtbar, sondern barmherzig.

2. Johannes wird aufgrund seiner Kleidung und Ernährung ausdrücklich als Asket bezeichnet (Mk. 1,6). An anderer Stelle heißt es sogar: „Er aß nicht und trank nicht" (Mt. 11,18; vgl. auch Lk. 7,33). Von solch asketischer Lebensweise Jesu wissen wir nichts. Für seine Jünger lehnt er sogar die Fastenpraxis des Johannes ausdrücklich ab (Mk. 2,19; vgl. Kontext). Und für sich selbst muß er den Vorwurf hinnehmen, „ein Fresser und Weinsäufer, ein Freund der Zöllner und Sünder" zu sein (Mt. 11,19).

„Und es ging zu ihm [Johannes] hinaus das ganze jüdische Land und alle Leute von Jerusalem..." (Mk. 1,5)

3. Von grundsätzlicher Bedeutung ist: Zu Johannes „ging man hin", Jesus aber ging zu den Menschen hin. Johannes predigte „in der Wüste" (Mk. 1,4; zumindest - auch - an deren Rand, denn er taufte ja im Jordan), Jesus aber machte sich auf in die Städte und Dörfer und predigte und half dort, in der Gemeinschaft der Menschen. Er geht selber zu den Verlorenen, den Außenseitern, den Kranken.

Jesu Entschluß, die Zeit seines Wirkens umherziehend, ortsungebunden, zu verbringen, hängt also ganz wesentlich mit dem Inhalt seiner Botschaft zusammen.

Galiläa - Jerusalem - Passahfest(e)

Bei der Darstellung des zeitlichen und des geographischen Rahmens gibt es zwischen den Synoptikern und dem Johannesevangelium erhebliche Unterschiede, die sich nicht ausgleichen lassen.

Synoptiker:	**Johannesevangelium:**
Nach Markus (1,14; übernommen in Mt. 4,12) beginnt Jesus mit seiner öffentlichen Wirksamkeit erst **nach** der Gefangennahme Johannes des Täufers.	Hier gehen die öffentliche Wirksamkeit Jesu und Johannes des Täufers über einen längeren, allerdings nicht näher bestimmten Zeitraum nebeneinander her.
Für das Auftreten Jesu in den synoptischen Evangelien könnte man die Formel verwenden: „Aktion in Galiläa, Passion in Jerusalem". Daß Jesus zuerst in Galiläa auftrat, wird ausdrücklich vermerkt (Mk. 1,14; Mt. 4,12 ff.; Lk. 4,14 ff.). Seine - einzige -	Im Johannesevangelium wechselt der Schauplatz der Tätigkeit Jesu zwischen Galiläa und Jerusalem. Auch ein Aufenthalt Jesu in Samarien (Joh. 4,4 ff.) wird genannt.

Reise nach Jerusalem führt zum Ende seiner Tätigkeit. Hier wird er gefangengenommen, verurteilt und hingerichtet.

Da nur von **einem** Jerusalemer Aufenthalt und **einem** Passahfest (dem sog. Todespassah), das Jesus beging, berichtet wird, liegt der Schluß nahe, daß Jesu Tätigkeit **nicht länger als ein Jahr** gedauert hat.

Das Johannesevangelium kennt **mehrere** Aufenthalte Jesu in Jerusalem. Zum Laubhüttenfest (Joh. 7,2.14) und zum Tempelweihfest (Joh. 10,22) ist er dort, und mindestens zweimal feiert er hier das Passahfest (vgl. Joh. 2,13.23; 6,4). Und wenn das in Joh. 5,1 genannte „Fest der Juden" auch als Passahfest gedeutet werden kann – falls es nicht mit dem in Joh. 6,4 genannten identisch ist (Interpretationsfrage; Probleme in der Kapitelfolge 5/6) –, wäre sogar von insgesamt drei Passahfesten die Rede. Demnach hätte Jesus **mindestens zwei, höchstens jedoch drei Jahre** öffentlich gewirkt.

Diese Ergebnisse kennzeichnen unseren heutigen Wissensstand. Sie dürfen nicht als absolut gültige Angaben verstanden werden. So kann z. B. aus dem Umstand, daß die synoptischen Evangelien nur von **einem** Jerusalemer Aufenthalt Jesu berichten, nicht definitiv geschlossen werden, daß Jesus nur **ein** Jahr öffentlich gewirkt habe. Er kann auch durchaus schon früher in Jerusalem gewesen sein, ohne daß wir davon wissen. Auch sprechen die literarische Konzeption und die begrifflich-theologische Ausrichtung des Johannesevangeliums nicht in jedem Fall für historische Zuverlässigkeit.

Gleichwohl bleibt die Tatsache, daß wir vom Leben und Wirken des erwachsenen Jesus von Nazareth, der etwa 34 Jahre alt wurde, nur für einen Zeitraum von allenfalls drei Jahren Kenntnisse besitzen, erstaunlich. An der Brisanz seiner Botschaft ändert dies freilich nichts.

3 Die Abstammung Jesu

In der christologischen Verkündigung wird oft nicht genügend berücksichtigt, daß der irdische Jesus „zunächst" einmal Mensch war: geboren von einer jüdischen Mutter, aufgewachsen in einer jüdischen Familie, gebunden an jüdische Traditionen. Nicht ungern wird bisweilen die Person Jesu von den abendländischen Kirchen als eine Art „christlicher Besitz" vereinnahmt. Im Rahmen der Zurückstellung konkreter biographischer Hintergründe ist in der katholischen Kirche die Ausgestaltung der Marienverehrung und die Betonung der Jungfräulichkeit der Gottesmutter dann allerdings nur konsequent.

Daß bei solchen Themen gelegentlich Spannungen zwischen der kirchlichen Verkündigung und den Resultaten der Bibelwissenschaft entstehen, darf aber nicht, wie immer zu berücksichtigen bleibt, zu voreiligen Schlüssen führen.

3.1 Der Geburtsort

Nur in den Kindheitsgeschichten des Matthäus- und des Lukasevangeliums wird **Bethlehem** als der Geburtsort Jesu genannt (Mt. 2,1; Lk. 2,4). Nahezu alle Exegeten sind heute übereinstimmend der Ansicht, daß diese Angabe bereits eine theologische Interpretation von seiten der Evangelisten (bzw. der von ihnen übernommenen religiösen Tradition) darstellt. Denn Bethlehem galt als der Geburtsort Davids, und die Weissagung des Propheten Micha hatte zum Inhalt, daß der Herrscher in Israel aus der Davidsstadt kommen werde. Und es war gute alttestamentliche Tradition, daß der Messias, der „Gesalbte", der Retter Israels, ein „Sohn", d. h. ein Abkömmling des Königs Davids sein werde, dessen Reich unvergänglich ist.

„Und du, Bethlehem Efrata, die du klein bist unter den Städten in Juda, aus dir soll mir der kommen, der in Israel Herr sei, dessen Ausgang von Anfang und von Ewigkeit her gewesen ist." (Micha 5,1)

„Siehe, es kommt die Zeit, spricht der Herr, daß ich dem David einen gerechten Sproß erwecken will. Der soll ein König sein, der wohl regieren und Recht und Gerechtigkeit im Lande üben wird." (Jer. 23,5; vgl. auch 2. Sam. 7,12 f.; Jes. 11,1 f.)

Nicht anders als im Sinne dieser messianischen Davidssohntheologie ist auch der (historisch nicht haltbare) Stammbaum Jesu (Mt. 1,1–17) zu verstehen, in dem Jesus direkt als „Sohn Davids" bezeichnet wird (Mt. 1,1). Entsprechendes gilt für die sog. „Weihnachtsgeschichte" (Lk. 2; vgl. S. 16 ff.): Sowohl der Ort Bethlehem wie auch verschiedene nähere Einzelheiten (Krippe, niedrige Herkunft u. a.) sind nicht historisch, sondern heilsgeschichtlich zu verstehen. Zur jüdischen Tradition tritt hier die hellenistische Mythologie – die Lukas als griechisch gebildeter Autor zweifellos

Geburtskirche von Bethlehem/Ikonostase

kannte - mit ihrer Vorstellung vom „göttlichen Kind", das unerkannt und arm als Retter auf dieser Welt erscheint.

Grundsätzlich muß an dieser Stelle, wie auch beim Thema „Jungfrauengeburt" (s. u.), vor einem folgenschweren Mißverständnis gewarnt werden: Es wäre verfehlt, bestimmte biblische Berichte deswegen als „falsch" zu bezeichnen, weil sie historisch nicht haltbar sind. Die Übertragung bereits bekannter religiöser Vorstellungen auf Jesus - also etwa der messianischen Davidssohnüberlieferung oder der in den christologischen Hoheitstiteln zum Ausdruck kommenden Rangbezeichnungen - bedeutet, daß es viele Menschen gab, die diesen Rang und diese Hoheit ihres Trägers **erfahren** haben. Es kann hier also nicht die Rede sein von Willkür oder gar von Fälschung zum Zweck der Täuschung, sondern von der Erkenntnis des ganz Außerordentlichen, die vielen durch die Begegnung mit Jesus zuteil wurde.

Im wertenden, nicht im historisierenden Sinn ist somit auch die kirchliche Tradition zu sehen, die in der Regel an Bethlehem als dem Geburtsort Jesu festhält.

Gegenüber dem theologisch stark vorgeprägten Bethlehem spricht hingegen vieles für **Nazareth**:

1. Nach Markus, also dem ältesten Evangelisten, stammt Jesus aus Nazareth. Auffällig ist auch, daß diese Herkunftsbezeichnung bei Markus als eine Art Identitätsmerkmal am Beginn von Jesu öffentlicher Wirksamkeit (28 ndZ) steht. Die schon christologisch ausdeutenden Kindheitserzählungen der späteren Evangelisten Lukas und Matthäus fehlen hier noch.

„Und es begab sich zu der Zeit, daß Jesus aus Nazareth in Galiläa kam und ließ sich taufen von Johannes im Jordan." (Mk. 1,9)

„Nazarener“: Mk. 1,24; 10,47; 14,67; 16,6; „Nazoräer“: Mt. 2,23; 26.71; Lk. 18,37; Joh. 18,5.7; 19.19

I	**N**	**R**	**I**
e	a	e	u
s	z	x	d
u	a		a
s	r		e
	e		o
	n		r
	u		u
	s		m

Die lateinische Inschrift heißt auf deutsch: „Jesus von Nazareth, (der) König der Juden“.

„Einige nun aus dem Volk, die diese Worte hörten, sprachen: Dieser ist wahrhaftig der Prophet. Andere sprachen: Er ist der Christus. Wieder andere sprachen: Soll der Christus aus Galiläa kommen? Sagt nicht die Schrift: aus dem Geschlecht Davids und aus dem Ort Bethlehem, wo David war, soll der Christus kommen? So entstand seinetwegen Zwietracht im Volk.“ (Joh. 7,40–43)

2. Häufig wird Jesus in den Evangelien als **Nazarener** oder als **Nazoräer** bezeichnet.

3. Bei Jesu Kreuzigung wird auf einer Tafel über seinem Haupt die Ursache seines Todes angegeben (Joh. 19,19). Hier hat die Herkunftsangabe „Nazarener“ gleichsam offiziellen Charakter.

4. Nazareth galt als Wohnsitz der Eltern Jesu (Lk. 1,26f.; 2,39.51). Auch wird dieser Ort als Jesu „Vaterstadt“ bezeichnet (Mk. 6,1 par.; zwar wird Nazareth hier von Markus nicht ausdrücklich genannt, aber doch wohl nur deshalb nicht, weil der Zusammenhang für ihn selbstverständlich ist, s. Mk. 1,9).

5. Bemerkenswert ist auch ein Bericht im Johannesevangelium über die gespaltene Reaktion der Menschen auf Jesus: Hier wird von Jesu Gegnern gerade dessen Herkunft aus Galiläa – eine offenbar feststehende Tatsache – als Argument gegen seine Messianität gebraucht (vgl. auch Joh. 1,45f.).

Nach allem liegt die Vermutung nahe, daß Jesus in Nazareth nicht nur aufgewachsen, sondern auch geboren ist. Das Hauptwirkungsgebiet Jesu war die Gegend am See Genezareth, besonders wohl auch die Stadt Kapernaum.

Und Bethlehem im Weihnachtsgottesdienst? „Als Verkündigungs- und Bekenntnisgeschichten wollen die Geburtsgeschichten *nicht primär historische Wahrheit, sondern Heilswahrheit kundtun* [Hervorhebung im Text]: die Botschaft vom Heil der Menschen in Jesus. Und dies kann in der Form einer im einzelnen legendären Weihnachtskunde vom Krippenkind in Bethlehem bildhafter und deshalb eindrücklicher geschehen als durch eine noch so einwandfrei datierende und lokalisierende Geburtsurkunde.“ (H. Küng, Christ sein, S. 442)

3.2 Eltern – Geschwister – Beruf

Die Überlieferung von der jungfräulichen Geburt Jesu schließt schon im Neuen Testament – als Ganzes betrachtet – eine konkrete Familienstruktur nicht aus. Aus Gründen der Übersichtlichkeit sind im folgenden die Themen „Joseph“, „Maria“ und „Jungfrauengeburt“, soweit möglich und sinnvoll, getrennt aufgeführt.

3.2.1 Joseph

Die Existenz Josephs und seine keineswegs unumstrittene Rolle der Nicht-Vaterschaft werden im NT sehr unterschiedlich dargestellt.

Matthäus- und Lukasevangelium

Die Gestalt Josephs hat hier vor allem die „Funktion", im **Stammbaum Jesu**, der ja den Mann aus Nazareth als Davididen ausweisen soll, die wesentliche „Schlußinstanz" innerhalb der Geschlechterfolge zu bilden. Doch da diese Stammtafeln nicht als historische Dokumentation gesehen werden können, erstaunt es auch nicht, daß die Angaben über die unmittelbare Abkunft Josephs nicht übereinstimmen (Mt. 1,15 f.; Lk. 3,23 f.).

vgl. Mt. 1,1–17; Lk. 3,23–38

Bedeutsamer ist, daß gerade an diesen beiden Stellen die Schwierigkeit deutlich wird, den Gedanken der jungfräulichen Geburt mit der Rückführung des Messias auf David – denn beides schloß sich ja offenbar aus – zu vereinen. Interessant ist, daß diese Spannungen schon im Neuen Testament sichtbar werden. So heißt es in Lk. 3,23: **„Jesus ... wurde gehalten für einen Sohn Josephs"**. Demgegenüber weicht Matthäus an der entscheidenden Stelle von dem bis dahin üblichen genealogischen Schema (A zeugte B, B zeugte C usw.) ab und formuliert: „Jakob zeugte Josef, den Mann der Maria, **von der geboren ist Jesus**, der da heißt Christus." (Mt. 1,16) Und prüft man bei diesem Matthäusvers die handschriftliche Überlieferung des griechischen Neuen Testaments (E. Nestle, Novum Testamentum Graece), so findet man bei einigen Handschriften in der Tat die Formulierung **„Joseph zeugte Jesus"**.

so auch sinngemäß in Lk. 4,22

zu „Christus" als christologischem Hoheitstitel vgl. Kap. 8.3

Es liegt die Vermutung nahe, daß beide theologische Traditionen – Jungfrauengeburt und Davidssohnschaft des Messias – ursprünglich nebeneinanderherliefen. Erst später erhielt jene, wenn auch nicht ohne Schwierigkeiten des Ausgleichens, eine besondere, vor allem auch biologische (s. u.) Gewichtung.

Man kann auch sagen:

> Schon in der Frühzeit der neutestamentlichen Überlieferung war der Glaube an die Göttlichkeit Jesu Christi nicht notwendig mit seiner jungfräulichen Geburt verknüpft.

Johannesevangelium

Johannes betont, ohne auf die komplizierte Frage nach der Vaterschaft näher einzugehen, den eindeutigen Vater-Kind-Bezug: Jesus ist Josephs Sohn! Von der Legende der Jungfrauengeburt weiß er nichts oder will er nichts wissen, obwohl sie ihm, als dem Verfasser des spätesten Evangeliums, bekannt gewesen sein könnte. Für ihn steht im Vordergrund, daß der „Logos", obwohl präexistent und gött-

Joh. 1,45; 6,42

Logos (griech.) = Wort/Ausspruch/Vernunft/Sinn

Im Johannesevangelium ist Jesus als der Logos der Bringer der göttlichen Offenbarung (vgl. zur Übersetzung von „Logos“ auch Goethe, „Faust I“, V. 1224 ff.).

lichen Wesens, dennoch irdischer Herkunft ist: „Das Wort ward Fleisch“ (Joh. 1,14). Gott ist voll und ganz Mensch geworden - das will Johannes seinen Lesern sagen.

Markusevangelium - Paulus

Die oben getroffenen Beobachtungen zur Frühzeit der neutestamentlichen Überlieferung bestätigen sich beim Blick auf den Markustext, das **älteste Evangelium** des Neuen Testaments. Von Joseph, aber auch von der davidischen Herkunft und der jungfräulichen Geburt Jesu ist bei Markus nirgendwo die Rede. Jesus gilt als „Marias Sohn“ (Mk. 6,3).

32–35: Bekehrung des Paulus vor Damaskus
49: 1. Thessalonicherbrief
63 oder 64: Enthauptung des Paulus in Rom

Paulus erwähnt weder Maria noch Joseph. Aber er betont ausdrücklich: Jesus wurde „geboren von einer Frau“ (Gal. 4,4) und von Gott gesandt „in der Gestalt des sündigen Fleisches“ (Röm. 8,3). Es ist ein wesentlicher Bestandteil der paulinischen Lehre, daß Jesus voll und ganz Mensch wurde, weil er nur so die sündige Menschheit erlösen konnte (Gal. 4,5 u. ö.).

Verkündigungskirche in Nazareth

3.2.2 Maria

Im Neuen Testament treten sieben Frauen auf, die den Namen „Maria“ tragen. Die Textstellen, in denen von der Mutter Jesu die Rede ist, finden sich bis auf eine Ausnahme (Apg. 1,14; s. u.) ausschließlich in den Evangelien. Hier muß man unterscheiden zwischen

1. der legendären Überlieferung von Mt. 1f. und Lk. 1f., in der wesentliche Grundlagen für die spätere hoheitliche Ausgestaltung des Marienkultes gelegt sind;
2. anderen Nennungen des Namens, die in einem eher kritischen Zusammenhang zu lesen sind;
3. weiteren sehr spärlichen Angaben unterschiedlichen, eher noch biographischen Inhalts.

Die Legendenkränze Mt. 1f. und Lk. 1f.

Judenchristen: in der Urkirche die Christen jüdischer Herkunft (Ggs.: Heidenchristen)

Bei diesen stark in die Volksfrömmigkeit eingedrungenen Texten handelt es sich eindeutig um legendenhafte Tradition. Sie ist vermutlich **judenchristlichen** Ursprungs. In beiden Evangelien - bei Matthäus (1,23) indirekt, bei Lukas (1,27) direkt - wird Maria „Jungfrau“ genannt. Während Maria im Matthäustext eher im Hintergrund bleibt, erhält sie im Lukasevangelium die Würde der besonderen göttlichen Auszeichnung: Sie ist die von Gott Auserwählte und vor allen anderen Frauen Gesegnete (Lk. 1,28.30.42), voller Demut (Lk. 1,38) und Glauben (Lk. 1,45).

Das „Magnificat“ (dt. „Lobgesang“) wurde in der katholischen Kirche Teil der lateinischen Liturgie. Viele europäische Musiker (z. B. J. S. Bach) haben es vertont.

Im Magnificat (Lk. 1,46–55) ist sie eine prophetische Sängerin.

Maria als Außenseiterin

Andererseits wird Maria in den Evangelien verschiedentlich als ein Mensch dargestellt, der dem Wirken und der Sendung Jesu gegenüber Unverständnis zeigt. Im Johannesevangelium wird die „Mutter Jesu" (ihr Name ist hier nicht genannt) wegen eines voreiligen Hinweises schroff getadelt (Joh. 2,3 f.), und bei den Synoptikern gehört Maria mitsamt ihren Söhnen und Töchtern (s. Kap. 3.2.3) zu der großen Gruppe von Menschen, die (zunächst) keine geistliche Gemeinschaft mit Jesus bilden (Mk. 3,31ff. par.). Auch hier ist dessen Reaktion nicht gerade freundlich: „Wer ist meine Mutter, und wer sind meine Brüder?" (Mt. 12,48) Ja, als „die Seinen" von der Wirkung Jesu hören und von dem großen Volkszulauf, den er verursacht, wollen sie ihn mit Gewalt festhalten; „denn sie sprachen: Er ist von Sinnen". (Mk. 3,21)

Man wird hier nicht unbedingt an einen realen Affront Jesu denken dürfen, sondern man muß auch den gedanklichen Hintergrund des Textes beachten: Den Zeitpunkt seiner Offenbarung an die Welt bestimmt allein Jesus selbst („Meine Stunde ist noch nicht gekommen." [Joh. 2,4]).

Die leibliche Verwandtschaft ist nicht der Maßstab der Zugehörigkeit zu Jesus: „Wer den Willen tut meines Vaters im Himmel, der ist mir Bruder und Schwester und Mutter." (Mt. 12,50)

Ganz sicher gehörte also Maria, wenigstens bei den Synoptikern, nicht zum Kreis der Jünger, während nach dem Johannesevangelium (2,12) wohl eine gewisse Verbindung bestanden hat.

Biographische Randnotizen

Bisweilen wird Maria, zumeist in Verbindung mit Joseph, von den Gegnern Jesu genannt, wenn diese die nicht-messianische Herkunft des Nazareners „beweisen" wollen (vgl. z.B. Mt. 13,55; Joh. 6,42).

Anders als bei den Synoptikern, bei denen die Mutter Jesu nicht am Kreuz erscheint, wird sie im Johannesevangelium (19,25ff.) als eine der vier Frauen genannt. Die weithin gleichnishaft-metaphorische Theologie des vierten Evangeliums läßt in dem vorliegenden Zusammenhang aber auch an eine allegorische Bedeutung Marias denken.

Maria kann hier als Bild für das Judenchristentum, das vom Heidenchristentum (= Johannes) aufgenommen wird, und/oder auch als Bild für die Kirche gedeutet werden.

Aus Apg. 1,14 erfahren wir, daß Maria nach Ostern zusammen mit den Jüngern und den Brüdern Jesu die Anfänge der ersten Gemeinde in Jerusalem bildete.

3.2.3 Geschwister

Von leiblichen Geschwistern Jesu ist in den Evangelien mehrfach die Rede. Zwar sind manchmal nur Brüder erwähnt (Mk. 3,31; Mt. 12,46ff.; Lk. 8, 19ff.; Joh. 2,12), doch wird auch von Schwestern berichtet (Mk. 3,32; 6,3). Die Brüder werden sogar namentlich genannt. Sie heißen Jakobus, Joses, Judas (zufällige Namensgleichheit mit dem Verräter) und Simon (Mk. 6,3; Mt. 13,55). Jesus hatte also mindestens sechs Geschwister.

Offensichtlich war die Vorstellung von der Jungfrauengeburt, die sich ja nur bei Matthäus und Lukas findet, nicht so dominierend, daß diese Evangelisten die Existenz von leiblichen Geschwistern Jesu hätten verschweigen müssen. Freilich ist Jesus nach Lukas (2,7) Marias erstgeborener Sohn.

Eine besondere Rolle spielten nach der Auferstehung Jesu dessen Brüder, vor allem Jakobus, in der Jerusalemer Urgemeinde. Paulus beruft sich auf sie als eine Gruppe, die anscheinend in hohem Ansehen stand (1. Kor. 9,5). Dem Jakobus ist Jesus nach seiner Auferstehung erschienen (1. Kor. 15,7), und Jakobus war wohl auch ein enger Mitarbeiter des Paulus (Gal. 1,19; 2,9). Er galt als eine der „Säulen" (Gal. 2,9) und wird manchmal auch als „erster Bischof von Jerusalem" bezeichnet. Im Laufe der Auseinandersetzungen, welche diese neuentstandene christliche Gruppe mit den standesgläubigen Juden in Jerusalem zu führen hatte, wurde er, wie der jüdische Schrifsteller Flavius Josephus berichtet, vom Hohen Rat zum Tode verurteilt. Das war offenbar ein Politikum ersten Ranges, denn nach Josephus „erbitterte" dieses Urteil „auch die eifrigsten Beobachter des [jüdischen] Gesetzes".

Die „Schwester, die als Ehefrau mit sich geführt wird", ist hier natürlich – im Sinne der Mitzugehörigkeit zur Gemeinde – als geistliche Verwandte zu verstehen.

vgl. Kap. 1.2.3

„Antiquitates" XX,9

3.2.4 Beruf

Die Überlieferung zu diesem Punkt ist sehr spärlich und nicht sicher. Wir erfahren zwar, daß Jesus „der Sohn des Zimmermanns" war (Mt. 13,55), und an anderer Stelle (Mk. 6,3) wird Jesus selber ein „tektōn" genannt. Gerade hier aber ist der Befund nicht eindeutig, denn die handschriftliche Überlieferung der griechischen Bibel läßt zwei Varianten zu. Es kann von Jesus heißen: „Ist er nicht der Zimmermann?", aber auch die Lesart „Ist er nicht der Sohn des Zimmermanns?" ist möglich.

Das griechische Wort „tektōn" bedeutet „Bauhandwerker/Zimmermann/Schreiner".

Fragt man neutral nach der ausgeübten Tätigkeit, so träfe für Jesus wohl am ehesten die Bezeichnung „Wanderprediger" zu. Ein studierter Rabbiner und Schriftgelehrter war er wohl nicht. Gleichwohl war die Benennung „Rabbi" („mein Lehrer"; „Meister"), die zur damaligen Zeit Ehrentitel für hervorragende Gesetzeslehrer war, auch für Jesus aufgrund seines profunden theologischen Wissens geläufig.

vgl. Mt. 26,25.49; Mk. 9,5; 10,51 („Rabbuni" = „mein Herr/mein Gebieter"); 11,21; 14,45; Joh. 1,49; 4,31; 6,25; 9,2; 11,8

3.3 Jungfrauengeburt?

Für viele Menschen der Moderne wird die – biologisch verstandene – Behauptung der jungfräulichen Geburt Jesu zu einem „Stein des Anstoßes" am Christentum überhaupt. Diese Kritik verbaut ihnen nicht selten den Zugang zu christlichen Grundwahrheiten und damit zu entscheidenden Sinngebungen ihres Lebens. Nur eine sachgemäße Verkündigungsarbeit kann hier weitere Ablehnung verhindern, Neues aufbauen helfen.

Im einzelnen bleibt festzuhalten:

- Wie der biblische Befund deutlich macht, wird die Jungfräulichkeit Marias nur als **eine**, keineswegs entscheidende Ursache für die Gottessohnschaft Jesu angesehen. Sie galt, keineswegs im ganzen Neuen Testament, in bestimmten frühen (allerdings nicht frühesten!) Überlieferungsphasen als ein wichtiger religiöser Lehrsatz, als ein sog. **Theologumenon.** Bei den diesbezüglichen neutestamentlichen Stellen spricht man von einer ätiologischen Legende.
- Wichtig ist, daß der Gedanke der jungfräulichen Geburt Jesu - als ein Hoheitsprädikat der nachösterlichen Gemeinde - ursprünglich nicht im biologischen Sinn verstanden wurde (die Biologisierung setzte dann allerdings früh ein). Wer diesen wertenden, christologischen Aspekt sieht, kann die Aussage des Glaubensbekenntnisses („... geboren von der Jungfrau Maria ...") getrost mitsprechen: Das Außerordentliche, das die Menschen in der Begegnung mit Jesus erfahren haben, haben sie eben auch mit einer außerordentlichen Formulierung ausgedrückt.
- Nicht selten wird von Christen, welche die Bibel immer im streng buchstäblichen Sinn verstehen, die von Matthäus (1,23) zitierte **Jesaja-Stelle** („Siehe, eine Jungfrau ist schwanger und wird einen Sohn gebären, den wird sie nennen Immanuel." [7,14]) als eine Art „Beweis" angeführt: hier werde die Geburt Jesu und damit die Jungfräulichkeit Marias schon im Alten Testament prophezeit. Abgesehen davon, daß dieser Text bei Matthäus in den Zusammenhang der messianischen Davidssohntheologie gehört - Paulus, Markus und Johannes, die den Propheten Jesaja auch gekannt haben dürften, haben diese Stelle bezeichnenderweise nicht übernommen -, stellt sich hier ein sprachliches Problem: Das in dem Jesaja-Vers genannte hebräische Wort „almah" kann sowohl „Jungfrau" als auch „junge Frau" bedeuten. Der Urtext macht dazu keine klare Aussage, wichtig ist nur, daß ein Knabe zur Welt kommen soll. In der griechischen Übersetzung des Alten Testaments, der „Septuaginta", wird das hebräische Wort „almah" nun aber als „parthenos" wiedergegeben, und das heißt eindeutig „Jungfrau". Matthäus hat, wie auch die anderen neutestamentlichen Autoren, bei Zitaten aus dem Alten Testament zumeist nicht den Urtext, sondern die Septuaginta zugrunde gelegt. Ob und wie weit ihm darüber hinaus der hebräische Originaltext bekannt war, ist umstritten. Auf jeden Fall bildet hier die

vgl. S. 26ff.

Theologumenon = Aussage der christlichen Theologie, die als wichtiger Teil der Glaubenslehre gilt, auch wenn sie kein Glaubenssatz ist

aitia (griech.) = Grund/Ursache

vgl. S. 24f.

Der Legende nach wurden um das Jahr 260 v. Chr. auf der Insel Pharos die Fünf Bücher Mose von 70 (lat. „septuaginta" = siebzig [LXX]) oder 72 gelehrten Juden gemeinsam vom Hebräischen ins Griechische übersetzt. Tatsache ist, daß seit ca. 250 v. Chr. die Übersetzung des Alten Testaments allmählich vorgenommen wurde. Sie war notwendig geworden, da die Diasporajuden ihre „Muttersprache" allmählich zu verlernen drohten.

Nicht zu verwechseln ist die Lehre von der Jungfrauengeburt mit dem Dogma von der „unbefleckten Empfängnis" Marias (durch Papst Pius 1854 verkündet). Danach ist Maria als die Mutter Jesu durch die besondere Gnade Gottes von der Erbsünde ausgenommen, weil sie von ihrer Mutter „unbefleckt" (d.h.: ohne durch die Erbsünde unrein geworden zu sein) empfangen wurde.

Gemeint war die Jungfräulichkeit vor der Geburt („virginitas ante partum") im Sinn der jungfräulichen Empfängnis.
„virginitas in partu" = ohne Wehen und/oder Verletzung des Hymens; „virginitas post partum" = keine geschlechtlichen Beziehungen und keine weiteren Kinder

vgl. S. 29

(mittelbare) Bezeichnung der Mutter Jesu als „Jungfrau", neben den entsprechenden Stellen bei Lukas (s. o.), terminologisch die Basis für die spätere **Lehre von der Jungfrauengeburt in der katholischen Kirche**. Die Textgrundlage freilich ist nicht eindeutig, und es liegt wohl der Schluß am nächsten, daß die Jesaja-Stelle (vielleicht sogar schon von Matthäus?) bewußt auf den Sinninhalt „Jungfrau" hin *ausgelegt* wurde.

- In der religionsgeschichtlichen Forschung weiß man seit längerer Zeit, daß die Idee von der jungfräulichen Geburt eines Gottes oder Heilbringers außerhalb des Christentums durchaus verbreitet war. Dies läßt sich quellenmäßig nachweisen und wird auch von der katholischen theologischen Forschung anerkannt. „Sicher ist..., daß der Mythos von der Jungfrauengeburt in der ganzen Antike verbreitet war und sich sogar ... in Persien, Indien und in Südamerika findet: er ist also keineswegs etwas spezifisch Christliches." (H. Küng, Christ sein, S. 445)
- Die frühen christlichen Glaubensbekenntnisse konnten sich mit ihren Formulierungen der jungfräulichen Geburt Jesu immerhin noch auf das biblische Zeugnis des Matthäus- und des Lukasevangeliums berufen. Seit dem 4./5. Jahrhundert nun hat man kirchlicherseits erklärt, daß die **Jungfräulichkeit** Mariens auch **in der Geburt** bestanden habe und auch **nach der Geburt** nicht aufgehoben worden sei. Diese Erklärungen wurden in der katholischen Kirche bis heute offiziell nicht korrigiert. Solche kirchlichen Bekundungen, die z.T. unter dem Einfluß streng asketischer Bewegungen entstanden sind, entbehren nun allerdings jeder biblischen Grundlage; ja, sie stehen in direktem Widerspruch zum Neuen Testament, wo von - mindestens sechs - Geschwistern Jesu die Rede ist.
- Fragt man letztlich nach dem „Sinn" einer biologisch verstandenen und so kirchlicherseits verkündeten Jungfrauengeburt, dann kommt man früher oder später auch zu dem Ergebnis, daß die Sexualität zwischen Mann und Frau, direkt oder mittelbar, als etwas Minderwertiges, ja, als sündig und sündig machend angesehen wird. Dies steht aber - trotz mannigfach anderslautender Meinungen und weit verbreiteter Vorurteile - im Kern in eindeutigem Widerspruch zum biblischen und christlichen Denken.
- Bei der Lehre von der Jungfrauengeburt muß man klar trennen zwischen der Position der katholischen und der Auffassung der evangelischen Kirche. Dort hält man amtlich an dem biologistischen Verständnis fest. In der wissenschaftlichen Lehre und an der Basis jedoch finden nicht-biologische Verstehensformen zunehmend Eingang. Auf protestantischer Seite ist die Situation heute im Grunde eindeutig. Hier sieht man die christologisch wer-

tende (s. o.) und auch die symbolische **Bedeutung** dieses Theologumenons:

> Die Jungfrauengeburt ist eine bildhaft wertende Umschreibung des Außergewöhnlichen, das die Menschen mit Jesus erfahren haben. Sie kann darüber hinaus als Zeichen gelten für die neue Schöpfung, die Gott mit dem Kommen Jesu Christi gesetzt hat, als Sinnbild für den Beginn der neuen Menschheit.

Wenn man die Fronten zwischen Katholizismus und Protestantismus in diesem Punkt nicht verhärten lassen will, muß man neue Wege gehen. Dazu können gehören:

- **auf katholischer Seite** die Rückbesinnung auf das biblische Zeugnis und die kritische Reflexion der mariologischen Dogmen und Lehren. Dies schließt ein verantwortungsbewußtes Nachsinnen über die Wertigkeit menschlicher Sexualität keineswegs aus;
- **auf protestantischer Seite** der Verzicht auf Polemik und eine stärkere Toleranz gegenüber kultischen und ethnologischen Formen der Frömmigkeit.

3.4 Jesus: ein Jude

Der nicht einfache, aber immer von neuem notwendige Dialog zwischen Juden und Christen kann an Intensität nur gewinnen, wenn Christen den Mann aus Nazareth nicht als ihren abendländischen Besitz vereinnahmen oder ausschließlich als kirchliches Heilsinstrumentarium betrachten, sondern sein Eingebundensein in das Judentum stets bedenken. Es ist stärker, als vielen bewußt und vielleicht auch manchen lieb ist.

An folgende Fakten sollte man sich erinnern:

1. Der Name „Jesus“ war jüdisch. Er ist die gräzisierte Kurzfassung des hebräischen „Jehoschua/Jeschua“ = „Jahwe ist Hilfe/Jahwe hilft“.
2. Jesus wurde von einer jüdischen Mutter geboren, von jüdischen Eltern erzogen. Gemäß den alttestamentlichen Bundesvorschriften (Gen. 17,10 ff., vgl. bes. V. 12) wurde der Knabe acht Tage nach der Geburt beschnitten (Lk. 2,21).
3. Jesus wuchs ausschließlich im jüdischen Kulturkreis heran, obwohl es in Palästina und im benachbarten Ausland nicht wenige hellenistische Städte gab. Jesus wirkte unter Juden und für Juden (Mt. 10,5 f.; 15,24). Seine Mut-

zum Heilsuniversalismus vgl. aber dann Mt. 8,11 f./ Lk. 13,28 f.

Das Aramäische und das Hebräische gehören beide zu den semitischen Sprachen. Zur Zeit Jesu war Aramäisch Volkssprache, Hebräisch Amtssprache.

Ein gutes Beispiel hierfür sind die zahlreichen Gleichnisse (vgl. Kap. 6.3).

Das Laubhüttenfest (Anfang Oktober) ist das jüdische Erntedankfest. Man wohnt(e) dabei in Hütten aus grünen Zweigen.

Nicht das Einhalten äußerer Vorschriften um der Form willen war für Jesus wichtig, sondern das Befolgen der geistlichen und menschlichen Grundlagen der Gesetze (vgl. Kap. 6.5).

tersprache war das galiläische Aramäisch. Daß er auch Griechisch konnte, ist zumindest nicht auszuschließen. Obwohl uns Jesu Reden und Sprüche nur in einer griechischen Übersetzung vorliegen, merkt man diesem aus dem Aramäischen übersetzten Griechisch doch die Besonderheit der semitischen Ausdrucksweise an: die Knappheit und die Präzision der Formulierung, den direkten Bezug zur praktischen Realität.

4. Jesu „Bibel" war das Alte Testament, in dem er sich hervorragend auskannte. Er besuchte den Synagogengottesdienst am Sabbat und feierte jüdische Feste. Er war auf dem Laubhüttenfest (Joh. 7,2.14) und dem Tempelweihfest (Joh. 10,22f.) und hielt mit seinen Jüngern das Passahmahl (Mk. 14,12ff. par.).
5. Der Gott Jesu wird auch von den Christen verehrt.
6. Die Beachtung der religiösen Gesetze und die Erfüllung des göttlichen Willens waren für einen frommen Juden entscheidende Postulate, denen sich auch Jesus unterwarf (vgl. z.B. Mt. 5,17ff. [Kontext!]; Joh. 5,30 u.ö.).
7. In seiner Todesstunde spricht Jesus Worte aus einem jüdischen Sterbepsalm (Mt. 27,46/Mk. 15,34; vgl. Psalm 22,2). Eine andere Überlieferung (Lk. 23,46) legt einen anderen Psalmentext (Psalm 31,6) zugrunde.

Was Juden und Christen in ihrem Verhältnis zu Jesus trennt – seine Verehrung als Messias, der Glaube an seine Auferstehung –, darf nicht den Blick dafür verstellen, daß Jesus zunächst einmal vom Judentum her verstanden werden muß.

4 Der Kreis um Jesus

Hier muß man unterscheiden zwischen einer engeren Gruppe, den zwölf Jüngern, die Jesus ständig begleiteten, und einer größeren Zahl von Anhängern, zu der auch Frauen gehörten, die Jesus in einer nicht immer näher bestimmten Weise nachfolgten. „Jünger sein" im übertragenen, bis heute gültigen Sinn kann darüber hinaus auch bedeuten, sich in seinem Leben für die unbedingte Nachfolge, wie Jesus sie fordert, entschieden zu haben.

s. Kap. 4.4

vgl. z. B. S. 67 f., 91 ff.

4.1 Die Zwölf

Es war in Palästina nichts Außergewöhnliches, daß ein Rabbi, ein jüdischer Gesetzeslehrer, Schüler um sich hatte. Auch im Neuen Testament ist von Jüngern der Pharisäer die Rede (Mt. 22,15 f.). Jesus aber war kein studierter Rabbi, obwohl dieser Titel nicht selten auf ihn übertragen wurde, und auch die Jesusjüngerschaft unterscheidet sich gegenüber vergleichbaren Gruppierungen erheblich:

vgl. Kap. 3.2.4

1. Jesu Jünger kommen nicht zu ihm aufgrund ihres eigenen selbständigen Entschlusses, sondern sie werden von Jesus berufen (vgl. Mt. 4,18 ff. par.).
2. „Jünger sein" bedeutet für sie keine vorübergehende Ausbildungsphase mit intensiver Unterweisung in der Tora, sondern radikale Nachfolge.
3. Die Jünger Jesu waren Fischer und Zöllner, wohl auch Handwerker und Bauern. Sie alle hatten keine gelehrten Ambitionen. „Jünger sein" heißt für sie eine Neuentscheidung für das ganze Leben (vgl. z. B. Lk. 9,57 ff.).

Im historischen Sinn sind Jesu Jünger als eine kleinere Gruppe von zwölf Männern innerhalb einer größeren Anhängerschaft zu verstehen. Auf sie wurde später der „Apostel"-Titel übertragen. Die Zwölfzahl steht als Symbol für die zwölf Stämme Israels und, ebenfalls in Jesu eigenem Verständnis, als Bild für das endzeitliche Zwölfstämmevolk (Mt. 19,28; Lk. 22,30). Für die historische Echtheit der Zwölfzahl könnte sprechen, daß Paulus sie in dem von ihm zitierten sehr alten frühchristlichen Glaubensbekenntnis (1. Kor. 15,3 b–5) erwähnt. Sicher war auch der Umstand, daß

vgl. Apg. 1,15 ff.

der Verräter Judas Ischarioth zu diesem Zwölferkreis gehörte, für die nachösterliche Gemeinde ein erheblicher Anstoß. Für ihn wurde, um die Zwölfzahl wieder zu komplettieren, Matthias gewählt. Man wird also davon ausgehen können, daß die Zwölfzahl keine theologisierende „Erfindung“ der nachösterlichen Gemeinde ist.

Über die konkreten Hintergründe dieser Gruppe wissen wir gleichwohl wenig. Zwar erfahren wir von der Bildung des Zwölferkreises (Mk. 3,13 ff.), auch ist von der Aussendung der Zwölf die Rede (Mk. 6,7 ff. par.), ihr Gesamtbild bleibt jedoch, zumindest bei Markus und Matthäus, eher blaß. Es fällt sogar eine negative Tendenz in der Darstellung der Jünger auf: Sie sind unverständig oder haben wenig Vertrauen zu Jesus (vgl. z. B. Mt. 14,22 ff.). Sie weisen die Kinder ab, die man zu ihm bringt, und rufen dadurch Jesu Gegenreaktion hervor (Mk. 10,13 ff.). Auch die ihm Näherstehenden - Petrus und die zwei Söhne des Zebedäus - versagen in Gethsemane und fallen in Schlaf (Mt. 26,40.43). Petrus verleugnet, Judas verrät Jesus; alle Jünger fliehen bei Jesu Gefangennahme (Mt. 26,56).

vgl. z. B. Lk. 9,36 gegenüber Mk. 9,6; Lk. 22,28; die Flucht der Jünger bei Jesu Gefangennahme wird gar nicht erwähnt (vgl. Lk. 22,53 f.) u. a.

Bei Lukas wird mehrfach die Absicht erkennbar, das, was ihm an solchen Traditionen vorlag, zu mildern oder erst gar nicht zu übernehmen. Im Johannesevangelium werden die Jünger, oft in rhetorischer Zuspitzung, wieder als die Unverständigen, ja als die Nicht-Verstehenden dargestellt (vgl. z. B. Joh. 4,31-34).

Nach Jesu Tod und Auferstehung waren - nach erfolgter Einsetzung des Matthias - die Zwölf unter der Leitung des Petrus die führenden Mitglieder der Jerusalemer Urgemeinde (Apg. 1-12; 15).

4.2 Petrus

Diese Zusammenkunft des Paulus und anderer Delegierter der Gemeinde von Antiochia mit Vertretern der Jerusalemer Urgemeinde fand im Jahr 48 oder 49 n. Chr. statt. Ein wichtiger Beschluß war, daß die Freiheit der Heidenchristen von den Vorschriften der jüdischen Tora anerkannt wurde (vgl. Gal. 2; Apg. 15).

Petrus gehörte innerhalb des Zwölferkreises zweifellos zu den profilierteren Aposteln. Bis zum Apostelkonzil in Jerusalem hatte er in der Urgemeinde und in der christlichen Diaspora die wesentlichen Führungsaufgaben. Als Repräsentant des Judenchristentums war er auch missionarisch tätig. Der Heidenmission des Paulus stand er aufgeschlossen gegenüber. Später wurde er durch Jakobus abgelöst (Rangstreitigkeiten?).

In den Evangelien ist die Darstellung des Petrus sehr unterschiedlich. Einerseits wird er als „Kleingläubiger“ (Mt. 14,31; vgl. Kontext) und Verleugner Christi (Mt. 26,69 ff.) geschildert, andererseits gilt er nach seinem Bekenntnis bei Cäsarea Philippi (Mt. 16,13 ff.) als der Empfänger der Verheißung Jesu, darüber hinaus auch als der erste Zeuge der Auferstehung (Lk. 24,34; 1. Kor. 15,5).

Die Beurteilung der Aussagen der Evangelien über Petrus hängt nun wesentlich davon ab, wie sein Christusbekenntnis historisch gewertet wird (s. 4.2.2).

4.2.1 Die Herkunft

Der ursprüngliche Name des Petrus war Simon (Apg. 15,14; 2. Petr. 1,1; Mk. 1,16). Er war, wie auch sein Bruder Andreas, von Beruf Fischer und stammte aus Bethsaida (Joh. 1,44). Zum Zeitpunkt seiner Berufung wohnte er in Kapernaum und war verheiratet (Mk. 1.21.29 f.).

Kapernaum/Neue Kirche (erbaut über der vermuteten Stelle des Hauses Simon Petri)

4.2.2 Das Bekenntnis von Cäsarea Philippi

Der Name „Petrus“ (griech. = „Stein/Fels“; aram. „Kephas“) hatte für seinen Träger verschiedene Funktionen:

- Zunächst galt er als **Ehrenname** (im Sinne von „Simon, der Fels“);
- dann wurde er **Beiname**; beide Benennungen standen selbständig nebeneinander („Simon Petrus“);
- schließlich verselbständigte sich der Ehrenname zum **Eigennamen** („Petrus“).

Nun gibt es in den Evangelien allerdings unterschiedliche Darstellungen, wann Simon diesen Ehrennamen bekam:

Sehr deutlich wird der Namensbezug in Mt. 16,17 f.: „Und Jesus antwortete und sprach zu ihm: Selig bist du, **Simon**, Jonas Sohn; denn Fleisch und Blut haben dir das nicht offenbart, sondern mein Vater im Himmel./Und ich sage dir auch: Du bist **Petrus**, und auf diesen **Felsen** will ich meine Gemeinde bauen, und die Pforten der Hölle sollen sie nicht überwältigen.“

- Nach Mk. 3,16 erhält er ihn durch Jesus bei der Berufung der zwölf Jünger;
- im Johannesevangelium (1,42) erfolgt die Namensgebung bei der ersten Begegnung Jesu mit Simon;
- am auffälligsten und ausführlichsten ist die Namensverheißung nach dem Messiasbekenntnis des Simon („Du bist Christus, des lebendigen Gottes Sohn!" [Mt. 16,16]) bei Cäsarea Philippi.

„Ich will dir die Schlüssel des Himmelreichs geben: alles, was du auf Erden binden wirst, soll auch im Himmel gebunden sein, und alles, was du auf Erden lösen wirst, soll auch im Himmel gelöst sein." (Mt. 16,19)

Nun ist dieses oft herangezogene Kapitel (vgl. bes. Mt. 16,18f.) gern im Sinn einer Kirchengründung durch Jesus verstanden worden. Auf katholischer Seite sah man in Petrus auch so etwas wie den „ersten Papst", dem die anderen Oberhirten „auf dem Stuhle Petri", somit von Jesus gleichfalls autorisiert und als solche legitimiert, bis heute nachgefolgt seien.

Fragt man demgegenüber nach der im Protestantismus verbreiteten Lehrmeinung, so dürften folgende Ergebnisse als ziemlich gesichert gelten:

Eine vergleichbare Parallele findet sich in Joh. 21.

1. Die zweifellos bedeutende Stellung des Petrus im Urchristentum und seine (wohl öffentliche) Erstbekundung der Auferstehung Jesu hatten ihn in der (lebensgefährlichen) Auseinandersetzung mit Juden und Römern als einen „Fels" in der frühen Gemeinde erscheinen lassen. Frühchristliche Legendenbildung hat diese Ehrenbenennung als Verheißung in die Zeit des historischen Jesus zurückverlegt.
2. Ob Jesus die Gründung einer irdisch-sichtbaren Kirche beabsichtigt hat, muß grundsätzlich sehr zweifelhaft bleiben. Seine eigene Naherwartung und seine Skepsis gegenüber einer Institutionalisierung des Glaubens sprechen, neben anderem, dagegen.
3. Ein Führungsanspruch innerhalb der Gemeinde, der durch Sukzession gekennzeichnet wäre, läßt sich aus Mt. 16,13ff. nicht ableiten.

Gemeint ist die Nachfolge im Sinne der Rechts- bzw. Thronnachfolge.

4.2.3 Das Lebensende des Petrus

Vgl. bes. Joh. 21,8f., wo an den Kreuzestod Petri gedacht ist.

Aus Apg. 12,17 wissen wir, daß Petrus Jerusalem verließ. Zwar wird er im Bericht über die Apostelversammlung in Jerusalem noch einmal erwähnt (Apg. 15,7ff.), doch dann verliert sich seine Spur. Aus späterer neutestamentlicher Zeit (Joh. 21) ist die Tradition seines Martyriums überliefert.

1. Clemensbrief: ausführliches Sendschreiben der römischen Gemeinde an die

Als außerkanonische Quelle kann hier bestätigend der 1. Clemensbrief (Kap. 5f.) herangezogen werden, dessen Angaben sich inhaltlich und chronologisch gut mit dieser

Überlieferung verbinden lassen. Danach ist wahrscheinlich, daß Petrus (und auch Paulus) in Rom unter Kaiser Nero den Märtyrertod gestorben ist.

Gemeinde in Korinth. Abfassungsjahr: um 96 n. Chr. (Johannesevangelium: 90–100 n. Chr.) – Nero regierte 54–68.

4.3 Judas

Judas Ischarioth ist zweifellos eine „schillernde Figur". Zum einen mag dies daran liegen, daß die Gestalt des Verräters als „Auslöser" der todbringenden Aktionen gegen Jesus für manche eine merkwürdige Attraktivität besitzt. Die näheren Umstände des Verrats und das schmähliche Ende des Denunzianten tragen dazu offenbar nicht unwesentlich bei. Zum andern und vor allem aber lag schon früh die spannungsvolle Frage auf der Hand: War nicht auch Judas Teil des göttlichen Heilsplanes? Mußte sein „Verrat" folglich nicht ein notwendiger Schritt zu dessen Verwirklichung sein?

Der Name „Ischariot" (sprich: Iskarioth) wird in der Regel als Herkunftsbezeichnung aufgefaßt: „aus Kerioth stammend". Kerioth lag im südlichen Judäa. Eine andere Deutung (von griech. sikarios = Meuchelmörder/Bandit) ist allerdings auch möglich. Vgl. dazu das Kapitel über die Sikarier (5.3.2).

4.3.1 Der Lohn des Verrats: 30 Silberlinge

Der Betrag, für den Judas den Hohenpriestern Jesus verriet (Mt. 26,14 ff.), wird heute vielfach auch sprichwörtlich im Sinne eines Schandgeldes verstanden, als Hinweis auf unrechtes Gut, mit dem ungleich Wertvolleres erworben wurde.

Aufschlußreich ist in diesem Zusammenhang die Beobachtung, daß nur Matthäus die Summe erwähnt (26,15). Die beiden anderen Synoptiker sprechen lediglich von „Geld" (Mk. 14,11; Lk. 22,5). Im Rahmen der Evangelien berichtet ebenfalls nur Matthäus (27,3 ff.) vom Ende des Verräters, der sich aus Reue über seine Tat selbst erhängte. Man hat deshalb vermutet, daß Matthäus, der gern Stellen aus dem Alten Testament bestätigend heranzieht, auch hier Motive aus der jüdischen Tradition verwendet hat. Denn schon beim Propheten Sacharja (11,12 f.) wird die Summe des Blutgeldes genannt. Auch zeigt der Kontext gestalterische Parallelen.

Einen ungefähren Kaufkraftvergleich ermöglicht der Hinweis in Apg. 1,18, daß Judas mit dem Geld einen Acker erworben habe. Vermutlich ist Luthers „Silberling" identisch mit dem hebräischen Schekel, der nach Mt. 20,2 dem Tagelohn eines Arbeiters entsprach (vielleicht aber hatte er auch den vierfachen Wert).

In Apg. 1,18 wird der Tod des Judas noch in weiteren üblen Einzelheiten dargestellt. Von einem Selbstmord ist hier allerdings nicht die Rede.

4.3.2 Der Judaskuß

Der Kuß des Verräters wird von allen Synoptikern erwähnt (Mt. 26,49; Mk. 14,45; Lk. 22,47). Aber auch hier kann man fragen, ob das Motiv in frühchristlicher Zeit nicht aus dem Alten Testament übernommen wurde.

2. Sam. 20,8–10; vgl. auch Sprüche 27,6

4.3.3 Der Verwalter der Kasse

Daß Judas in der Gruppe der Zwölf die Kasse hatte, wird bei Johannes vermerkt (12,6; 13,29). Im Anschluß an das – allerdings wohl schon negativ vorgeprägte – Verräterbild wird hinzugesetzt: „Er war ein Dieb" (Joh. 12,6). Warum aber sollte man das Wenige, das man besaß, gerade dem Unredlichsten anvertraut haben?

4.3.4 Judas – eine historische Figur?

Gegen die Annahme, es könne sich bei dem Bericht vom Verrat des Judas um einen erzählerischen Zusatz der Urgemeinde handeln, sprechen gewichtige Gründe. Sie machen es sogar wahrscheinlich, daß es die Person des Verräters wirklich gegeben hat:

- Nach dem Tod des Judas ist die Nachwahl des zwölften Apostels, Matthias, erforderlich (Apg. 1,15 ff.). Diese Nachwahl hätte keinen Sinn, wenn ihre Voraussetzungen unzutreffend wären;
- die oben angesprochenen theologischen Fragen (Judas als Erfüller des göttlichen Heilsplanes?) waren natürlich auch den ersten Christen geläufig. Warum hätten sie sich – wäre die Gestalt des Judas erfunden – selbst solche Schwierigkeiten machen sollen?;
- manche Stellen in den Evangelien zeigen bereits frühe Deutungsresultate: „Jesus wußte von Anfang an, wer ... ihn verraten würde" (Joh. 6,64) / Judas wird zu seiner Tat von Jesus selbst aufgefordert: „Was du tust, das tue bald!" (Joh. 13,27) / Der Verräter verläßt den Kreis der Jünger (vgl. Joh. 13,18–30), bevor Jesus zu „den Seinen" spricht (Joh. 13,31–16,33). Andere Aussagen stimmen tendenziell darin überein, daß Judas zwar als Werkzeug des Satans handelt, daß sein Handeln aber im Rahmen des göttlichen Heilsplanes notwendig war (vgl. Lk. 22,3; Joh. 13,2 f. 27 f.; 17,12).
  Es ist schlecht vorstellbar, daß ein solcher Reflexionsprozeß keine konkreten Ursachen gehabt haben soll;
- auf einen realen Hintergrund läßt auch die Tatsache schließen, daß „Judas Iskarioth, der ihn verriet", nicht aus der Liste der zwölf Jünger gestrichen wurde (vgl. Mt. 10,1–4).

W. Jens hat hierzu 1975 ein literarisches Essay verfaßt („Der Fall Judas"). Darin läßt er einen Franziskanerpater den Antrag stellen, daß Judas selig zu sprechen sei; zur Person des Judas vgl. ferner Kap. 7.5.4.

Die theologisch-philosophische Deutung der Judasgestalt ist grundsätzlich ein Kapitel für sich.

4.4 Die Frauen im Gefolge Jesu

Angesichts der gegenwärtig sich verändernden Rolle der Frau in der Gesellschaft muß man sich zunächst die Grundzüge des - meist negativen - biblischen Frauenbildes vor Augen führen, das seit vielen Jahrhunderten die Position der Frau in der Gesellschaft und das Verhältnis der Geschlechter zueinander wesentlich geprägt hat.

Heute gehört es zum unverzichtbaren Wissen, sich klarzumachen, daß sich dieses bis in tiefste Bewußtseinsschichten hinein wirksame Frauenbild von Jesus und seinem unmittelbaren Umfeld her *nicht* herleiten läßt. Patriarchalische Denk- und Herrschaftsstrukturen von der Zeit des Neuen Testamentes bis in die Gegenwart hinein haben aber die zeitfremde *positive* Wertschätzung der Frau, die in Jesu Worten und Taten unmißverständlich zutage tritt und die auch aus den Reaktionen seines Umkreises sichtbar wird, nicht gesehen oder nicht sehen wollen.

Um das Andersartige, das Jesus auch auf diesem Gebiet bringt, zu verstehen, muß man sich zuerst jene Stellen des Alten und Neuen Testamentes ins Gedächtnis rufen, in denen deutlich die Zweitrangigkeit der Frau zum Ausdruck kommt.

4.4.1 Der biblische Beitrag zur Frauendiskriminierung

1. Der jahwistische Schöpfungsbericht (Gen. 2,4b–25) betont eindeutig die Priorität des Mannes: Zuerst wurde der Mann erschaffen, dann, aus dessen Rippe, die Frau. Die Frau soll dem Mann, wie Luther übersetzte, „Gehilfin" sein (Gen. 2,18).
2. Seit der Sündenfallgeschichte (Gen. 3) ist die Frau, das „schwache Geschlecht", mit dem Makel der Verführbarkeit und der sündigen Eigenschaft, selber Verführerin zu sein, behaftet. Denn sie ließ sich von der Schlange zur Sünde verführen und verführte dann Adam zum Ungehorsam. Die Auflehnung des Menschen gegen Gott führte zur Vertreibung aus dem Paradies.
3. Im Zehnten Gebot wird die Frau der beweglichen Habe des Mannes zugeordnet. Das ist, nach heutigem Verständnis, eindeutiger Sexismus.

„Du sollst nicht begehren deines Nächsten Haus. Du sollst nicht begehren deines Nächsten Weib, Knecht, Magd, Rind, Esel noch alles, was dein Nächster hat." (Ex. 20,17; vgl. Dt. 5,21)

4. „Die Frau schweige in der Gemeinde!" Diese in Anlehnung an 1. Kor. 14,34 ff. (vgl. auch Kontext!) gebildete Formulierung ist wohl kein Original-Pauluston, sondern spä-

Der erste Timotheusbrief gehört neben dem zweiten Timotheus- und dem Titusbrief zu den sog. Hirten- oder Pastoralbriefen. Sie stammen nicht von Paulus, sondern aus der Zeit des späten Urchristentums. Sie sind als Dienstschreiben abgefaßt und enthalten Anordnungen und Mahnungen für die Führung des Hirtenamtes in den christlichen Gemeinden. Zu der Zeit, wo „Kirche" sich immer stärker zu konstituieren begann, ist man, wie vor allem der Rückbezug auf Gen. 3 zeigt, nach gegenläufigen Tendenzen der Frühzeit (s. u.) wieder in patriarchalisches Denken zurückgefallen.

terer Einschub, in seiner Frauenfeindlichkeit jedoch prägend bis in die heutige Zeit. Im übrigen zeigt sich auch bei Paulus patriarchalisches Denken (s. u.).

5. Für das Verbot der Lehrbefugnis, die Unterordnung gegenüber dem Mann, die Aufgabe, Kinder zu bekommen, und brave Zurückhaltung allgemein steht beispielhaft 1. Tim. 2,9–15:
„[Ich will], daß die Frauen in schicklicher Kleidung sich schmücken mit Anstand und Zucht, nicht mit Haarflechten und Gold oder Perlen oder kostbarem Gewand, / sondern, wie sich's ziemt für Frauen, die ihre Frömmigkeit bekunden wollen, mit guten Werken. / Eine Frau lerne in der Stille mit aller Unterordnung. / Einer Frau gestatte ich nicht, daß sie lehre, auch nicht, daß sie über den Mann Herr sei, sondern sie sei still. / Denn Adam wurde zuerst gemacht, danach Eva. / Und Adam wurde nicht verführt, die Frau aber hat sich zur Übertretung verführen lassen. / Sie wird aber selig werden dadurch, daß sie Kinder zur Welt bringt, wenn sie bleiben mit Besonnenheit im Glauben und in der Liebe und in der Heiligung."

6. Darüber hinaus wird an weiteren Stellen im Neuen Testament klar und unmißverständlich formuliert, daß sich die Frau dem Mann unterzuordnen habe: 1. Petr. 3,1; Eph. 5,22 f.; Kol. 3,18.

7. Herausragende Frauengestalten des Neuen Testamentes hat man in der christlichen Traditionsgeschichte vielfach typologisch interpretiert: Frauen wurden gern rollenspezifisch und nicht immer zu ihrem Vorteil auf „Sexualität und Sünde" (Maria Magdalena), auf „Küche und Haushalt" (Martha) oder auf „Mütterlichkeit" (Maria) fixiert.

Mögen all diese Denkbilder in der Gegenwart auch auf unterschiedliche Weise wirksam sein, so steht doch fest, daß nicht nur im Vorstellungsbereich der Laien, sondern auch in kirchlichen Kreisen, in Exegese und Predigt, ein von langer Tradition geprägtes Vorverständnis davon herrscht, „wie Frauen zu sein haben".

Was hat Jesus demgegenüber Neues gebracht?

4.4.2 Die Gleichrangigkeit von Mann und Frau als Forderung Jesu

„Hier ist nicht Jude noch Grieche, hier ist nicht Sklave noch Freier, hier ist nicht Mann noch Frau; denn ihr seid allesamt einer in Christus Jesus.“ (Gal. 3,28)

Die Aufhebung der sozialen Rangunterschiede, von der Paulus hier im *theologischen* Sinne spricht, hat der Mann aus Nazareth, soweit wir dies rekonstruieren können, in seiner Gruppe zumindest in Ansätzen schon *konkret* praktiziert.

Jüngerinnen

Zu Jesu Gefolgschaft gehörten nicht etwa nur „die Zwölf“ oder ein erweiterter Kreis von Jüngern, sondern auch Frauen. Sie werden zum Teil namentlich aufgeführt: „... nämlich Maria, genannt Magdalena, von der sieben böse Geister ausgefahren waren, / und Johanna, die Frau des Chuzas, eines Verwalters des Herodes, und Susanna und viele andere [!], die ihnen dienten mit ihrer Habe.“ (Lk. 8,2f.)

Mit dem „Verwalter“ kann auch ein höherer politischer Beamter gemeint sein.

Wenn die hier genannte Johanna tatsächlich aus höfischen Kreisen stammte, wird ihr Entschluß, der Gruppe um den Wanderprediger Jesus beizutreten, gewiß für gewaltiges Aufsehen gesorgt haben. Und daß die Anhängerinnen Jesu wenigstens zum Teil der sozial gehobenen Schicht entstammten, zeigt der Hinweis auf ihren Vermögensstand. Johanna wird auch, neben anderen Frauen, als eine der ersten Zeuginnen der Auferstehung Jesu (vgl. S. 45f.) genannt (Lk. 24,10).

Markus (15,40f.) spricht von galiläischen Anhängerinnen Jesu, nennt namentlich drei Frauen, u. a. Salome (vgl. auch Mk. 16,1), und erwähnt „viele andere [!] Frauen, die mit ihm hinauf nach Jerusalem gegangen waren“.

Natürlich ist hier nicht die in Mk. 6,22ff./Mt. 14,6ff. erwähnte, aber nicht mit Namen genannte Tochter der Herodias gemeint.

Jesus war also mit Sicherheit an den vertrauten Umgang mit Frauen gewöhnt – was immer das im einzelnen heißen mag. So wird heute auch ernsthaft die Vermutung geäußert, daß Jesus möglicherweise verheiratet war.

„Jesus war so dogmatisiert und damit entsexualisiert, daß lange seine privaten Beziehungen tabuisiert waren. Aber die heutigen Fragen nach dem Menschen in seinen gesellschaftlichen Beziehungen hat [!] auch das persönliche Leben des Rabbi Jesus in ein neues Licht gerückt. Undenkbar sei es, meint Shalom Ben Chorim [der berühmte jüdische Religionsphilosoph], daß ein

Frauen als theologische Gesprächspartnerinnen Jesu

Da die Gruppe um Jesus also aus Männern *und* Frauen – „vielen Frauen“ sogar – bestand, ist nichts selbstverständlicher, als daß Jesus auch mit Frauen Gespräche führte, und nicht nur über Alltagsdinge.

Im Johannesevangelium wird im Anschluß an den tiefsinnigen Dialog zwischen Jesus und Nikodemus (Kap. 3) von der

Rabbi nicht verheiratet gewesen sei. Nur sei diese Selbstverständlichkeit im Neuen Testament gar nicht erwähnt."
(Elisabeth Moltmann-Wendel, Ein eigener Mensch werden. Frauen um Jesus, S. 92)

Zusammenkunft Jesu mit der Samariterin am Jakobsbrunnen berichtet. Das sich hier entwickelnde Gespräch ist aus zwei Gründen bemerkenswert:

- zum einen spricht hier ein Jude - Jesus - mit der Angehörigen eines mit den Juden in Spannung lebenden Nachbarvolkes;
- zum andern ist der Gesprächspartner in dieser theologischen Diskussion eine Frau.

Es war im damaligen Judentum ganz und gar unüblich, daß Frauen in theologische Gespräche miteinbezogen wurden. So kann es auch nicht erstaunen, daß eines der herausragenden Christusbekenntnisse in den Evangelien von einer Frau stammt, und zwar von Marta aus Betanien, der Schwester der Maria und des Lazarus: „Sie spricht zu ihm: Ja, Herr, ich glaube, daß du der Christus bist, der Sohn Gottes, der in die Welt gekommen ist." (Joh. 11,27) Dieses Bekenntnis ist in seiner Klarheit und Unmißverständlichkeit durchaus dem sehr bekannt gewordenen Petrusbekenntnis (Mt. 16,16) vergleichbar, wenn auch die situationsbedingten Voraussetzungen unterschiedlich sein mögen.

s. o. S. 37 f.

Hinwiederum ist es konsequent, wenn Jesus an anderer Stelle der Maria gegenüber ihrer Schwester Marta den Vorzug gibt. Wenn eine Frau vor der Wahl steht, entweder, wie Marta, hausfrauliche Dinge zu besorgen (ja, sich um den Gast, hier Jesus, zu bemühen) oder, wie Maria, den Worten des Lehrers zuzuhören und zu lernen, ist die Rangfolge eindeutig: „Eins aber ist not. Maria hat das gute Teil erwählt; das soll nicht von ihr genommen werden." (Lk. 10,42)

Gegen die gesellschaftliche Benachteiligung der Frau

Sehr konkret wird Jesu Protest gegen die Minderbewertung der Frau in seiner Kritik an der jüdischen Ehescheidungspraxis. Der Mann besaß gewissermaßen das alleinige Verfügungsrecht über seine Ehe. Wenn er glaubte, Grund zur Klage über seine Frau zu haben - und wohl nicht nur „wegen Unzucht" -, konnte er seine Frau entlassen und damit die Ehe auflösen, indem er ihr einen Scheidungsbrief ausstellte. Diese z. Zt. Jesu durchaus übliche Praxis führte nicht nur zu schwerwiegenden sozialen Benachteiligungen der Frau, sie war darüber hinaus auch Ausdruck der allgemeinen Geringschätzung der Frau im damaligen Judentum.

Dieser Vermerk (Mt. 19,9) ist wahrscheinlich ein späterer Zusatz aus judenchristlichen Kreisen.

Die verschiedenen Äußerungen Jesu zu diesem Thema wurden durch spätere Zusätze und Einschränkungen z. T. erweitert bzw. verändert. Ursprünglich aber ist die Aussage, daß der Mann, der seine Frau entläßt, um eine andere zu heiraten, Schuld auf sich lädt.

vgl. Mk. 10,11 f.; Lk. 16,18; Mt. 19,9; 5,32

Damals bestimmte der Mann, was Moral war. Frauen mit zweifelhaftem Lebenswandel gerieten schnell ins gesellschaftliche Abseits, Ehebrecherinnen drohte sogar die Strafe der Steinigung. In zwei neutestamentlichen Texten („Jesu Salbung durch die Sünderin“ [Lk. 7,36–50]; „Jesus und die Ehebrecherin“ [Joh. 8,1–11]) wird deutlich, daß Jesus für solche Frauen Partei ergriffen hat. Jesus rechtfertigt deren Tun keineswegs, aber er kritisiert die doppelte Moral derjenigen, die diese Frauen verurteilen. Dem Pharisäer Simon, der sich über die Vorgänge entsetzt, hält Jesus dessen Lieblosigkeit vor (Lk. 7,44 ff.), und die tobende Menge, die sich anschickt, die Ehebrecherin zu steinigen, bringt Jesus mit der ins Herz treffenden Entgegnung „Wer unter euch ohne Sünde ist, der werfe den ersten Stein auf sie“ (Joh. 8,7) zur Besinnung.

In beiden Fällen ist die Absicht Jesu die gleiche: die Frauen in Schutz zu nehmen vor einer männlichen Macho-Moral, die sich selbst vielleicht manches gestattete, aber schnell die Schwächere(n) verurteilte, zumal wenn es galt, von den eigenen Mängeln und Makeln abzulenken.

Frauen als erste Zeugen der Auferstehung Jesu

Im Rahmen der Berichte über die Entdeckung des leeren Grabes sind die – z.T. namentlich genannten – Frauen aus der Gefolgschaft Jesu die ersten Zeugen dessen, was geschehen ist. Dem stehen die Aussagen in Lk. 24,34 und 1. Kor. 15,5, nach denen der auferstandene Jesus als erster dem Petrus erschienen sei, gegenüber.

Mt. 28,1–10; Mk. 16,1–8 (vgl. auch V. 9–11); Lk. 24,1–11; Joh. 20,1–10 (vgl. auch V. 11–18)

Nun handelt es sich bei jenen Erzählungen nach wissenschaftlicher Lehrmeinung um apologetische Legenden aus späterer Zeit, welche die ursprünglichen Osterereignisse überdeckt hätten. Im Vergleich dazu wird die Emmaus-Geschichte (Lk. 24,13–35) ihrem Gehalt nach als die älteste der synoptischen Auferstehungserzählungen angesehen, und das von Paulus zitierte Glaubensbekenntnis 1. Kor. 15,3 b–5 stammt aus noch früherer Zeit.

vgl. aber das Kapitel „Auferstehung“ (7.6) als Ganzes

Es kann natürlich nicht darum gehen zu fragen, wer denn „wirklich“ der erste Zeuge der Auferstehung war. Diese Frage können wir heute nicht mehr beantworten. Wichtig im vorliegenden Zusammenhang ist vielmehr, daß in einem Umfeld, wo Frauen häufig als falsch und verlogen galten und wo man ihr Zeugnis vor Gericht nicht annahm, gerade sie es sind, die als Zeugen der Auferstehung vorgestellt werden. Ja, sie werden über ihre Zeugenschaft als befugte Informationsträger zur Weitergabe des Erlebten autorisiert: [Der Engel sprach zu den Frauen:] „Geht eilends hin und **sagt seinen Jüngern**, daß er auferstanden ist von den Toten.“ (Mt. 28,7; vgl. Mk. 16,7; Lk. 24,9); [Jesus sprach zu ihnen:] „Geht hin und **verkündigt es meinen Brüdern**, daß sie nach Galiläa gehen: dort werden sie mich sehen.“ (Mt. 28,10)

Maria Magdalena verkündet den Jüngern die Auferstehung

Diese Kompetenzzuweisung zeigt vielleicht Spuren urchristlicher Selbstverständlichkeit: Hier wurden Rangunterschiede zwischen Mann und Frau, dem Beispiel Jesu folgend, nicht akzeptiert.

Auswirkungen

Auf die urchristliche Praxis der Gleichrangigkeit von Mann und Frau, die zumindest in religiös-bekenntnishafter Hinsicht bestanden haben dürfte, läßt sich aus verschiedenen neutestamentlichen Belegen schließen. Wie Apg. 1,13 f. darlegt, waren Männer und Frauen „stets beieinander einmütig im Gebet“. Offensichtlich hoben auch die Gemeinsamkeit des Bekenntnisses, die gruppenhafte Isolation gegenüber der Außenwelt und die Gefahr der Auseinandersetzung mit Juden und Römern interne Rangunterschiede weitgehend auf.

In den paulinischen Grußlisten werden mehrfach Frauen als vertraute Adressaten genannt (vgl. z. B. Röm. 16,6.12). Ganz sicher waren Frauen auch missionarisch tätig, z. B. Phöbe,

„die im Dienst der Gemeinde von Kenchreä ist" (Röm. 16,1), oder Priska, die Paulus seine Mitarbeiterin nennt (Röm. 16,3; vgl. 1. Kor. 16,19; Apg. 18). Und wie das Beispiel der Lydia zeigt (Apg. 16,14 ff.), die sich „mit ihrem Hause" (V. 15) taufen ließ und den Paulus samt Mitarbeitern dann herzlichst „in ihr Haus" einlud, waren die Empfänger der neuen Lehre auch Frauen der gehobenen Gesellschaftsschicht.

Die Purpurhändlerin Lydia wird bisweilen – etwas schlagwortartig, aber wohl nicht zu Unrecht – als die erste Christin Europas bezeichnet.

Gleichwohl hinderte dies alles den Paulus nicht, andererseits kräftig das Frauenbild seiner Umwelt, also: die Unterordnung unter den Ehemann, zu bejahen und weithin wieder in ein patriarchalisches Denksystem zurückzufallen.

Jesus hat mit seiner Betonung der Gleichrangigkeit von Mann und Frau ein Zeichen gesetzt. Im Urchristentum wurde diese Position weitgehend beibehalten, während in späterer Zeit, als „Kirche" anfing, Gestalt zu werden, wieder patriarchaliches Denken dominierte. Mit dem alleinigen Vorwurf des „Männlichkeitswahns" muß man allerdings vorsichtig sein: Allzu leicht hätte sich die neue Bewegung des Christentums bei konsequenter Aufhebung der Rangunterschiede den Vorwurf der Sittenlosigkeit gefallen lassen müssen, was der Frau mehr geschadet als genützt hätte.

Heute allerdings, im Zeitalter der Demokratie und eines pluralistischen Wertesystems, ist die Gleichrangigkeit von Mann und Frau, auch und vor allem im Raum der Kirche, ein unverzichtbares Postulat.

5 Politische und religiöse Gruppen zur Zeit Jesu

Man darf nicht vergessen, daß Palästina zur Zeit Jesu ein von den Römern besetztes Land war, allerdings ein sehr kleines im riesigen römischen Weltreich. Das Leben der Juden zu jener Zeit war in vielen Alltagsdingen von dieser Tatsache geprägt. Auch Jesus hatte sich mit der damaligen politischen Situation auseinanderzusetzen. Dies geschah etwa bei der Frage, ob man dem römischen Kaiser Steuern zu zahlen habe, oder bei den Anweisungen der Bergpredigt zum rechten Verhalten gegenüber dem Feind.

Mk. 12,13 ff. par.

Mt. 5,38 ff. 43 ff.

Häufiger allerdings mußte Jesus mit innerjüdischen Gruppierungen anstehende (Streit-)Fragen diskutieren, vor allem mit den Pharisäern und Schriftgelehrten, aber auch mit den Sadduzäern. Ob er darüber hinaus zumindest indirekten Kontakt mit bestimmten Randgruppen hatte, etwa den Zeloten oder den Essenern, ist zumindest nicht auszuschließen.

Essener: Betonung auf der zweiten Silbe

Die Verkündigung Jesu kann ohne die vielfältigen Bezüge zu ihrem geschichtlichen Umfeld nicht richtig verstanden werden.

5.1 Die Herrschaft der Römer

Nachdem die Römer im Jahr 63 v. Chr. unter Pompejus Jerusalem erobert hatten, waren sie die eigentlichen Herren Palästinas. Judäa wurde römischer Vasallenstaat. Als Kaiser Augustus im Jahr 6 n. Chr. den über Judäa, Samaria und Idumäa herrschenden Archelaos, einen Sohn Herodes des Großen, abgesetzt hatte, kam dieses Gebiet in unmittelbare römische Verwaltung. Es unterstand einem Prokurator („Statthalter“), der seinerseits dem Herrscher der Provinz „Syria“, welche die Gebiete von Syrien und Palästina umfaßte, untergeordnet war. Galiläa und Peräa hingegen wurden von König Herodes Antipas regiert, der allerdings von den Römern abhängig war.

Palästina (lat.) = Philisterland
„Judäa“ ist die offizielle (lateinische bzw. griechische) Bezeichnung jenes Landesteils in Palästina, der ungefähr den alten Gebieten der israelischen Stämme Juda und Benjamin entspricht.

Unkenntnis der römischen Ämterstruktur und die Fehldeutung des Begriffes „Statthalter“ kann hier leicht zu Mißverständnissen führen. Der höchste Repräsentant des Kaisers von Rom in diesem Gebiet war nicht etwa der Prokurator von Judäa, z. Zt. des Prozesses Jesu also Pontius Pilatus,

Die Amtszeit des Pontius Pilatus als „Praefectus Judaeae“ (vgl. Lk. 3,1) war von 26–36 n. Chr. – Näheres zu seiner Person s. Kap. 7.5.6.

sondern dessen Vorgesetzter, der Legat der gesamten Provinz Syrien-Palästina. Der in den Evangelien verwendete Begriff „Statthalter" ist in Mt. 27,2.15 und Lk. 3,1 auf Pontius Pilatus, in Lk. 2,2 auf Quirinius bezogen. Zu beachten bleibt, daß hier trotz des Zusatzes „Statthalter in Judäa" bzw. „Statthalter in Syrien" zwei unterschiedliche Rangstufen in der römischen Ämterhierarchie gemeint sind.

„Legatus Augusti pro praetore". Der in Lk. 2,2 genannte Quirinius (Luther: Cyrenius) war bis zu seinem Tod im Jahr 21 n. Chr. oberster Provinzgouverneur.

Amtssitz der römischen Prokuratoren war Caesarea am Mittelmeer, knapp 70 km (Luftlinie) von Jerusalem entfernt. In der Regel kam der Prokurator nur zu den hohen jüdischen Festen nach Jerusalem - wie dies auch Pontius Pilatus anläßlich des jüdischen Passahfestes tat -, um mit seinen Truppen in der durch die dann zusammenströmenden Pilgergruppen aufgewühlten Stadt Unruhen vorzubeugen. Der Prokurator besaß das „ius gladii", also das Recht, die Todesstrafe zu verhängen. Zwar galt dies zunächst nur in bezug auf seine Soldaten, doch konnte in der Praxis kein ziviler Kapitalprozeß, bei dem ein Todesurteil gefällt wurde, ohne die Zustimmung des Präfekten durchgeführt werden.

Pilatus-Steintafel
(gefunden im Jahr 1961 in Caesarea)

Während dem obersten Provinzgouverneur vor allem die Gesamtorganisation des Steuer- und Zollwesens oblag, waren die Aufgaben des Prokurators das Eintreiben der Steuern, wobei ihm die jüdischen Zöllner halfen, und das Verhindern von Aufständen. Die jüdische Verwaltung blieb weitgehend selbständig, doch arbeiteten die Römer mit bestimmten einflußreichen Gruppen der Juden eng zusammen, etwa mit den Sadduzäern, wie das Beispiel des Prozesses Jesu deutlich zeigt (vgl. Kap. 5.2.2).

Palästina war ein ständiger Unruheherd. Gewaltsame Auseinandersetzungen waren an der Tagesordnung. Hinrichtungen von Aufständischen, aber auch Anschläge und Überfälle auf die verhaßten Besatzer, z. B. durch die Sikarier, waren nichts Seltenes.

vgl. Kap. 5.3.2

Die Herrschaft der Römer über Palästina dauerte siebenhundert Jahre. 637 n. Chr. wurde das Land durch islamische Araber erobert.

5.2 Pharisäer - Sadduzäer - Schriftgelehrte

Sehr einseitig und nicht immer frei von Vorurteilen ist der Kenntnisstand vieler Christen über diese in den neutestamentlichen Evangelien häufig als Feinde Christi auftretenden Gruppierungen des Judentums. Das kann so weit gehen, daß der Name „Pharisäer" umgangssprachlich gleichbedeutend für einen „Heuchler", einen „Scheinheiligen" stehen kann und selbst in Wörterbüchern „pharisäisch" im Sinne von „selbstgefällig", „arglistig", „überheblich", „engstirnig" usw. erklärt wird. Daß diese verfälschende, zumindest allzu pauschale Bedeutungsdefinition dabei oft verallgemeinernd mit der Diffamierung eines ganzen Volkes, eben dem der Juden, in Verbindung gebracht wird, ist vielleicht nur wenigen bewußt: Denn man kann nicht „die Pharisäer" als „die Feinde" oder gar als „die Mörder" Jesu Christi hinstellen, genausowenig wie „die Juden".

s. u. und Kap. 7

Weithin unbekannt ist auch, daß die Verfasser der neutestamentlichen Evangelien, allerdings aus geschichtlich erklärbaren Ursachen (s. u.), zu einem solchen möglichen Zerrbild mit beigetragen haben.

Wie sah die historische Wirklichkeit aus?

5.2.1 Die Pharisäer

Häufig werden in den Evangelien die Pharisäer als streitbare Gegner Jesu genannt. Im Neuen Testament werden sie insgesamt rund hundert Mal erwähnt. Seitdem etwa im Jahr 150 v. Chr. in Israel das Prophetentum zu Ende gegangen war, hatte sich innerhalb des Judentums eine religiöse Laienbewegung gebildet, eine Gemeinschaft von Gesetzeseiferern auf breiter religiöser Grundlage. Diese Gruppe setzte sich aus Angehörigen aller Stände zusammen. Besonders stark vertreten waren die Handwerker. Ziel dieser eher dem Kleinbürgertum zuzurechnenden, jedermann offenstehenden Gruppierung war eine religiöse Heiligung des Alltagslebens. Die strenge Beachtung der jüdischen Tora und der zahlreichen später hinzugekommenen Gesetzesauslegungen bildete dabei die Grundlage.

Wenn Jesus selbst Zimmermann (oder der „Sohn eines Zimmermanns") war (vgl. Kap. 3.2.4), so mag vielleicht auch die vergleichbare berufliche Herkunft – neben anderen, wichtigeren Gründen – eine Ursache für sein häufiges Zusammentreffen mit den Pharisäern gewesen sein.

Die weitgehende politische Zurückhaltung der Pharisäer ließ sich mit ihrer religiösen Einstellung erklären. Sie warteten auf das direkte Eingreifen Gottes, auf das Kommen des – politisch verstandenen – Messias. Dieser werde die römische Besatzungszeit beenden und ein starkes Israel herbeiführen.

In ihrem Bemühen, die sonst nur für Priester geltenden religiösen Vorschriften im alltäglichen Leben zu erfüllen, verfielen die Pharisäer allerdings häufig der Neigung, äußerliche Regeln, also z. B. Speisegesetze und religiöse Zeremonien, für wichtiger zu halten als den Geist der mosaischen Gebote.

vgl. dazu die Kritik Jesu Mt. 9,13 (Kontext)

So führte die Frage nach der Heiligung des Sabbats zu scharfen Auseinandersetzungen zwischen Jesus und den Pharisäern: Diese bestanden auf der korrekten Einhaltung der

vgl. z. B. Mk. 2,23 ff. par.; 3,1 ff. par.

Ruhepflicht, während Jesus das Gebot, Leben zu erhalten, für ungleich höher erachtete. Allerdings dürfte in diesem Punkt in Wahrheit kaum ein Pharisäer Jesus widersprochen haben, und die polemische Zuspitzung zuungunsten der Gegner Jesu hat, zumindest in überwiegendem Maße, redaktionelle Ursachen (s. u.).

„Der Sabbat ist um des Menschen willen gemacht und nicht der Mensch um des Sabbats willen." (Mk. 2,27)

Der Name „Pharisäer" bedeutet „die Abgesonderten". Sie waren abgesondert von den Ungelehrten, von den „normalen", weniger religiös engagierten Juden. Abgesondert waren sie wohl auch wegen ihrer eigenen, nicht ausschließlich buchstäblich orientierten Art der Schriftauslegung. In besonders starker Spannung lebten sie mit der mächtigen Adelspartei der Sadduzäer.

Zur Zeit des Herodes zählte die pharisäische Religionspartei etwa 6000 Mitglieder. Das entsprach ca. 1,2% der Bevölkerung. Sie bildeten die stärkste Fraktion im Synedrium.

Das Syn(h)edrium (hebr. „sanhedrin"), der „Hohe Rat", war seit dem zweiten Jahrhundert vor Christus die höchste jüdische Staatsbehörde in Staats-, Rechts- und Religionsangelegenheiten. Sie bestand aus siebzig Mitgliedern. Den Vorsitz hatte der jeweils amtierende Hohepriester, Amtssitz war Jerusalem.

Es wäre nun aber völlig unsinnig, „die Pharisäer" insgesamt als „die Feinde" Jesu zu beurteilen. Trotz vieler Gegensätze gab es durchaus theologische Berührungspunkte, z. B.
- beim Glauben an die Auferstehung von den Toten;
- beim Einhalten bestimmter Frömmigkeitsformen (Wohltätigkeit, Gebet, Fasten);
- bei der Forderung nach einer ethisch verantwortlichen Lebensführung des Menschen.

Die Lehrkompetenz der Pharisäer hat Jesus nicht angetastet. Auch hielt er mit ihnen Tischgemeinschaft. Und „ein Mensch unter den Pharisäern mit Namen Nikodemus, einer von den Oberen der Juden", war ein hochqualifizierter theologischer Gesprächspartner Jesu. „Einige" Pharisäer warnten ihn vor dem Mordplan des Herodes.

Mt. 23,2f.
Lk. 7,36ff.; 11,37; 14,1

Joh. 3,1ff.; vgl. auch 19,39
Lk. 13,31

Da Jesus also unter den Pharisäern auch Freunde oder zumindest gute Bekannte hatte, kann vermutet werden, daß nur bestimmte Gruppierungen unter ihnen als seine Gegner auftraten. Dafür könnte ferner die Tatsache sprechen, daß die Pharisäer in den Passionsberichten, völlig im Gegensatz zu den agitatorischen Sadduzäern, überhaupt nicht erwähnt werden.

In der Apostelgeschichte wird an zwei Stellen von einer Parteinahme der Pharisäer für die Jünger (5,34ff.) bzw. für Paulus (22,30–23,11) berichtet. Auch hätte sich Paulus (etliche Jahre vor der Entstehung der Evangelien) wohl kaum zu seiner früheren Zugehörigkeit zu dieser Gemeinschaft bekannt (Phil. 3,5), wenn es sich dabei um keinen ehrenwerten Stand gehandelt hätte.

Nun sind aber andererseits die Evangelien voll von böswilligen Anfeindungen der Pharisäer gegen Jesus. Auch ist dessen harsche Kritik an dieser Gruppe, besonders bei Matthäus, nicht zu überhören. Einerseits
- wird über die Pläne der Pharisäer berichtet, Jesus umzubringen;
- verlangen die Pharisäer von Jesus ein Zeichen zum Beweis seiner Messianität;
- versuchen sie, ihn „in seinen Worten zu fangen" u. v. m.

Mk. 3,6 par.

z. B. Mt. 12,38 par.
vgl. Mt. 22,15ff. par.

Zum andern aber – folgt man der Darstellung der Evangelien, vor allem der des Matthäus – urteilt auch Jesus nicht eben freundlich über „Schriftgelehrte und Pharisäer":

Mt. 23,3f. (vgl. 25f.)

- Er tadelt sie, weil ihre Werke nicht mit ihren Worten übereinstimmen;

Mt. 23,13.15.23.25.27.29
Mt. 23,33

- er nennt sie „Heuchler" sowie „Schlangen- und Otternbrut";

Mt. 23,33

- er weiß sie zur höllischen Verdammnis verurteilt.

vgl. im einzelnen noch Mt. 23,1–36; Mk. 12,38–40; Lk. 20,45–47; 11,39–52

Wie läßt sich solche pauschale Verurteilung, vor allem: wie läßt sich die Diskrepanz gegenüber dem oben Festgestellten erklären?

Die Gründe sind in der geschichtlichen und religiösen Entwicklung in Israel bis zum Jahr 70 n. Chr. und auch in den Jahrzehnten danach sowie in der redaktionellen Überarbeitung der Evangelien zu suchen:

s. u.

- Im Jahr 70 n. Chr. hatten die Römer Jerusalem und den Tempel zerstört. Anders als die mächtige Aristokratenpartei der Sadduzäer und die radikal-nationalistischen Zeloten konnte sich die politisch weniger bedeutsame pharisäische Bewegung am Leben erhalten;

Unter der Führung der Pharisäer entwickelte sich das rabbinische Judentum. Sie prägten darüber hinaus die jüdische Synagoge in ihrer bis heute gültigen Bedeutung.

- die historische Aufgabe der Pharisäer war es nun, nach dem politischen Zerfall Israels das Judentum vor dem religiösen Untergang zu bewahren;
- das hieß aber auch: radikale Abgrenzung gegenüber allen Nonkonformisten, insbesondere gegenüber den nun als Ketzer anzusehenden Judenchristen;
- dieser Prozeß der Zerstörung und Neubesinnung lief zeitlich in etwa parallel mit der Entstehung der neutestamentlichen Evangelien;
- auch die in ihren Anfängen stehende junge Kirche war auf Abgrenzung, und zwar vom Judentum, bedacht. Sie mußte in dem sich neu festigenden Pharisäismus eine bedrohliche, womöglich existenzgefährdende Gegnerschaft erkennen;

Bei einem Vergleich bestimmter Evangelientexte läßt sich bei Lukas und Matthäus gegenüber Markus eine eindeutige Entwicklung zur Pharisäerfeindlichkeit hin feststellen; vgl. z. B. Lk. 10,25–28 und Mt. 22,34–40 gegenüber Mk. 12,28–34.

- zumindest in der redaktionellen Endgestalt spiegeln die neutestamentlichen Evangelien, allen voran das Matthäusevangelium, diese Entwicklung wider;
- das bedeutet: der geschichtlich gewordene Konflikt wurde, was die Verallgemeinerungstendenzen und die Schärfe der Polemik betrifft, noch stärker personalisiert und in die Lebenszeit Jesu „zurückverlegt": Die Pharisäer wurden als die Gegner Jesu schlechthin uminterpretiert, und den Redaktoren der Evangelien konnten „die Pharisäer und Schriftgelehrten" als die – jesusfeindlichen – Repräsentanten des Judentums ganz allgemein erscheinen;

s. Kap. 7

- in Verbindung mit vergleichbaren Tendenzen bestimmter Evangelientexte über die Gefangennahme und den Prozeß Jesu war damit der Grundstein gelegt zu der später auch kirchlicherseits oft gepflegten Verurteilung eines ganzen Volkes als „Mörder Jesu Christi".

5.2.2 Die Sadduzäer

Der Name leitet sich ab von dem Hohenpriester Zadok. Auch die Sadduzäer gehören in den Evangelien zu den Gegnern Jesu (Mt. 16,6; 22,23–34). Doch bleiben sie hier im Gegensatz zu den Pharisäern, als deren konservative Gegenspieler man sie bezeichnen könnte, weithin im Hintergrund. Dafür spielen sie dann bei der Gefangennahme und dem Prozeß Jesu, jedenfalls was die jüdische Zuständigkeit anbetrifft, die entscheidende Rolle.

Zadok war neben Abjatar ein Priester Davids (vgl. 2. Sam. 17,15; 19,12; 20,2).

vgl. Kap. 7

Gegenüber den vorwiegend aus der kleinbürgerlichen Mittelschicht stammenden Pharisäern bildeten die Sadduzäer die Standespartei der höheren Priesterschaft. Ihr gehörten die vornehmen Priestergeschlechter, aber auch Vertreter der weltlichen Aristokratie an. Die Gruppe bestand aus rund dreißig Familien. Gegenüber dem Volk hielten sie Distanz, paktierten aber, um des eigenen Machterhaltes willen, mit den Römern.

Diese Machtposition dokumentierte sich am deutlichsten in dem Vorsitz, den der Hohepriester im Synedrium innehatte. Vom Jahr 6 n. Chr. bis zur Zerstörung Jerusalems im Jahr 70 stellte die Partei der Sadduzäer fast alle Hohenpriester. Da die Römer die Verwaltung Judäas den Juden im wesentlichen selbst überließen und ihnen auch grundsätzlich Religionsfreiheit gewährten, besaß das Amt des Hohenpriesters eine politische Schlüsselfunktion: Es konnte nur von einem der römischen Besatzungsmacht hörigen Synedriumsvorsitzenden bekleidet werden. So behielten sich auch die Römer die Kompetenz über die Ernennung und Absetzung eines Hohenpriesters vor.

Wenn im Matthäusevangelium – und auch sonst im NT – von „den" Hohenpriestern (Mt. 26,3.47.59), ja von „allen" Hohenpriestern (Mt. 27,1) die Rede ist, so ist dies im Grunde sachlich falsch, denn es gab zu jener Zeit nur *einen* amtierenden Hohenpriester. Doch ist der Plural im NT üblich zur Bezeichnung der Mitglieder des Synedriums, die hohenpriesterlichen Geschlechts sind.

Auch bei religiösen Grundsatzfragen unterschieden sich die Sadduzäer von den Pharisäern in wesentlichen Punkten. Für sie waren die Fünf Bücher Mose die einzige Grundlage. Die bei den Pharisäern darüber hinaus übliche mündliche Auslegung der heiligen Schrift akzeptierten sie nicht, ebensowenig die z.T. sehr genauen pharisäischen Reinheitsvorschriften. Auch lehnten sie, anders als die Pharisäer, den Glauben an die Auferstehung ab (Mt. 22,23; Apg. 23,8).

Mit dem Untergang des jüdischen Staates hörte auch die Partei der Sadduzäer auf zu existieren.

5.2.3 Die Schriftgelehrten

Mt. 7,29; 9,3; 26,57; 27,41; Mk. 12,38ff.

Unter den Gegnern Jesu werden in den Evangelien auch die Schriftgelehrten genannt, entweder als alleinstehende Gruppe oder in Verbindung mit den Hohenpriestern bzw. den Pharisäern.

Mt. 16,21; Lk. 23,10
Mt. 5,20; 23,2ff.13.15.23.27.29.34; Mk. 2,16; Lk. 5,30; 7,30; 15.2

Die Schriftgelehrten waren ausgebildete und ordinierte jüdische Theologen. Sie waren als Stand organisiert, trugen den Titel „Rabbi" und hatten Mitglieder im Synedrium. Ihre Aufgabe bestand darin, das jüdische Gesetz (also die Fünf Bücher Mose, die Tora) auszulegen und für die korrekte Beachtung der mosaischen Gebote Sorge zu tragen. Da die Fünf Bücher Mose als Gesetzessammlung nicht nur das religiöse, sondern auch das bürgerliche Leben der Juden bestimmten, waren die Schriftgelehrten nicht nur Theologen, sondern gleichzeitig auch Juristen. Zunächst gehörten sie verschiedenen Parteien an, den Pharisäern, den Sadduzäern, aber auch den Essenern. In neutestamentlicher Zeit jedoch zählten sich die meisten von ihnen zu den Pharisäern, ja sie wurden deren führende Köpfe.

Im erweiterten Sinn konnte aber auch das ganze Alte Testament als „Gesetz" bezeichnet werden.

s. Kap. 5.4

vgl. die Differenzierung in Mk. 2,16 („die Schriftgelehrten unter den Pharisäern") und Lk. 5,30 („die Pharisäer und ihre Schriftgelehrten")

Ein Hauptkonfliktpunkt in der Auseinandersetzung mit Jesus lag in dessen Vorwurf, sie würden vor allzu penibler Gesetzeserfüllung den menschlich-sozialen Kern der Gebote vergessen. Gewiß neigten die Schriftgelehrten zu einem formalistischen Frömmigkeitsverständnis, einem religiösen Leistungsperfektionismus, den Jesus nicht verlangte. Dennoch wird man vom heutigen Standpunkt aus auch ihre Aufrichtigkeit und ihr Bemühen, das ganze Leben nach den Geboten Gottes zu gestalten, grundsätzlich berücksichtigen müssen.

vgl. z. B. Mt. 23,23: „Weh euch, Schriftgelehrte und Pharisäer, ihr Heuchler, die ihr den Zehnten gebt von Minze, Dill und Kümmel und laßt das Wichtigste im Gesetz beiseite, nämlich das Recht, die Barmherzigkeit und den Glauben!" – Dabei war es gar nicht vorgeschrieben, auch von Gewürzen den Zehnten zu geben.

Daß Jesus – wie zu manchen Pharisäern – auch zu einzelnen Schriftgelehrten private Kontakte hatte, kann man aus Mk. 12,28ff. erkennen.

5.3 Zeloten und Sikarier

Während die Sadduzäer mit den Römern kollaborierten und die Pharisäer insgesamt politisch wenig in Erscheinung traten, bildeten die Zeloten und Sikarier die Gruppe der militanten Oppositionellen.

5.3.1 Die Zeloten

Die Zeloten, eine von den Pharisäern ausgehende politisch-nationalistische Bewegung, wollten nicht wie diese den Beginn der Messiaszeit passiv abwarten, sondern das neue

Reich durch gewaltsame Aktionen selber herbeizwingen. Sie lehnten es beispielsweise ab, dem römischen Kaiser Steuern zu zahlen, und es kam mehrfach zu Unruhen.

Der Name bedeutet wörtlich übersetzt „Eiferer“ (griech. zelos = Eifer). Der „Eifer“ der Zeloten bezog sich nicht nur auf ihren politisch-revolutionären Aktivismus, sondern auch auf das Bemühen, das mosaische Gesetz auf allen Lebensgebieten durchzusetzen.

Die Zeloten waren die Hauptakteure bei den Aufständen gegen die römischen Besatzer, die schließlich zur Zerstörung Jerusalems führten. Die Verteidiger der Festung Masada, die sich noch bis zum Jahr 73 n. Chr. hielt, waren Zeloten.

Unter den zwölf Jüngern, die Jesus aus einer größeren Zahl von Gefolgsleuten als seine Apostel auserwählt hatte (Lk. 6,13), war auch ein (ehemaliger?!) Zelot namens Simon (Lk. 6,15; vgl. auch Apg. 1,13). Daraus eine militante Einstellung Jesu abzuleiten wäre allerdings abwegig (vgl. z. B. Mk. 12,17; Mt. 5,5.9.43 ff.; 26,52 u. v. m.).

5.3.2 Die Sikarier

griech. sikarion = Dolch (lat.: sica)

Die radikalste Gruppierung unter den jüdischen Patrioten waren die Sikarier. Diese „Dolchmänner“ führten ihren Namen nach dem seitlich getragenen Krummdolch, mit dem sie bei passender Gelegenheit ihre politischen Feinde, also vornehmlich die Römer, niederstießen. Daß auch Judas Iskarioth zu dieser Gruppe gehört haben könnte, ist zumindest nicht ganz auszuschließen.

In Apg. 21,38 (griechischer Text) ist von 4000 solcher Sikarier die Rede. Luther übersetzte das Wort mit „Meuchelmörder“. In der revidierten Luther-Übersetzung von 1984 wurden daraus – vergleichsweise harmlose – „Aufrührer“.

5.4 Die Essener

Die Essener („die Frommen“) waren eine seit der Mitte des zweiten vorchristlichen Jahrhunderts in ganz Palästina verbreitete mönchische Ordensgemeinschaft aus Laien und vor allem Priestern. Sie umfaßte etwa viertausend Mitglieder. Streng, asketisch und im Bewußtsein göttlicher Erwählung lebten diese fernab von der menschlichen Gemeinschaft nach genau festgelegten Gesetzen. Dazu gehörten u. a. das tägliche Gebet, die Schriftauslegung und Arbeit im Handwerk und Ackerbau. Ebenso verpflichtend waren regelmäßige Waschungen und Tauchbäder sowie das tägliche gemeinsame Kultmahl.

In den Jahren 1947–1956 fand man in den Höhlen von Qumran, einem Wüstengebiet am Nordwestende des Toten Meeres, zahlreiche Schriftrollen, die mit hoher Wahrscheinlichkeit zur religiösen Literatur der Essener zu rechnen sind. Auch entdeckte man in unmittelbarer Nähe die Reste einer im Jahr 68 n. Chr. zerstörten klosterähnlichen Siedlung.

Hatte man zunächst vielleicht teilweise geglaubt, hier so etwas wie den Ursprung der Jesusbewegung oder gar die „geistige Heimat" Jesu gefunden zu haben, so erkannte man doch bald die tiefgreifenden Unterschiede zwischen der Lehre der Essener und der Verkündigung des Nazareners:

1. Jesus redete nicht von Weltflucht, sondern von Gemeinschaft;
2. priesterliches Klassendenken und Haß auf andere Menschen (wie etwa der „Söhne des Lichts", zu denen sich die Essener rechneten, auf die „Söhne der Finsternis") waren Jesus fremd;
3. im strengen Befolgen äußerlich verstandener Regeln sah Jesus nicht den Sinn eines vor Gott verantworteten Lebens;
4. den Glauben der Essener an *zwei* Messiasgestalten hätte Jesus nicht akzeptiert.

Gegenüber solchen Divergenzen treten gewisse Berührungspunkte (Dualismus von Gut und Böse; Glaube an die Auferstehung der Toten) zurück.

Natürlich spricht nichts gegen die Annahme, daß Jesus von der Lehre der Essener Kenntnis hatte. Das ist sogar wahrscheinlich, denn die Sekte war ja im Land nicht unbekannt. Vor allem aber dürfte Johannes der Täufer, zu dessen Umkreis Jesus zunächst gehörte, schon aus Gründen der geographischen Nähe mit ihrer Lehre vertraut gewesen sein. Alles weitere bleibt Spekulation.

vgl. Kap. 2.2.1

Wichtig ist hier die Tatsache, daß die Jesusbewegung keine isolierte Agitation eines weltfremden Phantasten, sondern eine zutiefst menschenfreundliche, positiv denkende Gemeinschaft innerhalb eines häufig feindlichen bzw. von Feindbildern bestimmten Umfeldes war, aus dessen religionsgeschichtlicher und soziologischer Einbindung sie allerdings nicht zu lösen ist.

Im Neuen Testament werden die Essener nicht direkt genannt, wohl auch deswegen, weil nach 70 – der Zeit, in der die meisten neutestamentlichen Evangelien entstanden sind – im Rahmen der Neukonstituierung des Judentums der Pharisäismus alle anderen Bewegungen verdrängte.

5.5 Die Zöllner

Die berufliche Stellung eines Zöllners im damaligen Palästina ist mit der Position eines heutigen Zollbediensteten nicht vergleichbar. Schon eine Übersicht über das sprachliche Wortfeld, in dem der Ausdruck „Zöllner“ vorkommt, bekundet unmißverständlich die soziale Rangstufe dieses Berufes. Diese war letztlich eine Auswirkung der römischen Besatzungspolitik. Nur die staatliche Kopf- und Grundsteuer wurde von Beamten erhoben. Hingegen waren die Zöllner, die eine Stelle als Zollpächter besaßen, freie Unternehmer. Darüber hinaus gab es noch deren „Angestellte“, die Zollbediensteten.

Der Begriff existiert nur bei den Synoptikern.

„Räuber, Betrüger, Ehebrecher ... Zöllner“ (Lk. 18,11); „Zöllner und Huren“ (Mt. 21,31); „Zöllner und Sünder“ (Mt. 9,10; 11,19; Mk. 2,15f. u.ö.)

Der Erwerb und das Betreiben einer solchen häufig sehr lukrativen Steuereinnahmestelle geschah nach bewährtem Muster: Der Meistbietende erhielt den Zuschlag, mußte allerdings die vereinbarte Pachtsumme der römischen Behörde im voraus bezahlen. Nun galt es natürlich, nicht nur diese Summe wieder einzutreiben, sondern durch mancherlei List und Betrug an den Händlern und Reisenden möglichst viel Geld hereinzuwirtschaften. Dieses Geld durfte der Steuerpächter behalten. Er kam so oft zu einem ansehnlichen Vermögen.

Steuern und Zölle waren bei den Herrschenden schon immer ein beliebtes Mittel zur Ausbeutung eines Landes. Fast alle materiellen Güter, Sklaven eingeschlossen, mußten verzollt werden, und Plätze, an denen dies zu geschehen hatte, gab es mehr als genug.

Doch war auch diese ehrenwerte Gesellschaft nicht ohne Berufsrisiko: Verlustgeschäfte drohten; behördliche Nachforschungen bei allzu großzügiger Gebührenbemessung waren zu befürchten; die bürgerlichen Ehrenrechte, z. B. die Zeugenschaft vor Gericht, blieben versagt. Und die gesellschaftliche Verachtung war überall zu spüren.

In den synoptischen Evangelien sind zwei „Zöllner“ namentlich genannt: Zachäus, der wohl als Zollpächter zu gelten hat (Lk. 19,2), und Levi, der ein Zollbediensteter gewesen sein dürfte. Auch ist mehrfach von der Tischgemeinschaft die Rede, die Jesus mit Zöllnern hielt.

vgl. Lk. 19,1–10 (Kontext!)
vgl. Mk. 2,13–17 (Kontext!)
Mt. 9,10f.; Mk. 2,15f.; Lk. 5,29f.

Diese persönliche Zuwendung zu den Verachteten der Gesellschaft erregte bei den Gegnern Jesu, und wohl nicht nur bei diesen, Anstoß. Ganz sicher hat Jesus diese Verbindung mit den sozialen Randgruppen, zu denen beispielsweise auch die Dirnen zu rechnen waren, bewußt gesucht, um in dieser Gemeinschaft und durch diese Gemeinschaft die erbarmende Liebe Gottes zu demonstrieren. Ähnlich wie bei der bewußten Übertretung – besser: der demonstrativen Beachtung („Leben erhalten verdrängt den Sabbat“) – des Sabbatgebotes hat Jesus auch hier, um eines höheren Zieles und Zweckes willen, absichtlich provoziert:

vgl. Lk. 7,36ff. (zum Ganzen s. auch Kap. 6)

Mk. 2,23ff./3,1ff. (s. o. Kap. 5.2.1)

> „Denn der Menschensohn ist gekommen, zu suchen und selig zu machen, was verloren ist.“ (Lk. 19,10)

6 Die Verkündigung Jesu

vgl. Kap. 7

Grundsätzlich muß man unterscheiden zwischen dem, was Jesus selbst sagte, und den Aussagen, die über Jesus gemacht wurden. Seit rund hundert Jahren weiß man, daß die neutestamentlichen Evangelien ausschließlich vom Glauben an den Auferstandenen geprägte Texte sind, kerygmatische Zeugnisse der nachösterlichen Gemeinde. Durch ihre Erfahrung der Auferstehung Jesu wurde der Verkündiger zum Verkündigten.

aus dem Pasolini-Film „Das erste Evangelium Matthäus"

Historische Fixpunkte im Tun und Reden Jesu lassen sich darum zwar nur mit großer Mühe ausmachen, jedoch, nach differenzierter Analyse, häufig mit zuverlässiger Sicherheit im einzelnen durchaus aufzeigen. So ist die neutestamentliche Wissenschaft bestrebt, etwa durch die Untersuchung gattungsspezifischer Entwicklungsprozesse oder durch die Rekonstruktion verschiedener Textformen innerhalb der Redaktionsgeschichte zu den „Ursprüngen", d.h. in der Regel: zu den Anfängen der Verkündigung und damit auch zu den Ereignissen aus dem Leben Jesu selbst, vorzudringen.

Auch wenn wir das, was Jesus tat und lehrte, also „nur" in Form von Glaubenszeugnissen vor uns haben, läßt sich aus Wort und Tat doch sehr wohl der Inhalt seiner Botschaft bestimmen. Man darf diese allerdings nicht mit einem ausgearbeiteten philosophischen Denksystem verwechseln. Gegen eine solche Annahme spräche schon die vielschichtige, „sekundäre" Form der Überlieferung. Auch war Jesus mit Sicherheit kein Dogmatiker. Von ihm selbst besitzen wir keine einzige Zeile, doch konnte er natürlich lesen und schreiben. Hochgebildet in der religiösen Literatur seines Landes, galt er als „Rabbi" und sprach vermutliche mehrere Sprachen (Hebräisch, Aramäisch, Griechisch, Latein [?]).

vgl. Kap. 3.2.4; Kap. 3.4

6.1 Der religionsgeschichtliche Hintergrund

Jesu Botschaft kann nicht losgelöst von den geistigen Strömungen seiner Zeit betrachtet werden. Man darf aber nicht meinen, daß durch gewisse gelegentliche Ähnlichkeiten mit zeitgenössischen Anschauungen das Besondere von Jesu Lehre und Person in Frage gestellt wäre. Das Gegenteil ist der Fall. Denn gerade im scheinbar Gemeinsamen wird das Trennende und Andersartige seines Lehrens und Wirkens erkennbar.

Bestimmte Berührungspunkte innerhalb der Verkündigung Jesu können sich z. B. ergeben

- mit Vorstellungen aus der **jüdischen Apokalyptik**, einer religiösen Bewegung, die zwischen dem zweiten vorchristlichen und dem zweiten nachchristlichen Jahrhundert verbreitet war. Im Zentrum stand die Erwartung, daß Gott sein Reich heraufführen und die Menschen richten werde. Damit wird ein neuer Äon die noch bestehende Zeit ablösen („Zwei-Äonen-Lehre"). Bestimmte Vorstellungen über die Endzeit (die Sterne fallen vom Himmel; die Sonne verdunkelt sich u. a.) finden sich im Judentum wie bei Jesus, der somit in seinen Worten zum Teil auch solche Bilder verwandte, die seinen Zeitgenossen geläufig waren. Jesus zerbricht aber dieses jüdisch-apokalyptische Zeitschema der Zwei-Äonen-Lehre, indem er verkündet, daß die Gottesherrschaft mit seinem Auftreten bereits angebrochen *ist*;
- mit anderen **Befreiungsvorstellungen des antiken Judentums**, die sich auf die Erinnerung an Gottes Hilfe beim Auszug aus Ägypten und bei der Befreiung aus der babylonischen Gefangenschaft gründeten. Befreiung von der Fremdherrschaft, dieses Mal von der römischen, erhoffte man auch jetzt;
- mit der **Messiaserwartung**, dem Harren auf den Erlöser-König aus dem Stamme Davids, wie sie bei den Pharisäern und auch in der Sekte von Qumran existierte;
- mit einzelnen Aspekten aus dem **Vorstellungsbereich des Vergehens und Neuwerdens**, wie er in bestimmten antiken Mythen lebendig war;
- mit anderen **Wanderpredigern**, sog. „Gottesmännern" (theoí ándres), die gleich Jesus im Lande umherzogen, angeblich Kranke heilten und Wunder taten, dabei aber sich selbst in den Vordergrund stellten und für ihre Dienstleistungen kräftig kassierten.

Apokalyptik (griech.) = die „Offenbarung" jenseitiger Geheimnisse und der Geschehnisse des Weltendes

Äon (griech.-lat.) = Zeitraum/Weltalter

ca. 1300 v. Chr.

587–538 v. Chr.

z. B. im babylonischen Tammuz-Kult oder im griechischen Adonis- bzw. ägyptischen Osiris-Mythos

vgl. dazu ausführlich Kap. 6.4.4

In dieser Zeit des religionsgeschichtlichen Synkretismus, in einem Land, wo die Gebote der Tora allzeit gegenwärtig, die Herrschaft der Römer jederzeit hautnah zu spüren war und die hellenistische Kultur ebenso ihren nicht zu unterschätzenden Einfluß geltend machte, tritt der Wanderprediger Jesus von Nazareth auf und verkündet: „Die Zeit ist erfüllt, die Gottesherrschaft ist nahe: Kehrt um und glaubt an die Heilsbotschaft."

Synkretismus = Vermischung verschiedenartiger Religionen

Die hellenistische Stadt Sephoris lag 7 km nördlich von Nazareth.

Mk. 1,15 (Wilckens-Text), vgl. dazu Kap. 6.2.3

6.2 Die Nähe des Reiches Gottes

Der griechische Ausdruck „basileía tou theoú" meint eigentlich die „Königsherrschaft Gottes". Der Evangelist Matthäus gebraucht bevorzugt die Wendung „basileia tōn ouranōn", was „Reich bzw. Königreich der Himmel" bedeutet, inhaltlich aber gleichwertig ist. Die Umschreibung geht auf die jüdische Scheu vor dem Aussprechen des Gottesnamens zurück.

Der Begriff „Reich Gottes" steht in den synoptischen Evangelien an zentraler Stelle. Anders als die Apokalyptiker, die das völlige Anderssein des kommenden Reiches gegenüber der jetzigen Existenz betonten, greifen in der Verkündigung Jesu Gegenwart und Zukunft ineinander.

Wir haben also zunächst nach dem Verhältnis der Zeiten, sodann nach den Kennzeichen des Reiches Gottes, schließlich nach den Konsequenzen zu fragen, die sich aus beidem für das persönliche Handeln des einzelnen Menschen heute ergeben (können).

6.2.1 Gegenwart und Zukunft

s. auch Kap. 6.2.2

Die Frage nach dem „Zeitpunkt" des Eintreffens der Königsherrschaft Gottes ist zwar naheliegend, jedoch, unter dem Gesichtspunkt der existentialen Interpretation betrachtet (s. 6.2.3), nicht entscheidend. Die Worte Jesu, in denen das Reich Gottes mit bestimmten Zeitangaben in Verbindung gebracht wird, enthalten für den heutigen Interpreten eine Fülle unterschiedlicher Deutungsprobleme, die eindeutige Schlußfolgerungen schwer, wenn nicht gar ganz unmöglich machen.

Schon eine Übersicht über die verschiedenen Zeitangaben (Auswahl, s. nächste Seite) läßt grundlegende Schwierigkeiten erkennen.

Andere Stellen sind in der Zeitbestimmung nicht eindeutig. Sie lassen eine präsentische, aber auch eine futurische Deutung zu.

Hier sind z. B. zu nennen:
- Mk. 12,34:
  „Als Jesus aber sah, daß er verständig antwortete, sprach er zu ihm: Du bist nicht fern vom Reich Gottes."
- Mk. 13,28–30:
  „[Jesus sagte zu Petrus, Jakobus, Johannes und Andreas]: ‚An dem Feigenbaum aber lernt ein Gleichnis: Wenn jetzt seine Zweige saftig werden und Blätter treiben, so wißt ihr, daß der Sommer nahe ist. / Ebenso auch: wenn ihr seht, daß dies geschieht, so wißt, daß er nahe vor der Tür ist. / Wahrlich, ich sage euch: Dieses Geschlecht wird nicht vergehen, bis dies alles geschieht.'"
- Mk. 10,13–15:
  „Und sie brachten Kinder zu ihm, damit er sie anrühre. Die Jünger aber fuhren sie an. / Als es aber Jesus sah,

Das Reich Gottes ist sehr nahe	Das Reich Gottes scheint schon dazusein	Das Reich Gottes wird erst noch kommen
„[Jesus] sprach: ‚Die Zeit ist erfüllt, und das Reich Gottes ist herbeigekommen. Tut Buße und glaubt an das Evangelium!'" (Mk. 1,15) „[Jesus sprach]: ‚Geht aber und predigt und sprecht: Das Himmelreich ist nahe herbeigekommen.'" (Mt. 10,7)	„[Jesus sprach]: ‚Wenn ich aber durch Gottes Finger die bösen Geister austreibe, so ist ja das Reich Gottes zu euch gekommen.'" (Lk. 11,20; vgl. Mt. 12,28) „[Jesus sprach]: ‚Das Reich Gottes kommt nicht so, daß man's beobachten kann; man wird auch nicht sagen: Siehe, hier ist es! oder: Da ist es! Denn siehe, das Reich Gottes ist mitten unter euch.' [Luther: das Reich Gottes ist inwendig in euch]" (Lk. 17,20 f.)	„[Jesus sprach]: ‚Wer nun eines von diesen kleinsten Geboten auflöst und lehrt die Leute so, der wird der Kleinste heißen im Himmelreich; wer es aber tut und lehrt, der wird groß heißen im Himmelreich.'" (Mt. 5,19) „Aber ich sage euch: Viele werden kommen von Osten und von Westen und mit Abraham und Isaak und Jakob im Himmelreich zu Tisch sitzen." (Mt. 8,11) „Wahrlich, ich sage euch, daß ich nicht mehr trinken werde vom Gewächs des Weinstocks bis an den Tag, an dem ich aufs neue davon trinke im Reich Gottes." (Mk. 14,25)

wurde er unwillig und sprach zu ihnen: Laßt die Kinder zu mir kommen und wehret ihnen nicht; denn solchen gehört das Reich Gottes. / Wahrlich, ich sage euch: Wer das Reich Gottes nicht empfängt wie ein Kind, der wird nicht hineinkommen."

Nach allem scheint die Frage nach der Bestimmung des Zeitpunktes eine Sache der Interpretation, eine Prioritätensetzung innerhalb eines übergeordneten Deutungsrahmens zu sein.

So stehen verschiedene Erklärungen nebeneinander:
Das Reich Gottes
- ist in der Person Jesu bereits vorhanden („realisierte Eschatologie");
- befindet sich im Prozeß der Verwirklichung („sich realisierende Eschatologie");
- ist zukünftig, aber doch unmittelbar nahe („futurische Eschatologie");
- ist noch relativ weit weg, da Jesus zwischen seinem irdischen Leben und seiner Wiederkunft einen gewissen Zeitabschnitt eingeschoben sieht;
- ist *sowohl* eine gegenwärtige *als auch* eine zukünftige Größe.

Eschatologie = Lehre von den letzten Dingen

Man kann die Frage nach einer zeitlichen Fixierung nicht dadurch zu beantworten versuchen, daß man eine „Entwicklung“ des Reiches Gottes annimmt, von den „Anfängen“ im Auftreten des irdischen Jesus bis zu seiner „Vollendung“ am Ende der Tage. Man kann das Problem erst recht nicht dadurch „lösen“, daß man konstatiert, Jesus habe sich, indem er das Kommen der Gottesherrschaft zu seinen Lebzeiten erwartete, ja offensichtlich geirrt. Wer so argumentiert, nivelliert die Brisanz von Jesu Botschaft und sucht ein existentielles Alibi, um nicht antworten zu müssen.

Auch Paulus und die Urkirche haben mit der Wiederkunft Christi zu Lebzeiten gerechnet.

Dieser Brisanz wird im übrigen nicht das Geringste genommen, wenn man aus heutiger Sicht objektiv feststellt (und dies auch zugibt), daß die Erwartungen Jesu in diesem Punkt eben nicht eingetroffen sind. Dabei sollte man sich allerdings darüber im klaren sein, daß es sich bei der Naherwartung Jesu kaum um einen Irrtum, sondern um eine „zeitbedingte, zeitgebundene Weltanschauung“ (Küng) handelte, die Jesus mit den allermeisten Zeitgenossen gemeinsam hatte. Wer aber dennoch glaubt, von einem „Irrtum“ sprechen zu müssen, weiß auch, daß Irren „menschlich“ ist. Und wenn Jesus wahrer Gott und wahrer Mensch zugleich war, dann sollten „menschliche“ Eigenschaften und Verhaltensweisen Jesu wahrhaftig nicht befremden. In der Tat sind die Evangelien voller Hinweise, daß Jesus (mitunter auch) sich ärgerte, schimpfte, lachte, weinte, Kinder in die Arme schloß, traurig war, Angst hatte...

So hatte das Konzil von Chalcedon im Jahr 451 geurteilt (vgl. Kap. 8.7.2).

Der Frage nach dem Verhältnis von Gegenwart und Zukunft kann man nur so begegnen, daß man die Zukunft als Gegenwart begreift, d. h., daß man in den künftigen Geschehnissen eine existentielle, Antwort verlangende Herausforderung sieht, der man sich hier und jetzt für alle Ewigkeit zu stellen hat. Diese weiter unten (6.2.3) noch näher zu erläuternde Situation wird in ihren Grundstrukturen klarer, wenn wir die Kennzeichen des Reiches Gottes, wie sie im Auftreten Jesu schon sichtbar werden, verstanden haben.

6.2.2 Die Kennzeichen des Reiches Gottes

Jesus sprach vom Reich Gottes in Bildern, die seinen Zuhörern vertraut waren. Dazu gehörten, neben vielen anderen Zeichen und Vergleichen, z. B. das Bild von der aufgegangenen Saat, von der reifen Ernte oder von einer jenseitigen großen Mahlgemeinschaft und die Vorstellung von einem Leben, das, nach der Auferstehung, dem der Engel gleicht: ohne Tod, ohne Heirat, ohne Unterschied der Geschlechter (Mk. 12,18-27 par.). Aber Jesus hat auf „präzise Angaben“ bewußt verzichtet und alles Spekulieren zurückgewiesen. Auch hat er sich, entgegen den Hoffnungen des jüdischen

Mt. 8,11; Lk. 13,28 f.; vgl. auch Mt. 22,1–14; Lk. 14,15–24

Volkes, von jeder Form der nationalistischen Erwartung distanziert.
Man ginge am Inhalt der Botschaft vorbei, wollte man sich über die „genaue Beschaffenheit" des Reiches Gottes phantasievoll nähere Einzelheiten ausmalen. Es kommt darauf an, die Bildbezüge, besonders bei den Gleichnissen, zu verstehen und die Pointe, den Geist, den Sinn der Aussagen zu erfassen. Und dieser Sinn liegt einzig und allein in der erklärten Absicht, den geschlagenen, getretenen, geschundenen, kranken, leidenden, hoffnungslosen, schuldig gewordenen, nach Erlösung hungernden und dürstenden Menschen heil zu machen. Das ist *das* Kennzeichen des Reiches Gottes: dem Menschen Heil zu geben, ohne die Schranken des Todes, in diesem und in jenem Leben.

s. Kap. 6.3

Die Nichtberechenbarkeit des Zeitpunktes

Anders als manche modernen Propheten hat es Jesus stets abgelehnt, den Zeitpunkt zu bestimmen, wann das Reich Gottes eintreffen werde. Denn es gehört zu dessen Wesen und Erscheinung, daß es
- rational nicht kalkulierbar,
- objektiv nicht evident,
- mit den Maßstäben dieser Welt nicht meßbar ist.

Folglich ist das Reich Gottes auch nicht mit den Mitteln unserer Zeitvorstellung berechenbar. Die Frage nach dem Zeitpunkt ist überholt durch die Tatsache, daß der Mensch, hier und jetzt, unmittelbar angesprochen und vor die Entscheidung gestellt wird. Es bleibt keine Zeit mehr, „zu warten", es ist aber Zeit zur Umkehr. Die Zeichen des bereits angebrochenen Gottesreiches sind vorweggenommene Zukunft. Im Anspruch, der von ihnen auf den Angesprochenen übergeht, sind die Grenzen der Zeit „aufgehoben", d.h.: bewahrt, aber auch für nichtig erklärt.

„Die Herrschaft Gottes ist verborgen und will in ihrer Verborgenheit geglaubt und verstanden werden."
(G. Bornkamm, Jesus von Nazareth, S. 62)

s. Kap. 6.2.3

„Als aber Johannes im Gefängnis von den Werken Christi hörte, sandte er seine Jünger / und ließ ihn fragen: Bist du es, der da kommen soll, oder sollen wir auf einen andern warten? / Jesus antwortete und sprach zu ihnen: Geht hin und sagt Johannes wieder, was ihr hört und seht: / Blinde sehen und Lahme gehen, Aussätzige werden rein und Taube hören, Tote stehen auf, und Armen wird das Evangelium gepredigt; und selig ist, wer sich nicht an mir ärgert." (Mt. 11,2–6)

Gleichwohl läßt sich natürlich das futurische Element nicht ausklammern. Es kommt in den Gleichnissen (vgl. z.B. Mt. 13,24ff.47ff.) und Worten Jesu häufig zum Ausdruck. Was dem Menschen bleibt, ist, zu wachen und bereit zu sein (vgl. Mt. 24,32ff.; Mk. 13,28ff.; Lk. 21,29ff.; 12,39f.),
- „denn ihr wißt nicht, wann die Zeit da ist" (Mk. 13,33);
- „denn der Menschensohn kommt zu einer Stunde, da ihr's nicht meint" (Lk. 12,40);
- „denn ihr wißt nicht, an welchem Tag euer Herr kommt" (Mt. 24,42).

Schon die Gegenwart ist mit dem Erscheinen Jesu eschatologisch bestimmt.

Befreiung und Heilung

Die „Befreiungen", die den Menschen im näheren und weiteren Umfeld Jesu zuteil wurden, sind unterschiedlicher Art. Sehr häufig sind sie unter einem **ganzheitlichen Aspekt** zu sehen. Dieser umfaßt

1. die Wiedereingliederung der Außenstehenden – also der Dirnen, Zöllner, Sünder, Aussätzigen, von der Gesellschaft Geächteten – in die menschliche Gemeinschaft;

2. die Heilung des Menschen auf der Basis einer leib-seelischen Erneuerung, die auch ein Heilwerden vor Gott miteinschließt:
   - der „Gichtbrüchige" wird nicht nur physisch gesund, ihm sind auch seine Sünden vergeben; (Mk. 2,1ff. par.)
   - die blutflüssige Frau wird von ihrer Krankheit geheilt: ihr Glaube hat sie gesund gemacht; (Mk. 5,21ff. par.)
   - die Speisungen führen nicht nur zur körperlichen Sättigung, sie sind auch ein Bild für die geistliche Nahrung, die den Menschen durch Jesus zuteil wird; (vgl. Mk. 6,31ff. par.)

3. die Existenz des Menschen als ganze, der aus der Verlorenheit befreit und in die göttliche Geborgenheit zurückgeführt wird. (vgl. die drei Gleichnisse in Lk. 15: „Vom verlorenen Schaf"; „Vom verlorenen Groschen"; „Vom verlorenen Sohn")

In allen Fällen ist Jesus derjenige, der in Wort und Tat den hilf-losen, heil-losen Menschen frei macht zu einer neuen, end-gültigen Sinngebung seiner Existenz. Im Johannesevangelium ist diese Einheit von Jesu Wort und Handlung in verschiedenen großartigen Bildreden, die jeweils mit einem Heilungswunder verknüpft sind, kompositorisch noch weiter ausgestaltet. (vgl. Kap. 6.4)

Befreiung und Heilung erfolgt nicht nur von Krankheit und Leid, sondern auch von der tiefsten Form der „Entfremdung" des Menschen von Gott und sich selbst, vom Tod. Und sie geschieht auch von anderen Formen der Abhängigkeit und des Ausgeliefertseins, z. B. von der Heimsuchung durch böse Mächte (vgl. z. B. Mt. 12,22) oder von unvergebbar erscheinender Schuld (vgl. Joh. 8,1ff.). Durch Befreiung und Heilung, die „Grundstrukturen" des Reiches Gottes, wird der Mensch, im Diesseits wie im Jenseits, zu einem neuen Leben geführt.

Die Aufhebung des religiösen Leistungsdenkens

Es mußte vielen Zeitgenossen Jesu, insbesondere den Pharisäern und Schriftgelehrten, als eine ungeheure Provokation erscheinen, daß der Wanderprediger aus Nazareth die althergebrachten Formen jüdischer Frömmigkeit in Frage stellte und dafür neue, tiefgreifend verändernde Richtlinien als maßgebend verkündete.

Nicht die „religiösen Leistungsträger“, also vor allem die Pharisäer, die Sadduzäer und die Schriftgelehrten, sind in erster Linie die Adressaten seiner Botschaft - wenngleich, in anderem Sinn, gerade auch sie die Angesprochenen, zur Umkehr Gerufenen sind -, sondern die **Randgruppen der Gesellschaft** oder sonstwie Geschädigte und Benachteiligte.

Dazu gehörten
- die Zöllner und die Dirnen, die wegen ihrer Anstoß erregenden Lebensführung im sozialen Abseits standen;
- die Kranken, deren Leiden auch als Strafe für begangenes Unrecht gedeutet werden konnte;
- die Aussätzigen, die „von ferne standen“, weil sie von jeder menschlichen Gemeinschaft ausgeschlossen waren;
- die Besessenen, die den Dämonen verfallen waren;
- die Frauen, die in der von Männern beherrschten Gesellschaft wenig zu sagen hatten;
- die Samariter, die bei den Juden als unrein galten - doch sie werden diesen von Jesus gerade als Vorbild hingestellt;
- der Hauptmann von Kapernaum, ein römischer Centurio, Angehöriger der verhaßten Besatzungsmacht, dessen Vertrauen in die Wunderkraft des Heilers Jesu diesem so bislang noch nicht begegnet ist;
- die Ehebrecherin, die nach dem jüdischen Gesetz den Tod verdient hätte. Jesus verdammt sie nicht, mahnt sie aber zur Umkehr.

Lk. 19,1 ff.; 7,36 ff. u. a.; vgl. Kap. 5.5

Lk. 17,11 ff.

Mt. 8,28 ff.; 12,22

vgl. Kap. 4.4

Lk. 10,25 ff.; 17,15 ff.

vgl. Mt. 8,5 ff. par.
„,Solchen Glauben habe ich in Israel bei keinem gefunden.'“ (Mt. 8,10)

Joh. 8,1 ff.; vgl. Kap. 4.4.2

Nicht das durch Fasten, Sabbatheiligung, Almosengeben etc. zusammengetragene fromme „Kapital“ als Ausweis vermeintlicher Gottwohlgefälligkeit ist das, worauf es Jesus ankommt. Wichtiger sind die innere Umkehr - als Folge der Erkenntnis der eigenen Sündhaftigkeit - und die praktische Umsetzung des jesuanischen Liebesgebotes. Solche Forderungen werden aber nicht von den Frommen, sondern von Angehörigen der Randgruppen erfüllt: zum Beispiel vom Zöllner (Lk. 18,13; 19,8) und vom Samariter (Lk. 10,33 ff.). Sie reden und handeln eben anders als die Repräsentanten der etablierten Frömmigkeit, als der Priester (Lk. 10,31), der Levit (Lk. 10,32) oder der Pharisäer (Lk. 18,11 f.), weil sie nicht sich selbst, sondern Gott und den Nächsten in den Vordergrund stellen. Damit erfüllen sie das Doppelgebot der Liebe, das bezeichnenderweise von einem Schriftgelehrten ausgesprochen und von Jesus bestätigt wird (V. 28). Dieses Doppelgebot setzt sich aus zwei dem Umfeld Jesu allgemein bekannten Weisungen des Alten Testaments zusammen - ein Zeichen dafür, daß Jesus nichts Fremdartiges bringt, sondern daß er das Alte neu und richtig interpretiert.

Mit dieser Art von „Prioritätensetzung“ wird das Einhalten von bestimmten religiösen Forderungen, etwa die Beach-

„Du sollst den Herrn, deinen Gott, lieben von ganzem Herzen, von ganzer Seele, von allen Kräften und von ganzem Gemüt, und deinen Nächsten wie dich selbst.“ (Lk. 10,27)
„Und du sollst den Herrn, deinen Gott, liebhaben von ganzem Herzen, von ganzer Seele und mit all deiner Kraft.“ (Dt. 6,5)
„Du sollst deinen Nächsten lieben wie dich selbst; ich bin der Herr.“ (Lev. 19,18)

tung ritueller Satzungen oder das Geben guter Gaben, keineswegs abgewertet. Sie sind allerdings keine Voraussetzung, sondern (notwendige, logische) Folge der Rechtfertigung des Menschen vor Gott, „Frucht der Umkehr" (vgl. Mt. 3,8). Die Rechtfertigung geschieht - nach Luther - allein durch Christus, allein durch die Gnade, allein durch den Glauben. Im übrigen ist die Bedeutung der „guten Werke" im Verhältnis zur vorrangigen göttlichen Gnade ein sehr kompliziertes, im Protestantismus schon fast sensibel anmutendes Kapitel der Theologie.

6.2.3 Die unmittelbare Betroffenheit

Es gehört zum Wesen des Reiches Gottes, daß es sich nicht nur jeder zeitlichen Berechenbarkeit entzieht, sondern daß es jeden einzelnen Menschen - damals wie heute, hier und jetzt - mit seiner Ansprache und seinem Anspruch unmittelbar konfrontiert. Dabei ist dieses Angesprochensein kein Privileg der Frommen oder eine Angelegenheit, die sich auf später verschieben ließe. Es ist auch nicht oder nicht ausschließlich etwas, was man „nur glauben kann" oder gar „glauben muß". Jesu Botschaft ist in vielen wesentlichen Punkten rational durchaus nachvollziehbar und grundsätzlich auf das Verstehen hin angelegt. Sie verlangt vom Menschen zunächst einmal die Bereitschaft, sich zu ändern, nach den Maßstäben hin, die Jesus ihm anbietet.

Man denke z. B. nur an die vielen Gleichnisse.

Der Zwang zur Entscheidung

Zuerst gilt es, ein häufig anzutreffendes sprachliches Mißverständnis zu klären, das nicht selten den Zugang zu den so wichtigen inhaltlichen Zusammenhängen verbaut. Grundlage ist der programmatische Aufruf Jesu zum Sinneswandel in Mk. 1,15. In weitverbreiteten Bibelübersetzungen (Luther-Text, Zürcher Bibel) findet sich für den zu vollziehenden Entscheidungsschritt des Menschen an dieser Stellen noch immer das Wort „Buße". Der Begriff ist hier natürlich sprachlich nicht falsch, doch stößt er, vor allem bei der jungen Generation, vom Kontext her weitgehend auf Unverständnis und macht damit auch ein gewandeltes Sprachempfinden deutlich. Wer als Laie mit dem Begriff „Buße" überhaupt etwas anzufangen weiß, rückt ihn in die Nähe von „Schuld" und „Strafe", wohl auch von „Bußgeld" und „Bußkatalog". Und er fragt sich: Was haben Schuld und Strafe mit der „frohen Botschaft" zu tun? Was habe ich hier „abzubüßen"?

s. o. Kap. 6.1 in der Übersetzung von Wilckens.

Das griechische Wort für „Sinnesänderung" bzw. „Umkehr" - die entsprechenden Verbformen erscheinen in modernen Übersetzungen an Stelle des veralteten „Tut Buße" - heißt

Kant spricht in diesem Zusammenhang zutreffend von „Herzensänderung", von der „Revolution der Denkungsart".

„metánoia“. Als Verb („ändert euren Sinn“) erscheint es in Mk. 1,15 in direktem Bezug zur Nähe des Reiches Gottes. Schon vom Sprachverständnis her ist also der „nous“ - der Verstand, die Vernunft, die Gesinnung des Menschen - angesprochen.

Hier hilft nur eine moderne Übersetzung, wie sie etwa „Die Gute Nachricht“ bietet:

> „Jesus ... verkündete im Auftrag Gottes: ‚Es ist soweit: Jetzt will Gott seine Herrschaft aufrichten und sein Werk vollenden. Ändert euer Leben und glaubt diese gute Nachricht!‘“ (Mk. 1,14b.15)

Diese Umkehr
- ist rational faßbar und praktizierbar;
- wird grundsätzlich von jedem Menschen gefordert;
- ist kein einmaliges Geschehen, sondern eine stets zu erneuernde Entscheidung für das ganze Leben.

Freilich darf, nach evangelischem Verständnis, diese Umkehr nun auch wiederum nicht als „fromme Leistung“ verstanden werden. Sie entspringt zunächst der Reue, dem erschrockenen Gewissen über die Gottesferne des eigenen Ichs und findet in dem vertrauenden Glauben in die Heilsbotschaft Jesu Christi ihr Ziel. Der Mensch lernt aus der Liebe zu Gott, die aus dem Trost und der Hoffnung entsteht, alles Gott Widerstreitende zu hassen.

Wenn auch diese Umkehr nicht als selbstgeschaffene Rehabilitation des Menschen vor Gott mißverstanden werden darf, so ist doch der innere Wille, der persönliche Entschluß des einzelnen ihr wesentlicher Bestandteil. Dem widerspricht nicht der Glaube, daß nur Gott allein durch seine Gnade die völlige Umkehr bewirken kann.

Nachfolge Jesu als persönliche Konsequenz

Was dem Menschen bleibt, ist die Frist zur Umkehr. Aber der Ruf zur Entscheidung ergeht immer wieder neu. Dadurch, daß die Zukunft in die Gegenwart hineinragt und zur unmittelbaren Entscheidung herausfordert, ist „Zeit“ nicht mehr eine neutrale Abfolge chronologischer Ereignisse, sondern sie steht im Zeichen der sich offenbarenden Gottesnähe.

Zwar ist das Kommen des Reiches Gottes unabhängig von der persönlichen Entscheidung des einzelnen. Aber die Bedingungen für die Aufnahme in das Reich Gottes bei seinem Eintreffen liegen in der Gegenwart:

Im neutestamentlichen Sprachgebrauch ist „metánoia“ „meist von der positiven Seite der Buße, als der Anfang eines neuen religiös-sittlichen Lebens“ her verstanden (W. Bauer, Wörterbuch zum Neuen Testament). Gemeint ist mit der Aufforderung Jesu „die entscheidende Wandlung des Willens, ein von Grund auf verändertes Bewußtsein: eine neue Grundhaltung, eine andere Wertskala. Also ein radikales Umdenken und Umkehren des ganzen Menschen, eine völlig neue Lebenseinstellung.“
(H. Küng, Christ sein, S. 240)

„Wenn unser Herr und Meister Jesus Christus sagt: ‚Tut Buße‘ usw., so will er, daß das ganze Leben seiner Gläubigen auf Erden eine stete Buße sein soll.“
(M. Luther, Die 95 Thesen, Nr. 1)

vgl. zum Ganzen auch Kap. 6.5.3

„Wer fragt, wie lange er noch Zeit habe, gott-los zu leben und die Umkehr aufzuschieben, verfehlt Zukunft und Gegenwart, weil er mit Gott auch sich selbst verfehlt. Nicht erst zu einer berechenbaren oder nicht berechenbaren End-Zeit der Menschen oder der Menschheit, sondern hier und jetzt ist die Stunde der end-gültigen Entscheidung. Und zwar für einen jeden ganz persönlich.“
(H. Küng, Christ sein, S. 216)

vgl. Luthers Erklärung zur zweiten Bitte des Vaterunsers („Dein Reich komme"): „Gottes Reich kommt wohl ohne unser Gebet von selbst, aber wir bitten in diesem Gebet, daß es auch zu uns komme."

zur Bergpredigt vgl. ausführlich Kap. 6.5

Jesus bittet im „hohenpriesterlichen Gebet" (Joh. 17,1–26) für die Seinen: „Ich habe ihnen dein Wort gegeben, und die Welt hat sie gehaßt; denn sie sind nicht von der Welt, wie auch ich nicht von der Welt bin. / Ich bitte dich nicht, daß du sie aus der Welt nimmst, sondern daß du sie bewahrst vor dem Bösen. / ... / Wie du mich gesandt hast in die Welt, so sende ich sie auch in die Welt. / ... / Ich bitte aber nicht allein für sie, sondern auch für die, die durch ihr Wort an mich glauben werden, / damit sie alle eins seien." (Joh. 17,14f.18.20f.)

„Das Reich Gottes mag man als eine Art ‚Gewebe' schildern, das die gröbere Struktur der Dinge dieser Welt durchzieht, eine geistige Feinstruktur, in der viel Nichtgeahntes geschehen kann... Wir erwarten, wenn wir Reich Gottes sagen, daß an den sozialen und politischen Verhältnissen in dieser Welt durchaus einiges sich ändern kann, wenn ein Mensch sich in den Dienst dieses Reiches stellt; ... daß das Ende der Menschengeschichte nicht das Ende der von Gott geschaffenen Welt ist, sondern sich Gottes Zeit,

- „Wahrlich, ich sage euch: Wer das Reich Gottes nicht empfängt wie ein Kind, der wird nicht hineinkommen." (Mk. 10,15) – „Denn ich sage euch: Wenn eure Gerechtigkeit nicht besser ist als die der Schriftgelehrten und Pharisäer, so werdet ihr nicht in das Himmelreich kommen." (Mt. 5,20) – „Es werden nicht alle, die zu mir sagen: Herr, Herr!, in das Himmelreich kommen, sondern die den Willen tun meines Vaters im Himmel." (Mt. 7,21);
- auch die Seligpreisungen (Mt. 5,3–12) betonen durch ihre Verbindung vom Tempus des Präsens („Selig *sind* ...") mit dem Sein und Handeln der Betroffenen (z. B. „... die reinen Herzens *sind*..."), daß der Angesprochene schon jetzt sein ewiges Heil als Verheißung erfährt;
- die solcherart von Gott Angenommenen sind innerlich nicht mehr den Gesetzen dieser Welt als absolut oberster Norm unterworfen – sie sind aber das „Salz der Erde" (Mt. 5,13), das „Licht der Welt" (Mt. 5,14);
- der Ruf zur Nachfolge bedeutet also *sowohl* die Einladung zur Gemeinschaft (vgl. z. B. Joh. 17,20 f.) *als auch* das Gesandtsein in die „Welt" (vgl. z. B. Joh. 17,18);
- im Johannesevangelium wird die Entscheidung, ob dem Menschen ewiges Heil oder Unheil widerfährt, radikal in die Gegenwart „vorverlegt": „Wahrlich, wahrlich, ich sage euch: Wer mein Wort hört und glaubt dem, der mich gesandt hat, der hat das ewige Leben und kommt nicht in das Gericht, sondern er ist vom Tode zum Leben hindurchgedrungen." (Joh. 5,24; vgl. auch Joh. 3,16.36; 8,51; 10,27 f.; 11,25);
- die Einstellung auf das Kommen des Gottesreiches verlangt vom Menschen keine Weltflucht oder Askese, wohl aber den Rückzug von der Bosheit der Welt. Gleichzeitig bedeutet „Nachfolge Jesu" den Gehorsam gegenüber dem Willen Gottes und die engagierte Umsetzung des Liebesgebotes *in* der Welt;
- der Mensch kann das Reich Gottes nicht selber herbeiführen. Auch der Gedanke einer „Entwicklung" des Gottesreiches auf der Erde bis hin zu seiner Vollendung am Jüngsten Tag entspricht nicht den Vorstellungen Jesu. Das Kommen der neuen Welt ist ausschließlich die Sache Gottes. Aber der einzelne kann durch sein Tun auf das Kommen des Gottesreiches hinweisen und dessen Lebensformen transparent machen. Der Radikalität des Rufes zur Umkehr (Mk. 1,15) entspricht die Forderung nach der entschiedenen Bereitschaft und dem Da-Sein für das kommende, schon „nahe herbeigekommene" Gottesreich: „Wer seine Hand an den Pflug legt und sieht zurück, der ist nicht geschickt für das Reich Gottes." (Lk. 9,62)

6.3 Die Gleichnisse

Alle Gleichnisse Jesu haben das Reich Gottes und die Umkehr des Menschen zum Thema. Nicht wenige dieser Texte beginnen mit einer unmittelbaren Gleichsetzung, z. B.: „Das Himmelreich gleicht einem Schatz, verborgen im Acker..." (Mt. 13,44) oder „Wiederum gleicht das Himmelreich einem Netz, das ins Meer geworfen ist..." (Mt. 13,47) u. a. Sie versuchen, das Unvorstellbare, eben die Gottesherrschaft, anschaulich zu machen. Entstanden sind die meisten Gleichnisse Jesu wohl in der Auseinandersetzung mit seinen Gegnern, denn gerade den „etablierten Frommen" (aber natürlich auch allen anderen Zuhörern) sollte die Andersartigkeit des jetzt nahe herbeigekommenen Gottesreiches verdeutlicht werden. In den synoptischen Evangelien finden sich 41 Gleichnisse, die sich auf Jesus zurückführen lassen. Andere Gleichnisse mögen aus der späteren Gemeindetradition stammen und in neuen Situationen neuer Belehrung gedient haben. Gleichwohl gehört der Grundbestand der Gleichnisse zu den am zuverlässigsten überlieferten Jesusworten überhaupt.

Auch im rabbinischen Judentum waren Gleichnisse eine geläufige Form der religiösen Rede. Hier dienten sie allerdings mehr der Interpretation, der Auslegung eines zur Diskussion stehenden Schriftwortes. Bei Jesus dagegen sind die Gleichnisse ein Teil seiner Verkündigung selbst, und ihre Motive stammen aus der vertrauten Welt der Menschen, an die sie gerichtet sind. Bilder aus Saat und Ernte, vom Hirten und seinen Schafen, aus der Natur- und Arbeitswelt, alltägliche Ereignisse, aber auch ungewöhnliche Begebenheiten, kurz: die Ebene der erfahrbaren Wirklichkeit, einfach, anschaulich und lebensnah dargestellt, bilden die motivliche Basis.

6.3.1 Die Form

Ein Gleichnis ist eine bildhafte literarische Ausdrucksform. Doch nicht alle neutestamentlichen „Gleichnisse" tragen diese Bezeichnung zu Recht, auch wenn sich der Begriff als Pauschalbenennung für diese bildhaften Erzählungen allgemein eingebürgert hat.

Zwischen verschiedenen Gattungsformen gilt es im einzelnen zu trennen (die Grenzen sind allerdings fließend):

Das „echte" Gleichnis

Hier handelt es sich um einen erzählerisch ausgestalteten Vergleich, bei dem ein analoger Vorgang oder Zustand aus

(Forts. von Seite 68)
Gottes Geschichte, Gottes Welt fortsetzt. Wir stehen in einer Welt, die offen ist für das Geheimnis des göttlichen Wirkens in ihr, offen ist zu anderen Menschen hin und zu ihrem Schicksal, in der wir Christen uns mit Lüge und Gewalt, Terror und Ausbeutung nicht abzufinden brauchen, einer Welt, die nach ihrer Zukunft hin offen ist, deren Ende nicht ein Abgrund des Untergangs, sondern neue Schöpfung ist." (J. Zink, Eine Handvoll Hoffnung, S. 89f. [gekürzt])

tertium comparationis (lat.) = „das Dritte des Vergleichs". Zu denken ist an die Überschneidung von Bild- und Sachebene.

einem anderen Lebensbereich sich in nur *einem* wesentlichen Punkt (dem sog. „tertium comparationis") überzeugend mit dem Gemeinten berührt.

Beispiel:
Der Hirt, der hundert Schafe besitzt, eines verliert und sich aufmacht, dieses zu suchen (Lk. 15,4 ff.)

Die Beispielerzählung

vgl. auch Lk. 12,16–21 („Der reiche Kornbauer"); Lk. 16,19–31 („Vom reichen Mann und armen Lazarus"); Lk. 18,9–14 („Vom Pharisäer und Zöllner")

Eine Beispielerzählung ist eine epische Kurzform lehrhaften Inhalts, bei der den Zuhörern ein „exemplarisches" Verhalten vor Augen geführt wird, das sie nachahmen bzw., je nach Inhalt, vermeiden sollen.

Beispiel:
Die Erzählung vom „Barmherzigen Samariter" (Lk. 10,30–35)

Die Parabel

parabolé (griech.) = Vergleichung/Gleichnis

Die Parabel ist eine lehrhafte Erzählung, die eine allgemeine sittliche Wahrheit oder Erkenntnis verkündet. Das rhetorische Kunstmittel ist hier der Analogieschluß: Aus einem anderen, inhaltlich selbständigen, nicht immer alltäglichen Vorstellungsbereich soll überzeugend ein Erkenntnistransfer auf die vordergründige Sachebene vermittelt werden. Diese muß mit der Bildebene nicht in allen Einzelheiten, sondern nur in *einem* Vergleichspunkt übereinstimmen. Im Gegensatz zum Gleichnis fehlt hier die direkte Verknüpfung („so" - „wie") mit dem zu erläuternden Sachverhalt.

vgl. auch Lk. 16,1–8 („Vom unehrlichen Verwalter") – Im außerbiblischen Bereich sind besonders die „Ringparabel" aus Lessings „Nathan der Weise" sowie Parabeln von Brecht, Kafka und Max Frisch weithin bekannt.

Beispiel:
Die Erzählung vom „Verlorenen Sohn" (Lk. 15,11-32)

Die Allegorie

allegorein (griech.) = bildlich reden

Bei der Allegorie zielt die bildhafte Einkleidung auf die Identität von Gesagtem und Gemeintem. Anders als beim Symbol „bedeutet" die Allegorie nicht das Gemeinte, sondern „ist" es selbst. Häufiges Darstellungsmittel ist die Personifikation (z. B. Alter als Greis). Bei der Deutung müssen auch die motivlichen Einzelheiten berücksichtigt werden.

Beispiel:
Nach dem heutigen Stand der Forschung hat Jesus selbst keine Allegorien verwendet. Allerdings haben die Evangelisten Markus und Matthäus jeweils ein Gleichnis, das ihnen vorlag und welches letztlich auf Jesus selbst zurückgehen dürfte, als Allegorie gedeutet. So folgt bei Markus dem Gleichnis vom Sämann (4,3 ff.) die allegorische Auslegung (4,14 ff.); Entsprechendes gilt bei Matthäus für das Gleichnis vom Unkraut unter dem Weizen (13,24 ff./13,36 ff.).

Daß Jesus in beiden Fällen als der Interpret seiner eigenen Worte auftritt, ist spätere Gemeindebildung.

Paränetische Strukturen

Neben diesen beiden direkten Umsetzungen in Form der Allegorie werden im unmittelbaren Kontext des Gleichnisses - seinem Charakter der Verkündigung entsprechend - nicht selten bestimmte lehrhafte oder konkrete Hinweise für die Zuhörer angeschlossen:

Unter „Paränese" (parainesis: griech. = Zuspruch) versteht man den ermahnenden Aspekt, die sittlich-moralische Nutzanwendung einer Predigt o. ä.

1. Als **vergleichendes Resümee** folgt z.B. dem Gleichnis vom verlorenen Schaf (Lk. 15,4ff.) die „praktische Nutzanwendung": „Ich sage euch: So wird auch Freude im Himmel sein über *einen* Sünder, der Buße tut, mehr als über neunundneunzig Gerechte, die der Buße nicht bedürfen." (15,7)

vgl. 15,10

2. Die Beispielerzählung vom „Barmherzigen Samariter" (Lk. 10,30–35) fügt einen dialogischen Schlußabschnitt mit der unmittelbaren **Aufforderung** aus dem Munde Jesu an: „So geh hin und tu desgleichen!" (10,37)

vgl. Mk. 4,9: „Wer Ohren hat zu hören, der höre!"

3. Auch ein **Lehrsatz** kann den Abschluß eines Gleichnisses bilden: „So werden die Letzten die Ersten und die Ersten die Letzten sein." (Mt. 20,16)

vgl. Mt. 22,14

4. **Einleitende und abschließende Fragen** zeigen, daß das Gleichnis zum Mitdenken auffordert. Jesus will, daß sich seine Zuhörer ein eigenes Urteil bilden, vgl. z.B.: „Und er sprach: Womit wollen wir das Reich Gottes vergleichen, und durch welches Gleichnis wollen wir es abbilden?" (Mk. 4,30)

vgl. ferner Mt. 21,31; Mk. 12,9; Lk. 7,42

6.3.2 Die Reich-Gottes-Gleichnisse als Ausdruck einer veränderten Wirklichkeit

Die Frage nach dem Zeitpunkt des Eintreffens der Gottesherrschaft und nach dem Verhältnis von Gegenwart und Zukunft wird bei den Gleichnissen Jesu zumindest indirekt thematisiert.

vgl. Kap. 6.2.1; 6.2.2

Wachstums- oder Kontrastgleichnisse?

Zu den bekanntesten Reich-Gottes-Gleichnissen gehören die Bildreden Jesu von der wachsenden Saat (Mk. 4,26ff.) und vom Senfkorn (Mk. 4,30ff.). Zusammen mit anderen Texten (s. u.) läßt sich der ihnen zugrunde liegende Gedankengang schematisch wie folgt darstellen:

Das Himmelreich gleicht		Am Ende der Tage ergibt sich
einem ausgeworfenen Fischernetz	→	das Sortieren des Fanges (vgl. Mt. 13,47ff.)
der ausgestreuten Saat	→	die große Ernte (vgl. Mk. 4,26ff.; vgl. auch Mk. 4,3ff.; Mt. 13,24ff.)
dem Sauerteig für einen halben Zentner Mehl	→	eine große Menge durchsäuertes Brot (vgl. Mt. 13,33)
einem Senfkorn („dem kleinsten unter allen Samenkörnern“)	→	ein mächtiger Baum (vgl. Mt. 13,31f. par.)

Wie schon weiter oben allgemein ausgeführt, wäre es auch hier – entgegen weitverbreiteten Mißverständnissen – grundsätzlich falsch, von einem „Wachsen des Gottesreiches“ bzw. von einem „natürlichen Entwicklungsprozeß“ zu sprechen, an dem der Mensch mit Mühe und Arbeit Anteil haben sollte, um von sich aus die Herrschaft Gottes herbeizuführen.

Die Pointe dieser Gleichnisse liegt nicht im „Fortschritt“, sondern im Kontrast zwischen dem geringen Anfang und dem herrlichen Ende. Das Allergrößte liegt schon im Allerunscheinbarsten verborgen. Darum sprechen moderne Ausleger bei diesen Texten nicht mehr von „Wachstums-“, sondern von „Kontrastgleichnissen“.

In Israel hat das Senfkorn eine schon fast symbolische Bedeutung für das Allerunscheinbarste überhaupt.

Diese Gottesreichgleichnisse aber machen noch ein weiteres deutlich:
- daß aus dem unbedeutenden Anfang einmal ein herrliches Ende *wird*, liegt schon in der Bildstruktur der Aussage;
- diese Zukunft ist göttliche *Verheißung*, gleichsam der „Originalton Jesus“;
- es gibt keine endgültige Alternative zwischen „rein präsentischer“ und „rein futurischer“ Eschatologie. Das Künftige ist bereits im Gegenwärtigen sichtbar;
- „Entscheidung“ heißt auch in der Bildersprache der Gleichnisse „Sinnesänderung“ und „innere Umkehr“: „Wiederum gleicht das Himmelreich einem Kaufmann, der gute Perlen suchte, / und als er eine kostbare Perle fand, ging er hin und verkaufte alles, was er hatte, und kaufte sie.“ (Mt. 13,45f.)

vgl. Kap. 6.2.2

Der andere Maßstab

Die Gottesherrschaft ist noch keine Gegenwart. Aber sie ist im Anbruch. An drei bekannten Reich-Gottes-Gleichnissen läßt sich aufzeigen, daß die vertraute Welt des Menschen, sein Erfahrungsschatz an „Gerechtigkeit“ und „Objektivität“ durchaus beibehalten, ja zunächst einmal zugrunde gelegt werden, daß aber dann ein neues„Wertesystem“ in Geltung tritt, welches das alte zwar nicht unbedingt außer Kraft setzt, jedoch in seiner Alleingültigkeit in Frage stellt.

An verschiedenen neutestamentlichen Parabeln sollen diese Strukturen verdeutlicht werden:

Text	Ausgangs-situation	Thematischer Schwer-punkt/Schluß	Pointe
„Vom Verlorenen Sohn“ (Lk. 15,11-32)	Zwei Söhne „übernehmen“ auf höchst unterschiedliche Weise das väterliche Erbe.	Der schuldig gewordene jüngere Sohn wird bei seiner Heimkehr festlich empfangen, während der ältere, daheimgebliebene Sohn keine besondere Auszeichnung erhält. – Dieser stellt den Vater zur Rede.	Die überaus gütige Reaktion des Vaters provoziert die Frage nach dessen Gerechtigkeit. Bemerkenswert ist die rhetorische Zuspitzung im Text (V. 20ff.): Der Vater „läuft“ (was für einen orientalischen Großgrundbesitzer sicher ungewöhnlich war); Ring, Schuhe und Festgewand – die Gaben für den Heimgekehrten – sind eine hohe Auszeichnung; ein Mastkalb wurde nur zu besonderen Anlässen geschlachtet.
„Von den Arbeitern im Weinberg“ (Mt. 20,1-16)	Zu unterschiedlichen Tageszeiten werden Arbeiter für einen vereinbarten Lohn als Tagelöhner eingestellt.	Trotz stark voneinander abweichender Arbeitsdauer erhalten alle Beschäftigten den gleichen Lohn. – Daraufhin murren jene, die länger gearbeitet haben, gegen den Arbeitgeber.	Die Großzügigkeit des Weinbergbesitzers übertrifft seine Gerechtigkeit.
„Das große Abendmahl“ (Lk. 14,16-24); „Die königliche Hochzeit“ (Mt. 22,2-14)	(Ausgewählte) Gäste werden zum Fest eingeladen.	Die Geladenen schlagen die Einladung aus, weil ihnen anderes wichtiger ist. – Nun werden Kranke und Arme zum Fest gebeten.	Warnung vor falscher Sicherheit – „denn viele sind berufen, aber wenige sind auserwählt.“ (Mt. 22,14)

Gemeinsam ist den Texten, daß der Normalfall nicht mehr die alleinige Regel darstellt:
- korrektes Verhalten (wie es der ältere Sohn zeigte),
- angemessene Vergütung für getane Arbeit (wie sie die zuerst eingestellten Arbeiter erhielten),
- Freundschaft und Nähe zum Gastgeber (wie sie die zunächst Geladenen besaßen)

sind kein Privileg, keine Leistung, auf die man pochen kann. Sie verführen vielleicht sogar zu Sorglosigkeit und Rechthaberei.

vgl. Mt. 20,11–15; Lk. 15,28–31 – im übrigen handelt der Weinbergbesitzer ja keineswegs ungerecht (Mt. 20,13)!

Die Frage nach der „Gerechtigkeit" des Vaters bzw. des Weinbergbesitzers (die in den Texten selbst durchaus anklingt) zu stellen, hieße allerdings, die lehrhafte Tendenz der Parabeln zu verkennen. Nicht Gerechtigkeit allein, sondern die Verbindung von Gerechtigkeit und Güte bzw. Gnade ist der Maßstab der im Anbruch befindlichen Gottesherrschaft, wobei die Gnade die – so oft verabsolutierte – „objektive Gerechtigkeit" unendlich und unmeßbar übertrifft.

Auch die Gleichnisse und Parabeln zeigen also den Einbezug der Außenseiter, die Gemeinschaft Jesu mit den Sündern und Ausgestoßenen. Schon deswegen sind sie ein Teil unmittelbarer Verkündigung.

6.4 Wunder

Das Thema „Wunder" gehört zu den traditionellen „Reizthemen" der Religion. Nicht allein Berichte über Heilungswunder der Neuzeit, z. B. aus Lourdes (die hier allerdings kein Thema sein können), entzünden die Gemüter und spalten die Lager, auch in der Reaktion auf die zweitausend Jahre alten Wundererzählungen des Neuen Testaments zeigen sich bei den Menschen der Gegenwart oft sehr heftige, vielfach emotional bestimmte Kontroversen.

Stelle des Bethesda-Teiches
(Hier heilte Jesus nach Joh. 5,2 ff. den Gelähmten.)

6.4.1 Ein klassisches Mißverständnis

Denn gerade bei den Wundern, so glaubt man landläufig, entscheidet sich vor allem die Frage nach der göttlichen Evidenz Jesu: Hat Jesus Wunder getan, so wird argumentiert, dann war er auch Gottes Sohn, an den man glauben könne. Andernfalls stimme die Behauptung seiner Gottessohnschaft eben nicht. Da man aber – sagen die selbstbewußten modernen Kritiker – als aufgeklärter, in den Gesetzen der

Naturwissenschaft denkender Mensch der Gegenwart diese biblischen Wundergeschichten nicht mehr ernst nehmen könne, verliere das Christentum, das ja an ihnen im Grundsatz festhalte, vieles von seiner Verbindlichkeit und Glaubwürdigkeit.

Eine solche Art der pauschalen, undifferenzierten Argumentation ist, wie die Erfahrung zeigt, nicht eben selten. Auf der anderen Seite wird, gerade in besonders „christlichen“ Kreisen, die Akzeptanz der historischen Echtheit der Wunder gern als Beweis des Glaubens, ihre Bestreitung dagegen für Unglauben gehalten.

Vor der weiteren Detailanalyse bleibt hier prinzipiell festzuhalten:

Näheres findet sich jeweils in den folgenden Kapiteln.

1. Zunächst einmal gilt, daß die Botschaft Jesu den Menschen frei von allem Zwang angeboten wird. Ein Glauben-„müssen“ steht nicht zur Debatte. Eine „frohe Botschaft“ - nichts anderes bedeutet bekanntlich „Evangelium“ - *darf* man glauben.
2. Inhaltlich unterliegen Kritiker wie Befürworter dem gleichen Mißverständnis: Sie legen den neutestamentlichen Wunderberichten unser neuzeitliches, naturwissenschaftlich geprägtes Weltbild zugrunde und erklären ein „Wunder“ als ein Ereignis, das nicht nur rational nicht faßbar ist, sondern das darüber hinaus die Grenzen unseres naturwissenschaftlichen Erkenntnisvermögens übersteigt. Gerade in der Aufhebung der Naturgesetze sieht (bzw. bestreitet) man den Erweis seiner Göttlichkeit. Beide Seiten machen hier den Fehler, daß sie das Weltbild der Antike mit den Maßstäben der Moderne messen, und kommen daher schon im Ansatz zu falschen Resultaten.
3. Eine gründliche Betrachtung nicht nur der Wunderberichte, sondern auch des Wunderbegriffs und sonstiger „Wunderdiskussionen“ in den Evangelien macht deutlich, daß vielen Argumenten, z.B. der angeblichen Beweiskraft der Wunder, schon vom biblischen Text selbst die Spitze genommen wird.

6.4.2 Das Wunderverständnis der Antike

Die Antike - und damit auch die Bibel - kannte keine absoluten Naturgesetze im heutigen Sinn. Ein weithin mythisch bestimmtes Daseinsverständnis trennte nicht immer scharf zwischen Gott und Welt, zwischen Diesseits und Jenseits im Sinne von endgültig geschiedenen und unverbunden nebeneinander existierenden Sphären. Die Seinsräume waren transparent, d.h., die Erfahrung des Göttlichen (wie

Recht anschaulich zeigt eine Stelle im Johannesevangelium die „Durchlässigkeit" des damaligen Wirklichkeitsverständnisses: „Jesus aber antwortete ihnen und sprach: Die Zeit ist gekommen, daß der Menschensohn verherrlicht werde. / ... / Vater, verherrliche deinen Namen! Da kam eine Stimme vom Himmel: Ich habe ihn verherrlicht und will ihn abermals verherrlichen. / Da sprach das Volk, das dabeistand und zuhörte: Es hat gedonnert. Die andern sprachen: Ein Engel hat mit ihm geredet." (Joh. 12,23.28f.)

auch des Dämonischen) war zwar etwas Besonderes, aber nichts ganz und gar Außergewöhnliches. Als „Wunder" galt nicht ein „unnatürliches Ereignis", sondern der – in der Erfahrung gründende (!) – Umstand, daß die Gottheit spürbar, sichtbar wurde, ihr Erscheinen, ihre „Epiphanie". So wurden Krankenheilungen, Totenerweckungen und Speisungswunder zwar gewiß als bestaunenswerte Ereignisse angesehen, doch hatten sie in der (möglichen) Erfahrungswelt der Menschen durchaus ihren Platz.

Folglich darf man von der Vielzahl der außerbiblischen Wundererzählungen, die wir aus der Antike kennen und die z.T. sehr große motivliche und strukturelle Ähnlichkeiten mit den Berichten der Evangelien aufweisen, nicht überrascht sein. Sie geben auf ihre Weise die Erfahrung bzw. die Anbetung des Göttlichen wieder, z.B. des römischen Kaisers oder eines Heroen.

Es wäre also grundfalsch, wenn wir mit den Maßstäben unseres heutigen, naturwissenschaftlich orientierten Weltbildes das Wunderverständnis der Antike beurteilen wollten.

6.4.3 Die Wunderberichte der Evangelien

Bei dem Versuch, die biblischen Wunderberichte dem Leser der Neuzeit verständlich zu machen, werden heutzutage verschiedene Erklärungen, die z.T. ins 19. Jahrhundert zurückreichen, beigebracht. Dazu gehören:
- das reale, buchstäbliche Ernstnehmen der Wundererzählungen;
- das Auslegen der Texte als Legenden: man erkennt in ihnen wohl einen möglichen ursprünglichen Wahrheitsgehalt, der jedoch durch mancherlei Ausschmückungen und Überlagerungen für den heutigen Menschen kaum mehr sichtbar ist;
- Erklärungen im symbolischen Sinn, z.B.: dem bislang für Jesu Botschaft „Blinden" werden durch eine neue Erkenntnis „die Augen geöffnet";
- die rationalistische Interpretation, z.B.: Jesu Seewandel habe in Ufernähe stattgefunden, darum habe er nicht untergehen können; bei den Totenerweckungen habe es sich nur um Scheintote gehandelt usw.;
- parapsychologische Deutungen.

Man wird davon ausgehen können, daß Jesus über ungewöhnliche Heilungskräfte verfügt hat. Ob sie die Grenzen der Naturgesetze durchbrochen haben, läßt sich weder beweisen noch widerlegen.

In diesem Zusammenhang sollte nicht vergessen werden, daß

- uns als „übernatürlich“ erscheinende Ereignisse durchaus in den Naturgesetzen verankert sein können, auch wenn wir sie (noch) nicht zu erklären vermögen;
- jeder Naturwissenschaftler (Gleiches gilt für die Medizin) irgendwann an die Grenzen seines Erkennens und damit an Bereiche stößt, die sich der (ausschließlich) rationalen Analyse entziehen. Auch heute sind nicht alle Krankheitsheilungen medizinisch erklärbar;
- ein religiös bestimmtes bzw. ein naturwissenschaftlich geprägtes Weltbild wohl verschiedenartige, doch grundsätzlich gleichberechtigte Verstehensformen ein und derselben Wirklichkeit darstellen.

Kennt z. B. die Biologie die Ursprünge des Lebens?

Doch ein weiteres Verfolgen der genannten – und weiterer möglicher – Deutungsversuche der biblischen Wunderberichte geriete früher oder später zum Disputieren und Spekulieren und führte vor allem am wesentlichen *theologischen* Aussagegehalt der Texte (s. u.) vorbei.

Die neutestamentlichen Evangelien sind bekanntlich Glaubenszeugnisse der nachösterlichen Gemeinde. Sie wollen primär keine historischen Sachinformationen geben, sondern den auferstandenen Christus verkündigen. Auch Jesus als Wundertäter wird unter diesem Aspekt gesehen: Er ist der helfende, heilende, Rettung schaffende, Leben bringende Heiland.

So muß denn vorab einmal kritisch gefragt werden:

Sind die Wunder Jesu historisch?

Hier darf das Dickicht der biblischen Überlieferung nicht den Blick für die Ursprünge verbauen. Um Mißverständnissen vorzubeugen, muß aber zunächst klar gesagt werden, daß schon innerhalb der Evangelien die Tendenz zu legendenhaften Erweiterungen und Ausschmückungen frühzeitig formulierter Traditionsstücke nicht übersehen werden kann.

Zu solchen Weiterbildungen gehören – um nur ein paar Beispiele zu nennen –:

- die Wundererzählung von der Heilung der zehn Aussätzigen (Lk. 17,11–19). Sie ist eine steigernde Variante zu Mk. 1,40–45: Aus einem Aussätzigen werden zehn Aussätzige/der einzige unter den Geheilten, der Jesus dankt, ist ausgerechnet ein Samariter, also ein Angehöriger einer mit den Juden in Spannung lebenden Volksgruppe;
- die erzählerische Akzentuierung bestimmter Einzelmotive: So werden in Mk. 1,32 ff. (vgl. 3,10) *alle* Kranken

Man erinnert sich an die Zweiquellentheorie (Kap. 1.1.1) und die Priorität des Markusevangeliums.

vgl. Lk. 17,15 ff.

gebracht und *viele* geheilt, während bei Matthäus (8,16; vgl. 12,15) umgekehrt *viele* gebracht und *alle* geheilt werden;
- der ergänzende Zusatz des Matthäus (14,21; 15,38) gegenüber Markus (6,44; 8,9), daß nach den wunderbaren Speisungen die Zahl der Gesättigten zu verstehen sei „ohne Frauen und Kinder".

Die Absicht der Steigerung des Wunderbaren läßt sich nicht nur im innersynoptischen Vergleich, sondern auch im Wachsen der Zahlen erkennen: ein Blinder - zwei Blinde; ein Besessener - zwei Besessene; 4000 - sodann 5000 Gesättigte; sieben - darauf zwölf Körbe voll übriggebliebener Brocken.

Die Beispiele ließen sich fortsetzen.

Weder der kerygmatische Charakter der Evangelien als solcher noch die Tendenz zu legendärer Ausgestaltung im einzelnen dürfen nun aber zu dem Schluß verleiten, die Heilungstätigkeit Jesu sei historisch nicht verifizierbar.

Folgende Tatsachen stehen dem entgegen:

„Und die Schwiegermutter Simons lag darnieder und hatte das Fieber; und alsbald sagten sie ihm von ihr. / Da trat er zu ihr, faßte sie bei der Hand und richtete sie auf; und das Fieber verließ sie, und sie diente ihnen."

Ein Blick auf die handschriftliche Situation im griechischen Nestle-Text zeigt einen geradezu optimalen Befund.

1. *Form und Inhalt der Erzählung über die Heilung der Schwiegermutter des Petrus (Mk. 1,30f.):* Aus mehreren Gründen ist dieser am Beginn von Jesu öffentlicher Wirksamkeit stehende, sehr knapp gehaltene, scheinbar nebensächliche Wunderbericht bemerkenswert:
   - Seine handschriftliche Überlieferung in der griechischen Originalsprache ist hervorragend. Das bedeutet: Jesu Heilungsgabe ist zuverlässigst bezeugt.
   - Diesem Text fehlt noch jede kerygmatische Ausgestaltung aus späterer redaktioneller Zeit. Nirgendwo ist die Absicht erkennbar, z. B. durch christologische Hoheitstitel („Messias", „Herr" [vgl. dazu Kap. 8]) oder durch besondere theologische Schwerpunktsetzungen „Jesus, den Wundertäter" zu verkündigen. Hier soll, ohne weiteres missionarisches Interesse, ein „bloßes Faktum" mitgeteilt werden. Der Bericht ist also sehr alt. Er dürfte lange vor der Entstehung des Markusevangeliums erzählt und sodann schriftlich fixiert worden sein.

Aber ist nicht dieses Faktum selbst schon aussagekräftig genug?

zur Person des Petrus vgl. ausführlich Kap. 4.2

   - Petrus war der erste Jünger (Mk. 1,16ff.) und einer der führenden Männer der urchristlichen Gemeinde. Daß eine mit ihm eng verwandte, also geschichtlich faßbare Person, eben seine Schwiegermutter, genannt ist, läßt konkrete Hintergründe vermuten.

vgl. Kap. 5.2

2. *Die Heilungen am Sabbat:* Die Auseinandersetzungen Jesu mit den Schriftgelehrten und Pharisäern über die Einhaltung der Sabbatgebote sind historisch gesichert. Da auch die Heilungen Jesu am Sabbat (vgl. z.B.

Mk. 3,1-6) zu diesem Konflikt - der, neben anderen Gründen, letztlich zu seiner Hinrichtung führte - beitrugen, dürften diese selbst ebenso gesichert sein.

3. *Der Vorwurf der Magie:* In den Evangelien wird häufig von Dämonenaustreibungen durch Jesus berichtet. Heute ist man geneigt, in diesem Zusammenhang von psychosomatischen oder psychogenen Krankheiten zu sprechen. Anläßlich solcher Exorzismen kam von den Gegnern Jesu nicht selten der Vorwurf, er treibe die bösen Geister mit Hilfe Beelzebubs, des obersten Dämonen, aus (Mt. 9,34; 12,24; Mk. 3,22), ja er selber sei von diesem besessen (Mk. 3,22).
   Solch harsche Kritik von seiten der Gegner wird auf die Umstehenden nicht ohne Wirkung geblieben sein. Gewiß entspringt sie nicht der kerygmatischen Tradition und der Verkündigungsabsicht der Evangelisten. Gerade aber die Anstößigkeit des Vorwurfs läßt an seiner Tatsächlichkeit - und damit auch an der Realität der Heilungen - keinen Zweifel.

4. *Ein außerbiblisches Zeugnis:* Auch in einer Textstelle des babylonischen Talmud wird gegenüber Jesus der Vorwurf der Zauberei erhoben: „Er soll gesteinigt werden, weil er Zauberei getrieben und Israel verführt und verleitet hat." (Sanhedrin 43) Damit sind nicht nur Jesu Heilungen bestätigt, sondern auch deren Einzigartigkeit, die nicht allein die hierfür empfänglichen Menschen der damaligen Zeit, sondern auch seine Feinde in Erstaunen versetzt haben muß.

Die Struktur der Wunderberichte

Allgemein lassen sich die neutestamentlichen Wunder in Natur- und Heilungswunder einteilen. Neben vielen Parallelen in der außerbiblischen Literatur finden sich in diesen Texten auch häufig Anklänge an alttestamentliche Stoffe und Motive. Im Laufe der schriftlichen Tradition hat sich eine spezielle literarische Form der Wundererzählungen entwickelt, die in der Regel einem bestimmten Aufbauschema folgt (s. nächste Seite).

Die Stilisierung der Berichte geht oftmals bis in Detailangaben hinein. Somit bilden dic Wundererzählungen des Neuen Testaments ein eigenes literarisches Genre.

Eine besondere Form der inhaltlichen Akzentuierung zeigen, in Verbindung mit den entsprechenden „Bildreden", bestimmte Wunderberichte des Johannesevangeliums. Diese Art der Konzeption hebt hervor, daß Jesus das, was er gibt und schenkt, in seiner Person auch selber darstellt:

„Und er ging abermals in die Synagoge. Und es war dort ein Mensch, der hatte eine verdorrte Hand. / Und sie lauerten darauf, ob er auch am Sabbat ihn heilen würde, damit sie ihn verklagen könnten. / ... / Und die Pharisäer gingen hinaus und hielten alsbald Rat über ihn mit den Anhängern des Herodes, wie sie ihn umbrächten." (Mk. 3,1f.6)

vgl. auch Mt. 8,16; 9,33; Mk. 1,34.39 usw.

Ähnliches gilt im übrigen, wenn Jesus vorgehalten wird, er sei „ein Fresser und Weinsäufer, ein Freund der Zöllner und Sünder" (Mt. 11,19) oder wenn von seinen Angehörigen geäußert wird, er sei „von Sinnen" (Mk. 3,21). Ein Nichtverstehen des Außerordentlichen macht sich häufig in Polemik Luft.

Der Talmud (hebr. = Lernen/Lehre), eine Sammlung von Gesetzen und religiösen Überlieferungen, ist das nachbiblische Hauptwerk des Judentums. Er entstand in mehrhunderjähriger mündlicher und schriftlicher Überlieferung und wurde um 500 n. Chr. abgeschlossen.

Brotvermehrungskirche in Tabgha/Altarmosaik

- Jesus speist 5000 Menschen; (Joh. 6,1ff.) ⟶ Er selber *ist* das „Brot des Lebens“ (Joh. 6,22ff.35)
- Jesus heilt einen Blindgeborenen; (Joh. 9,1ff.) ⟶ Er selber *ist* das „Licht der Welt“ (Joh. 9,5 [Kontext!]; 8,12)
- Jesus erweckt den Lazarus vom Tode (Joh. 11,1ff.) ⟶ Er selber *ist* „die Auferstehung und das Leben“ (Joh. 11,25)

Struktur	Funktion	Beispiel
I. Exposition	Hier werden die Schrecklichkeit der Krankheit oder die bisher erfolglosen Heilungsversuche hervorgehoben.	„Und als er aus dem Boot trat, lief ihm alsbald von den Gräbern her ein Mensch entgegen mit einem unreinen Geist, / der hatte seine Wohnung in den Grabhöhlen. Und niemand konnte ihn mehr binden, auch nicht mit Ketten; / denn er war oft mit Fesseln und Ketten gebunden gewesen und hatte die Ketten zerrissen und die Fesseln zerrieben; und niemand konnte ihn bändigen. / Und er war allezeit, Tag und Nacht, in den Grabhöhlen und auf den Bergen, schrie und schlug sich mit Steinen.“ (Mk. 5,2–5)
II. Schilderung der Heilung	Sie geschieht durch eine Geste, ein Wort, durch bestimmte „Hilfsmittel“ (z.B. Speichel) oder auf andere wunderbare Weise.	„Als die [blutflüssige Frau] von Jesus hörte, kam sie in der Menge von hinten heran und berührte sein Gewand. / Denn sie sagte sich: Wenn ich nur seine Kleider berühren könnte, so würde ich gesund. / Und sogleich versiegte die Quelle ihres Blutes, und sie spürte es am Leibe, daß sie von ihrer Plage geheilt war.“ (Mk. 5,27–29)
III. Demonstration des Heilungserfolges	Nicht selten wird durch eine pointenhafte Zuspitzung die Wirkung des Erfolgs gesteigert.	„Und er stand auf, nahm sein Bett und ging alsbald hinaus vor aller Augen, so daß sie sich alle entsetzten und Gott priesen und sprachen: Wir haben so etwas noch nie gesehen.“ (Mk. 2,12) „Und sammelten die Brocken auf, zwölf Körbe voll, und von den Fischen. / Und die die Brote gegessen hatten, waren fünftausend Mann.“ (Mk. 6,43f.)
IV. Reaktion der Zeugen	Chorschluß: Die Umstehenden bekunden ihre Verwunderung oder ihre Furcht.	„Die Menschen aber verwunderten sich und sprachen: Was ist das für ein Mann, daß ihm Wind und Meer gehorsam sind?“ (Mt. 8,27) „Als aber der böse Geist ausgetrieben war, redete der Stumme. Und das Volk verwunderte sich und sprach: So etwas ist noch nie in Israel gesehen worden.“ (Mt. 9,33)

Die Wunderberichte sind damit nicht etwa zu reinen Symbolerzählungen geworden. Sie machen vielmehr deutlich, daß die hier dargestellten Wunder nicht als Mirakel (s. u. Nr. 4), sondern als Zeichen zu verstehen sind, daß sie Hinweise sind und keine Beweise. Mit dieser Unterscheidung ist der Weg bereitet für das rechte *theologische* – und das heißt hier: heilsgeschichtliche – Verständnis der Wunder in den Evangelien.

Die heilsgeschichtliche Bedeutung der Wunder

Jesus selber ist das Zeichen. So wie mit seinem Erscheinen das Reich Gottes „nahe herbeigekommen" ist, haben die Wunder, in ihrer „Funktion" den Gleichnissen und Parabeln ähnlich, die vorrangige Aufgabe, als Zeichen auf diese Nähe des Gottesreiches hinzuweisen. Sie haben deiktischen Charakter.

deiktisch (griech.) = zeigend/hinweisend

Nichts wäre falscher, als in ihnen allein, losgelöst von der Botschaft und damit gleichsam unter „neutralem" Blickwinkel, die Bestätigung, den Beweis der Göttlichkeit Jesu oder auch der „Richtigkeit" des eigenen Glaubens zu sehen. Man würde sich mit einer solchen Meinung, sei es auch nur unbewußt, sogar eindeutig *gegen* die Absichten Jesu und die Aussagen der Evangelien stellen. Denn die Wunder haben gegenüber der Lehre Jesu eindeutig sekundären Charakter. Das bedeutet aber auch und vor allem:

> Die Akzeptanz der Wunder als Zeichen der angebrochenen Gottesherrschaft ist untrennbar an die Akzeptanz Jesu und seiner Lehre gebunden.

Dies wird aus folgenden Beobachtungen weiter deutlich:

1. Als die Pharisäer (und Sadduzäer) von Jesus, gleichsam als Legitimation, ein „Zeichen vom Himmel" fordern, reagiert Jesus ungehalten. Als „objektive Machtdemonstration" wollte er seine Wunder nicht verstanden wissen. Sie stehen im Dienst seiner Verkündigung. Das bedeutet natürlich nicht, daß nicht auch die Wunder selbst Glauben schaffen könnten (vgl. Joh. 2,23; 14,11). Würden die Wunder als Voraussetzung des Glaubens verstanden – in dem Sinn, daß erst aufgrund des Unbegreiflichen geglaubt werden könnte –, wäre das Vertrauen auf Gott selbst grundsätzlich in Frage gestellt. Der Mensch hat von Gott nichts zu fordern. Und für den wirklich glaubend vertrauenden Menschen sind die Wunder keineswegs unentbehrlich: „Selig sind, die nicht sehen und doch glauben!" (Joh. 20,29)

„Und die Pharisäer kamen heraus und fingen an, mit ihm zu streiten, versuchten ihn und forderten von ihm ein Zeichen vom Himmel. / Und er seufzte in seinem Geist und sprach: Was fordert doch dieses Geschlecht ein Zeichen? Wahrlich, ich sage euch: Es wird diesem Geschlecht kein Zeichen gegeben werden!" (Mk. 8,11 f.); vgl. Mt. 16,1 ff.; Lk. 11,29 ff. vgl. ferner Joh. 4,48: „Und Jesus sprach...: Wenn ihr nicht Zeichen und Wunder seht, so glaubt ihr nicht."

„Wenn ich aber durch Gottes Finger die bösen Geister austreibe, so ist ja das Reich Gottes zu euch gekommen.“ (Lk. 11,20) – Vgl. auch Mt. 11,2–5

2. So wie die *Worte* Jesu den Anbruch des Gottesreiches verkünden, tun dies auch seine *Taten*. Wie die Botschaft, so sprechen gleichermaßen seine Heilungen auch und gerade die Randgruppen an: die Kranken, die Besessenen, die sozial Benachteiligten. „Die Starken bedürfen des Arztes nicht, sondern die Kranken.“ (Mt. 9,12) - dies gilt für Seele und Leib. Jesu Wunder sind, als Teil seiner Verkündigung, gleichfalls eschatologisch zu verstehen.

3. Die in den Evangelien berichteten Heilungen sind, zumindest in vielen Fällen, Ausdruck eines inneren Vorgangs. Wunder und Glaube gehören untrennbar zusammen. Dies darf sich „der moderne Mensch“ nicht etwa so zurechtlegen, daß er meint, die „einfachen Bewohner“ Israels hätten sich von Jesu „Zaubereien“ gutgläubig hinters Licht führen lassen. Vielfach wird hier die Erfahrung der eigenen Ohnmacht, des existentiellen Ausgeliefertseins durch die Begegnung mit Jesus neu - d. h. positiv und hilf-reich - definiert - „Glaube als ein sehr bestimmtes Rechnen und Trauen, daß Gottes Macht nicht am Ende ist, wo menschliche Möglichkeiten erschöpft sind“ (G. Bornkamm, Jesus von Nazareth, S. 120f.).

Sollte – so verstanden – Jesus darum nicht auch die Grenzen der Naturwissenschaft durchbrochen haben können? Ist Gott etwa abhängig von unserem begrenzten Erkenntnisvermögen?

Heilung bedeutet zugleich auch Rettung. Darum sagt Jesus den Geheilten - der blutflüssigen Frau (Mt. 9,22), dem Blinden (Mk. 10,52), dem Aussätzigen (Lk. 17,19) - gleichermaßen: „Dein Glaube hat dir geholfen.“

vgl. auch Mk. 2,5; Mt. 15,28

Mit „naivem Wunderglauben“ hat das Ganze nichts zu tun, sondern mit dem Mut der Entscheidung zum Vertrauen, den auch der Zweifelnde und Verzweifelnde wagt: „Da schrie der Vater des Kindes: Ich glaube, hilf meinem Unglauben!“ (Mk. 9,24)

Daß die Heilungswunder aber nicht an den Glauben der Menschen gebunden sind, zeigt das Faktum ihrer starken öffentlichen Verbreitung und der Wirkung auch bei den Gegnern (vgl. z. B. Mk. 1,28ff.; 3,1ff. 7ff.). Ferner bekunden die häufigen Hinweise, daß Jesus „viele heilte“, eine breite Streuung bei den Empfängern seiner Gaben.

Hierzu in einer gewissen Spannung steht allerdings der Bericht über die Verwerfung Jesu in Nazareth (Mk. 6,1ff.; vgl. bes. V. 5f.: „Und er konnte dort nicht eine einzige Tat tun… / Und er wunderte sich über ihren Unglauben.“)

4. Den inhaltlichen Beobachtungen entspricht der sprachliche Befund. Das seit Homer in der griechischen Sprache übliche Wort für „Wunder“ (Thauma) findet sich, bis auf Apk. 17,6, im Neuen Testament kein einziges Mal. Ebenso taucht in der lateinischen Vulgata-Übersetzung das Wort „miraculum“ nicht auf. Dagegen schließt das im Neuen Testament, speziell im Johannesevangelium, verwendete griechische Wort „semeion“ neben dem „Wunder“ die Bedeutung des „Zeichens“ mit ein.
Schon vom Wort her ist damit der deiktische Charakter des Wunderbegriffs bestimmt.

Die Vulgata (lat. = die allgemein verbreitete [Ausgabe]) ist die von dem lateinischen Kirchenlehrer Hieronymus (347–419 od. 420) erarbeitete Bibelübersetzung.

6.4.4 Jesus – ein „Gottesmann“ wie (viele) andere?

Immer wieder werden motivliche Ähnlichkeiten zwischen neutestamentlichen Wunderberichten und der außerbiblischen Literatur zum Anlaß genommen, die zeit- bzw. gattungsbedingte Unglaubwürdigkeit dieser biblischen Texte zu behaupten.

In der Tat zeigen sich zwischen beiden Bereichen scheinbar verblüffende Ähnlichkeiten:

vgl. H. Küng, Christ sein, S. 223 und 628

– Zur Bezahlung der Tempelsteuer rät Jesus dem Petrus, die Angel auszuwerfen – der erste Fisch, der heraufkomme, werde ein Zweigroschenstück im Maul haben (vgl. Mt. 17,24 ff.).	Das Märchenmotiv von der Münze (oder Perle) im Maul eines gefangenen Fisches war im Judentum und im Hellenismus weit verbreitet.[1]
– Bei der Hochzeit zu Kana hat Jesus, so wird berichtet, Wasser in Wein verwandelt (vgl. Joh. 2,1–12).	Ein solcher Vorgang hat motivgeschichtlich seinen Sitz im Dionysoskult bzw. -mythos.
– Die Evangelien kennen Berichte von Heilungen mit Hilfe von Speichel (vgl. Mk. 7,33; 8,23; Joh. 9,6).	Von ähnlichen Vorgängen berichten die römischen Schriftsteller Tacitus (in den „Historien“) und Sueton („Vespasianus“), letzterer mit Bezug auf Kaiser Vespasian (69–79 n. Chr.).[2]
– Bekannt ist die Reaktion des geheilten „Gichtbrüchigen“: Er „nahm sein Bett und ging alsbald hinaus vor aller Augen“ (Mk. 2,12).	Von einem solchen „Heilungsbeweis“ erfahren wir auch durch den griechischen Schriftsteller Lukian in seiner Schrift „Philopseudes“.[3]
– In den Evangelien werden drei Totenerweckungen geschildert; sie gelten – der Tochter des Jairus (Mk. 5,21 ff. par.); – dem Jüngling zu Nain (Lk. 7,11 ff.); – Lazarus (Joh. 11,1 ff.).	Der Biograph des Apollonius von Tyana, Philostratos, berichtet von einer diesem zugeschriebenen Auferweckung einer jungen Braut vor den Toren Roms.[4]

1 Der heutige Leser kennt das Motiv vor allem aus Schillers Ballade „Der Ring des Polykrates“.
2 vgl. Kap. 1.2.1 bzw. 1.2.4
3 Lukian lebte von etwa 120 bis 180 n. Chr.
4 Griechischer Philosoph und „Wunderheiler“ aus dem 1. Jh. n. Chr. – Flavius Philostratos war ein griechischer Weisheitslehrer aus dem 3. Jh. n. Chr.

Angesichts solcher „Parallelen" – die sich fortführen ließen – scheint eine Gleichbeurteilung der Berichte bzw. Ereignisse nahezuliegen.

Gewiß muß folgendes beachtet werden:

1. Nach wissenschaftlicher Lehrmeinung sind die Erwekkungswunder eine Steigerung der Heilungswunder Jesu. Da die Evangelien aus der Perspektive der Auferstehung Christi geschrieben sind, ist die Annahme möglich, daß Jesus durch solche Berichte schon zu seinen Lebzeiten als Herr über Leben und Tod dargestellt werden sollte.

Die Erzählung von der Auferweckung des Lazarus ist stilistisch genau durchkomponiert (Technik der Spannungssteigerung usw.). Auch in ihrer theologischen Darstellungsart ist sie tendenziell eindeutig unhistorisch.

2. Ganz sicher haben – wie schon erwähnt – im Laufe der Überlieferung legendäre und mythische Züge viele Ereignisse aus dem Leben Jesu überlagert. Bestimmte Wundererzählungen in den Evangelien können (und wollen) schon von ihrer Struktur her keine historischen Sachberichte sein (besonders deutlich wird dies z.B. in Joh. 11).

Ein „Gottesmann" (theios anér) war eine „religiöse Genrefigur" der Antike. Ihr wurde göttliches Wesen und wunderbare Heilkraft zugeschrieben. Römische Kaiser, Heroen und legendäre Wunderheiler gehörten vor allem zu ihnen.

3. Auch wurden in späteren Schichten der Tradition dem Mann aus Nazareth gewisse typische Eigenschaften und Fähigkeiten des hellenistischen „Gottesmannes" verliehen.
4. Im Sinne des modernen Verstehens kann kein biblisches Wunder als „historisch bewiesen" betrachtet werden.

Demgegenüber lassen sich nun aber folgende Überlegungen – und sie bilden die gewichtigeren Argumente – anführen:

vgl. hierzu auch die Überlegungen zum Thema „Auferstehungshoffnung" (Kap. 7.6.6)

vgl. Goethe, „Faust I", V. 766

1. Grundsätzlich gilt: Wer bereit ist, nicht nur das für wirklich und wahr zu halten, was er selber erfahren hat und sich vorstellen kann, wer also die „Sache Gottes" als des „ganz Anderen" ernst nimmt, der wird auch die Möglichkeit einer Totenerweckung vielleicht prinzipiell nicht ausschließen können (und wollen). Dann aber ist ein Wunder nicht mehr „des Glaubens liebstes Kind", sondern die Bereitschaft zur Annahme einer anderen, „höheren" Wirklichkeit. Die Entscheidung hierüber bleibt dem einzelnen vorbehalten, ebenso die Beurteilung der antiken Totenerweckungsberichte – der biblischen eingeschlossen – insgesamt. Es kann aber nicht mit letzter Sicherheit gesagt werden, ob diese Texte tatsächlich die Rückkehr wirklich Gestorbener ins Leben beschreiben. Hier sind aus verschiedenen Gründen berechtigte Zweifel angebracht.
2. Demgegenüber kann mit Sicherheit davon ausgegangen werden, daß Jesus Heilungen durchgeführt hat, die selbst die Menschen seiner Zeit in Erstaunen, ja in Bestürzung

versetzt haben. Dies läßt sich u. a. in frühen Schichten der Überlieferung, die noch nicht durch legendäre Züge nach Art der „Gottesmann“-Typologie stilisiert sind, erkennen.

vgl. oben S. 78

3. Gegen die „Gottesmann-Hypothese“ und damit auch gegen die Gleichbeurteilung der Wunder (s. Punkt 4) spricht ferner, daß charakteristische, in der hellenistischen Sphäre verbreitete Elemente bei den Wundern, besonders den Heilungen Jesu, fehlen, z. B.:
   - die Lokalisierung von Heilungen an bestimmten „heiligen Orten“;
   - die Mitwirkung der Priesterschaft;
   - Heilschlaf und Traumerfahrung.

vgl. H. Leroy, Jesus, S. 88

So gab es beispielsweise seit dem 5. Jahrhundert v. Chr. Heiligtümer des griechischen Heilgottes Asklepios, sog. „Asklepeia“, an verschiedenen Orten (Kos, Epidauros, Pergamon u. a.) als Wallfahrtsstätten für die Kranken.

4. Vor allem aber hat Jesus in erklärter Absicht nicht als ein *solcher* Gottesmann gelten wollen:
   - Jesus verzichtet auf „Schaueffekte“. Er zieht sich vor der Menge zurück;
   - anders als den „typischen Gottesmännern“ kommt es ihm nicht auf Popularität und Selbstdarstellung an: Er gebietet den Geheilten Stillschweigen (vgl. z. B. Mk. 1,44; 7,36);
   - Jesu Hilfe galt immer nur anderen, niemals sich selbst, nicht in der Wüste, als ihn hungerte (Mt. 4,2 ff.), und auch nicht am Kreuz: „Desgleichen spotteten auch die Hohenpriester mit den Schriftgelehrten und Ältesten und sprachen: / Andern hat er geholfen und kann sich selber nicht helfen. Ist er der König von Israel, so steige er nun vom Kreuz herab. Dann wollen wir an ihn glauben.“ (Mt. 27,41 f.; vgl. auch 26,53);
   - die Annahme von Geld für erbrachte Leistungen – eine bei den „Gottesmännern“ durchaus übliche Gewohnheit – war Jesus fremd.

„Und er half vielen Kranken, die mit mancherlei Gebrechen beladen waren, und trieb viele böse Geister aus und ließ die Geister nicht reden; denn sie kannten ihn. / Und am Morgen, noch vor Tage, stand er auf und ging hinaus. Und er ging an eine einsame Stätte und betete dort. / Simon aber und die bei ihm waren, eilten ihm nach. / Und als sie ihn fanden, sprachen sie zu ihm: Jedermann sucht dich. / Und er sprach zu ihnen: Laßt uns anderswohin gehen, in die nächsten Städte, daß ich auch dort predige; denn dazu bin ich gekommen. / Und er kam und predigte in ihren Synagogen in ganz Galiläa und trieb die bösen Geister aus.“ (Mk. 1,34–39); vgl. auch Joh. 2,23 ff.

5. Die Wunder Jesu sind, als Teil seiner Lehre, eine Geist *und* Körper des Menschen zutiefst berührende Botschaft. Sie dürfen nicht isoliert betrachtet werden. Gott spricht den *ganzen* Menschen an, Leib und Seele, in der Schöpfung ebenso wie in der mit dem Erscheinen Jesu beginnenden endzeitlichen Gottesherrschaft. Gleichwohl sollte man die – wohl historisch begründete – Priorität der Lehre vor den Wundern nicht vergessen.

Die Ganzheitlichkeit des Menschen ist ein auch bei der Auferstehung wesentlicher Gedanke (vgl. dazu S. 153).

6. Wer trotz allem darauf beharrt, Wunder (nach Art des „miraculum“) als einen Beweis für die Tatsache der Existenz Gottes und seines Wirkens im Sinn einer logisch-kausalen Ausschließlichkeit anzusehen, und im Fall der Nichtakzeptanz dann beides leugnet, muß sich nach seiner Gottesvorstellung selbst fragen lassen. Ist Gott nur dann wirksam, wenn er die Naturgesetze durchbricht? Und wer diese Frage – zu Recht – verneint, sollte der dann

„Der Wunder höchstes ist, daß uns die wahren, echten Wunder so alltäglich werden können, werden sollen.“ (Lessing, „Nathan der Weise“, I,2)

noch, als aufgeklärter Mensch, auf bloße Mirakel angewiesen sein?

vgl. zum Zusammenhang von „Zeichen" und „Wunder" Kap. 6.4.3

7. Wenn Jesus selber den Menschen als *das* Zeichen Gottes erschien und sie aus ihrer Erfahrung mit ihm in ihm den Gottesgesandten erkannten, dann findet ein solches Erleben des ganz Außerordentlichen in einem Wunderbericht vielleicht nicht den schlechtesten Ausdruck. Daß aber in einer solchen Erfahrung die Grenzen der Physik zwangsweise durchbrochen worden sein müßten, muß für den glaubend vertrauenden Menschen der Gegenwart keine absolut zwingende Forderung sein.

6.5 Die Bergpredigt und ihr ethisches Umfeld

vgl. die Beispiele in Kap. 6.5.2

Mit Sicherheit gehört die Bergpredigt (Mt. 5–7) zu den umstrittensten Themen in der Verkündigung Jesu. Die Geschichte ihrer Auslegung – vom Urchristentum bis zur Gegenwart – zeigt ein schillerndes Spektrum unterschiedlichster Deutungen, wobei durchaus gefragt werden kann, ob die moderneren Erklärungen nur deswegen die „richtigeren" sind, weil sie aus neuerer Zeit stammen. Es ließe sich auch – überspitzt – formulieren: Die Geschichte ihrer Auslegung ist die Geschichte ihrer Mißverständnisse.

Kirche auf dem Berg der Seligpreisungen oberhalb des Sees Genezareth

Was die Beurteilung der Bergpredigt insgesamt so schwierig macht, ist das unauflösliche Ineinander von objektiven Ergebnissen neutraler Sachanalyse und individueller Betroffenheit. Andererseits sind Art und Umfang der persönlichen Akzeptanz nicht bzw. nicht allein an nüchterne Sachergebnisse gebunden. Auf jeden Fall ist die Notwendigkeit einer differenzierten Exegese, ggf. auch für den einzelnen Vers, hier in besonderem Maße geboten.

Die ethischen Forderungen Jesu sind in der Bergpredigt zweifellos am kompaktesten dargestellt. Dennoch verbietet sich aus zwei Gründen ihre prinzipielle Gleichsetzung mit der „Verkündigung Jesu":

1. Die Fülle der übrigen Evangelientexte läßt eine Vielzahl von zusätzlichen Aspekten, Ergänzungen, Erweiterungen u. ä. zu;
2. sowohl die „Bergpredigt" des Matthäusevangeliums als auch die parallel zu sehende „Feldrede" bei Lukas (6,20–49) sind als solche literarische Kompositionen der Evangelisten (s. u.). Schon deswegen wäre die Identifikation mit einer „ursprünglichen" Ethik Jesu unmöglich.

6.5.1 Die Struktur

Es wäre natürlich völlig unsinnig zu behaupten: Weil Bergpredigt und Feldrede literarische Schöpfungen der Evangelisten sind, seien die dort verzeichneten Worte Jesu von diesen „erfunden". Tatsache ist, daß sich in beiden Texteinheiten eine vielschichtige Überlieferung spiegelt, bei der genau zwischen originalen Jesusworten, Formen der Gemeindetradition und eigenen Äußerungen der Evangelisten (bzw. der Redaktoren) getrennt werden muß. Die Besonderheiten der einzelnen Überlieferungsschichten am jeweiligen Text überzeugend herauszuarbeiten, ist die keineswegs leichte Aufgabe der Exegeten.

Hier nun geht es zunächst um einige Aspekte der quellenmäßigen Zuordnung und sodann um den strukturellen Aufbau des - bei weitem ausführlicheren - Matthäustextes.

Die Quellenfrage

Zur Erklärung der Zusammenhänge zwischen den synoptischen Evangelien dient, wie zu Beginn dieses Buches ausgeführt, die Zweiquellentheorie. Die sog. **Logienquelle**, in der Reden, Gleichnisse und andere Worte Jesu gesammelt waren, enthielt auch zu großen Teilen die Bergpredigt und die Feldrede. Manche Aussprüche Jesu, wie z.B. in Mt. 5,13.14–16, finden sich allerdings auch bei **Markus** (9,50; 4,21), was auf eine gewisse Popularität dieser Bildworte schließen läßt. Andere Teile der beiden Redekompositionen - sicher gemeinsamen Ursprungs - begegnen in unterschiedlichen Zusammenhängen: So erscheint das Vaterunser, bei Matthäus das Zentrum der Bergpredigt (6,9–13), bei Lukas, zudem in variierter Form, als Einleitung zu der bildhaften Erzählung vom „Bittenden Freund", einer Anweisung zum rechten Beten.

vgl. Kap. 1.1.1

Zweifellos hat Matthäus auch einiges von der nur ihm vorliegenden Überlieferung, dem sog. **Sondergut**, mit in die Bergpredigt übernommen. Mit Sicherheit dürften auch so manche Verse, zumindest in ihrer Grundsubstanz, auf **Jesus selbst** zurückgehen. Dazu gehören z.B. die Makarismen (Mt. 5,3–12 par.; Lk. 6,20b–23). Allerdings finden sich bei Matthäus gegenüber Lukas bereits Zusätze und Deutungen, was wahrscheinlich macht, daß die Fassung der Feldrede die ältere ist.

„Makarismen" ist das aus dem Griechischen hergeleitete Fremdwort für „Seligpreisungen" (makarios = selig/glücklich).

Der Aufbau der Bergpredigt

Schon die erste Durchsicht eines gegliederten Bibeltextes läßt eine systematische Einteilung der Kap. 5–7 im Matthäusevangelium erkennen.

Im einzelnen liegt dem Ganzen folgendes Strukturschema zugrunde:

5,1–2		Einleitung	
5,3–12		Die Seligpreisungen	
5,13–16		„Ihr seid das Salz der Erde“ „Ihr seid das Licht der Welt“	
5,17–20		Jesu Stellung zum Gesetz	
5,21–26		Vom Töten	Die Antithesen
5,27–30		Vom Ehebruch	
5,31–32		Von der Scheidung	
5,33–37		Vom Schwören	
5,38–42		Von der Vergeltung	
5,43–48		Von der Feindesliebe	
6,1–4		Vom Almosengeben	
6,5–15		Vom Beten	
	6,9b–13	Das Vaterunser	
6,16–18		Vom Fasten	
6,19–21		Warnung vor Habsucht	
6,22–24		Das Gleichnis vom Auge	
6,25–34		Warnung vor irdischem Sorgen	
7,1–6		Warnung vor strengem Richten	
7,7–11		Von der Gebetserhörung	
7,12–14		Der Maßstab für das Verhalten gegen den Nächsten. Der schmale und der breite Weg	
	7,12	Die „Goldene Regel“	
7,15–23		Warnung vor falschen Lehrern Rechte Frömmigkeit	
7,24–27		Das Gleichnis vom Haus auf dem Felsen	
7,28–29		Die Wirkung der Predigt	

6.5.2 Deutungsversuche der Bergpredigt

Immer wieder gab es in der Geschichte der Kirche Versuche, die Bergpredigt zu „entschärfen", das, was man als „anstößig" empfand, zu glätten und damit die Frage nach ihrer allgemeinen Gültigkeit zu relativieren. Andererseits finden sich in der europäischen Geistesgeschichte auch extrem einseitige oder radikal zustimmende Deutungen.

Schon im Matthäusevangelium, das ja erst ca. 50–70 Jahre nach der öffentlichen Wirksamkeit Jesu entstand und infolgedessen auch zahllose Elemente der kerygmatischen Überlieferung in sich birgt, sind Stufen der Abschwächung erkennbar, in denen Matthäus oder die Gemeindetradition ein vorliegendes Jesuswort kasuistisch einschränkte.

Die genaue Herkunft muß im Einzelfall untersucht werden. Sie wird nicht mehr immer mit letzter Sicherheit festzulegen sein.

kasuistisch (lat. casus = Fall), hier: die rechtlich-religiöse Erörterung eines schwierigen Einzelproblems

Im Folgenden soll dies an drei Textbeispielen vor Augen geführt werden. Danach werden einige wichtige Auslegungsversuche der Bergpredigt vorgestellt.

Abschwächungen im Matthäus-Text

Mt. 5,22: „Ich aber sage euch: Wer mit seinem Bruder zürnt, der ist des Gerichts schuldig; wer aber zu seinem Bruder sagt: Du Nichtsnutz!, der ist des Hohen Rats schuldig; wer aber sagt: Du Narr!, der ist des höllischen Feuers schuldig."

Schon in der Uneinigkeit der griechischen Handschriften an dieser Stelle wird das Bemühen um Abschwächung erkennbar. Denn viele alte Textzeugen fügen hier „ohne Ursache" ein.

Andere Übersetzungsmöglichkeiten für dieses Begriffspaar sind „Hohlkopf/Narr" und „Schuft/Idiot". Auf jeden Fall trägt im Urtext der zweite Ausdruck den stärkeren Akzent.

1. **Jesus** selbst verbietet jeglichen Zorn (V. 22a).	**Matthäus** nennt bestimmte Schimpfworte gegen den Nächsten („Nichtsnutz" [V. 22b]; „gottloser Mensch" [V. 22c]), die speziell nicht erlaubt sind und deswegen einer unterschiedlich strengen Bestrafung - durch den Hohen Rat bzw. durch Gott im Endgericht - ausgesetzt sind.
2. Nach **Jesus** soll - zum Schutz der rechtlich stark benachteiligten Frau - dem Mann ohne Ausnahme die Scheidung von seiner Frau verboten sein (Lk. 16,18; Mk. 10,11).	**Matthäus** erlaubt (natürlich in den Worten Jesu!) eine Ausnahme: Im Falle des Ehebruchs von seiten der Frau darf sich der Mann von ihr trennen (Mt. 5,32; 19,9).
3. Nach **Jesus** soll man überhaupt nicht schwören (Mt. 5,34a).	Nach **Matthäus** hat man wenigstens gewisse Schwurformeln zu unterlassen (Mt. 5,34b–36).

„Alles nur Erweichungstendenzen? Es muß darin zumindest auch das ehrliche Bemühen um die bleibende Gültigkeit der unbedingten Forderungen Jesu in einem Alltag gesehen werden, der nicht mehr von der Naherwartung des kommenden Reiches bestimmt ist.“ (H. Küng, Christ sein, S. 238. - Vgl. zum Ganzen S. 237f.)

Auslegungen der Bergpredigt aus Geschichte und Gegenwart

Die folgenden, thesenartig zusammengefaßten Deutungen sind Beispiele unter vielen, die moderneren unter ihnen in aller Regel das Ergebnis gründlicher, mit den Mitteln wissenschaftlicher Exegese und religionsgeschichtlicher Vergleiche durchgeführter Arbeit:

1. Die Bergpredigt ist nicht für alle Christen verbindlich. Ihre Gebote gelten nur für die Jünger, die Heiligen, die Auserwählten. - So lehrte man in der katholischen Kirche noch bis zum II. Vatikanischen Konzil (1962–65).

2. Bei der Bergpredigt geht es nicht um das praktische Tun, sondern um die gute Gesinnung des Menschen. - Diese Auffassung vertraten der Philosoph Immanuel Kant (1724–1804) und der philosophische Idealismus des neunzehnten Jahrhunderts.

3. Die Forderungen der Bergpredigt hatten nur für die kurze Zeit bis zu dem von Jesus erwarteten Weltende ihre Gültigkeit. Sie bildeten eine Ethik des Ausnahmezustandes, der heute nicht mehr gilt, weil das Weltende nicht eingetroffen ist. Man kann also nur von einer „Interimsethik“ sprechen. - Diese Position verfochten der evangelische Theologe Johannes Weiss (1863–1914) und der berühmte Theologe, Musiker und Urwaldarzt Albert Schweitzer (1875–1965), von dem auch das Wort „Interimsethik“ stammt.

Martin Luther (1483–1546)

Diese Gedanken äußerte Luther in seiner Schrift „Von weltlicher Obrigkeit“ (1523); dort heißt es z. B.: „Ein Christ soll so geartet sein, daß er alles Übel und Unrecht sich gefallen läßt... – für sich selbst. Aber für andere kann und soll er Vergeltung, Recht, Schutz und Hilfe suchen und dazu beitragen, was er nur kann.“

4. Durch die Bergpredigt wird sich der Mensch seiner Unfähigkeit bewußt, wirklich Gutes zu tun. Sie hält ihm den Spiegel der eigenen Sünde vor und weist ihn damit auf die Gnade und das Erbarmen Gottes hin. So wird er bereit, beides dankbar anzunehmen. - Diese Lehre stammt von Martin Luther.

5. Von Luther stammt auch die Unterscheidung zwischen dem Menschen als Christ und dem Menschen als Amtsperson: Als Christ soll er seine Feinde lieben und keine Gewalt ausüben. Um aber Recht und Ordnung zu wahren und dem Bösen zu wehren, muß er gegebenenfalls, z. B. als Soldat oder als Richter, im Dienst am Nächsten Amt und Aufgabe konsequent ausüben.

6. Die Gebote der Bergpredigt sind wörtlich zu befolgen! Gerade dem Bösen darf nicht widerstanden werden. In

radikaler Konsequenz gedacht und praktiziert, kann auf diese Weise eine neue Ordnung entstehen, in der die staatlichen Sicherheitsorgane überflüssig sind. - Diese Überzeugung vertrat in seiner Lehre der Gewaltlosigkeit der russische Schriftsteller Lew Nikolajewitsch Tolstoj (1828–1910).

7. Die ethischen Forderungen Jesu machen ihn zum Anwalt der Armen und Unterdrückten. Sie liefern Argumente zur Kritik an der herrschenden Gesellschaftsordnung und zur Errichtung eines neuen Systems. - So deuteten Karl Marx (1818–1883) und Leonhard Ragaz die Bergpredigt.

Ragaz (1868–1943) war zunächst Professor für systematische und praktische Theologie, engagierte sich aber dann in einem Zürcher Armenviertel für die Arbeiterbildung und wurde einer der Führer der internationalen Friedensbewegung.

8. Die Bergpredigt ist kein ideales Gebilde, sondern eine Art endzeitlicher Ansporn, durch welchen den Menschen der Wille Gottes nahegebracht wird. In den Worten Jesu wird der Wille Gottes zeichenhaft sichtbar. Sie weisen auf das nahe bevorstehende Reich Gottes hin. - Diese Lehre vertrat Martin Dibelius (1883–1947), ein berühmter Theologe unseres Jahrhunderts.

6.5.3 Wie ernst nehmen wir die Bergpredigt? Aspekte zum Nach-Denken

Die Kernfrage für jeden Christen, der sich ernsthaft mit der Bergpredigt auseinandersetzt, ist die Frage nach ihrer Erfüllbarkeit - wobei das „Mißverständnis" (!) einer „neuen Gesetzlichkeit" (s. u.) immer naheliegt -: hier und heute, im persönlichen und im zwischenmenschlichen Bereich. Verbindliche Lehren zur Bergpredigt gibt es nicht - außerhalb des Anspruchs ihrer eigenen Verbindlichkeit. Gewiß hat die Bergpredigt schon immer die Gewissen aufs höchste geschärft, sie hat aber auch häufig genug in qualvolle Gewissensnöte und -ängste geführt angesichts ihrer schier unerfüllbar scheinenden Forderungen gegenüber den Gesetzen der Welt, in der wir leben.

Vielleicht können die nachfolgenden Überlegungen einige Orientierungspunkte setzen:

- Die Stringenz der Forderung, daß die Gebote der Bergpredigt zu halten sind, läßt sich auch heute nach Ansicht vieler Menschen nicht hinwegdiskutieren. Aber ein solches konsequentes Einhalten muß nicht immer und ausschließlich ein buchstäbliches Befolgen um jeden Preis bedeuten, sondern kann die genaueste Interpretation jeder einzelnen Textstelle, für sich und im Kontext, also die Frage nach dem „Sinn", grundsätzlich erforderlich machen.
  „Genaueste Interpretation" heißt z. B.: Eine Aussage wie Mt. 5,22 könnte zunächst den Schluß nahelegen, daß ein

s. o. Kap. 6.5.2, bes. S. 89

unbedachtes böses Wort gegenüber einem anderen Menschen ewiges Unheil nach sich zieht. Das hat Jesus aber nicht gemeint, wie schon die Struktur des Textes zeigt. Zudem ist die Sprache des Neuen Testaments voll von affektbeladenen Begriffen - auch Jesus selbst waren Gemütsbewegungen und stärkere Erregungen nicht fremd. Und ein Dasein in reinster Freundlichkeit widerspräche gewiß jeder Lebenserfahrung.

vgl. Mk. 1,43; Joh. 2,4; 11,33

Was Jesus allerdings in schärfster Form verbietet, ist der abgrundtiefe, unversöhnliche Haß zwischen mir und meinem Nächsten (V. 22a);

„Ich aber sage euch, daß ihr nicht widerstreben sollt dem Übel, sondern wenn dich jemand auf deine rechte Backe schlägt, dem biete die andere auch dar." (Mt. 5,39) – Vgl. auch V. 40f.

- auch könne das häufig zitierte „Wangen-Hinhalten" - so argumentieren viele - kaum so gemeint sein, daß man sich im Fall fremder Gewalteinwirkung in heldenhafter Überwindung gleichsam selbst preiszugeben habe. Gedacht sei vor allem an die Beschämung des Gegners, an das Bemühen, ihn zur Einsicht in die Unsinnigkeit seines gewaltsamen Tuns und damit zur Vernunft, zur besseren Überzeugung zu bringen. Ein persönlicher „Wangen-Heroismus" könne u. U. sogar Ausdruck einer Gesetzlichkeit sein, die Jesus in der Bergpredigt gerade vermeiden will (s. u.);

„Alle Einwände und Fragen, die sich so reichlich melden, wenn es um die Anwendung der Bergpredigt geht..., haben zu schweigen vor der Anerkennung: es ist wahr, was hier gesagt ist. Die Frage nach der Erfüllbarkeit der Bergpredigt ist *nicht* [Hervorhebung im Text] das erste, was sie dem Hörenden abnötigt, sondern die Anerkennung der Wahrheit, das Ja zu der Realität des göttlichen Willens." (G. Bornkamm, Jesus von Nazareth, S. 98 [gekürzt])

„Ich bot meinen Rücken dar denen, die mich schlugen, und meine Wangen denen, die mich rauften. Mein Angesicht verbarg ich nicht vor Schmach und Speichel." (Jes. 50,6) – Vgl. dazu Mt. 26,67.68; Joh. 19,1

- und darf nicht, in aller Demut, gefragt werden, wem es - außer dem Übeltäter - wirklich hilft, dem Bösen nicht zu wehren (Mt. 5,39)? Wird aber, andererseits, die Forderung „ungültig", weil das Reich Gottes - mit dessen baldiger Ankunft Jesus und seine Anhänger rechneten und in dessen Naherwartung sie eine solch demütigende Passivität auf sich nahmen - noch nicht „endgültig" eingetroffen ist? Sind wir von solchen Geboten heute befreit, weil Recht oft nicht anders als auf dem Wege der Macht durchgesetzt werden kann und ohne die Bekämpfung des Bösen ein geregeltes menschliches Zusammenleben nicht möglich ist? Und weil nur Jesus das Schicksal des Propheten auf sich nehmen konnte und wollte?;

s. o. Kap. 6.5.2, S. 90

- Ist also das christliche *Fundament*, auf dem ich stehe, das Entscheidende, und hebt die Erklärung als „Interimsethik" das genaue Befolgen der Bergpredigt heute auf?;

Man lese dazu das bekannte Buch von Franz Alt: „Frieden ist möglich. Die Politik der Bergpredigt".

- sind aber, andererseits, Forderungen wie „Liebt eure Feinde!" (Mt. 5,44) nicht viel weniger „unrealistisch", wenn ich - für mein persönliches Umfeld und als Mitglied einer Gemeinschaft - erst einmal lerne, Feindbilder abzubauen? Wenn mir das gelingt, als Folge vieler kleiner Schritte, dann kann ich mich auch mit dem anderen verständigen, verstehen - warum nicht auch freundschaftlich zusammentun?!;

„Da sprach Jesus zu seinen Jüngern: Will mir jemand

- kann ich mich darum, ohne die Bergpredigt als Gebote der Gesetzlichkeit (s. u.) mißzuverstehen, nicht ganz unvoreingenommen der Forderung anschließen, zu hören, zu glauben, zu gehorchen, also: „nachzufolgen"?;

- denn das Christentum ist keine Gesetzesreligion (wie das Judentum und der Islam), sondern eine Offenbarungsreligion: In Jesus ist der Wille Gottes Gestalt geworden. Das müssen auch die Menschen gespürt haben, die Jesus zuhörten, „denn er lehrte sie mit Vollmacht und nicht wie ihre Schriftgelehrten." (Mt. 7,29) Und ihre Reaktion war kaum anders als die vieler Menschen heutzutage: Sie waren „tief betroffen", ja, sie „entsetzten sich".
  Diese beiden Übersetzungen (nach Wilckens bzw. nach Luther) geben den Sinn des hier gebrauchten griechischen Begriffs am besten wieder. Wendungen wie „sie erstaunten" (Zürcher Bibel) oder „sie verwunderten sich" (Luther an anderer Stelle) treffen nicht die Schärfe des Wortes. Gemeint ist eine an die Substanz gehende Fassungslosigkeit, ein Außersichgeraten, wie es nur jemand erleben kann, der sich von dem Inhalt des Gesagten zutiefst angerührt fühlt.
- Jesus fordert die bedingungslose Wahrhaftigkeit. Aber er hat mit seinen Forderungen kein revolutionäres System begründen wollen. Sein Ruf zur Umkehr, zum grundsätzlichen Sinneswandel (Mk. 1,15) ist – „formal" – die Aufnahme prophetischer Umkehrverkündigung (vgl. Hos. 14,2–4; Jer. 3,12). Aber diese „Aufnahme" geschieht in einem den ganzen Menschen beanspruchenden, damals wie heute existentiell umfassenden Sinn. In ihrer Konsequenz und überzeitlichen Gültigkeit ist Jesu Verkündigung darum grundlegend neu.
- Neu ist vor allem auch die Botschaft von der „nahe herbeigekommenen Königsherrschaft Gottes". Wesentliche Akzente dieser Botschaft – und damit der Bergpredigt – für den Menschen sind:
  1. Die Forderung nach dem Tun des Willens Gottes;
  2. das Angebot eines gläubigen Vertrauens in den Heilswillen Gottes;
  3. das Postulat der praktischen Umsetzung des Liebesgebotes, wie es in dem „Doppelgebot der Liebe" (Mt. 22,37 ff. [vgl. Kap. 6.2.2]), aber auch in der „Goldenen Regel" der Bergpredigt zum Ausdruck kommt: „Alles nun, was ihr wollt, daß euch die Leute tun sollen, das tut ihnen auch! Das ist das Gesetz und die Propheten." (Mt. 7,12)
  Diese „Goldene Regel" darf nicht, wie es immer wieder geschieht, „verwechselt" werden mit dem zum Sprichwort gewordenen Vers (4,16) aus dem Buch Tobias (einer apokryphen Schrift des Alten Testaments): „Was du nicht willst, daß man dir tu, das füg auch keinem andern zu." Die Betonung des neutestamentlichen Textes liegt auf dem *Tun*, der Tobiasvers redet vom Vermeiden!

nachfolgen, der verleugne sich selbst und nehme sein Kreuz auf sich und folge mir. / Denn wer sein Leben erhalten will, der wird's verlieren; wer aber sein Leben verliert um meinetwillen, der wird's finden. / Was hülfe es dem Menschen, wenn er die ganze Welt gewönne und nähme doch Schaden an seiner Seele? Oder was kann der Mensch geben, womit er seine Seele auslöse?" (Mt. 16,24–26)

„Und es begab sich, als Jesus diese Rede vollendet hatte, daß sich das Volk entsetzte über seine Lehre." (Mt. 7,28)

Zum weiteren Vorkommen des Begriffs (als Reaktion der Menschen auf Jesu Wort und Tat) vgl. Mk. 1,22; 6,2; 7,37; 10,26; 11,18; Mt. 13,54; 19,25; 22,33; Lk. 2,48; 4,32; 9,43

vgl. Kap. 6.2 – „Gegenüber dem Griechentum wie dem Judentum ist das Neue des Evangeliums, daß für Jesus Gott der ganz Nahe und immer Gegenwärtige ist, als Herr und Vater jeden umfangend, begrenzend und fordernd." (K. H. Schelkle, Theologie des Neuen Testaments. Bd. 1, S. 113) – Die Bezeichnung Gottes als „Vater" – ein Begriff liebender Vertrautheit – findet sich mehrfach im Munde Jesu (vgl. Mt. 5,16.48; 6,1.4.9). Jesus selbst verwendet das Wort in der aramäischen Form „abba" („Väterchen") als Anrede Gottes (Mk. 14,36).

6.5.4 Die Stellung Jesu zum Gesetz

vgl. dazu bes. Mt. 5,17–20.21–48

Mt. 5,21f.27f.31f.33f. 38f.43f.

„Ihr sollt nicht meinen, daß ich gekommen bin, das Gesetz oder die Propheten aufzulösen; ich bin nicht gekommen aufzulösen, sondern zu erfüllen.“ (Mt. 5,17)

Die Frage nach der Stellung Jesu zum Gesetz – also zur alttestamentlichen Tora, dem religiösen Gesetz der Juden – ist ein oft diskutiertes Thema. Die berühmten *Antithesen* der Bergpredigt („Ihr habt gehört, daß [zu den Alten] gesagt ist...“ / „Ich aber sage euch...“) scheinen zunächst auf einen unauflöslichen Gegensatz hinzudeuten. Diese Schlußfolgerung wäre allerdings allzu einseitig. Jesus will nicht das Gesetz aufheben. Auch will er keine neuen Gebote verkündigen. Ihm geht es darum, den innersten Sinn des Gesetzes von seinem ursprünglichen Gotteswillen her deutlich zu machen und damit den Totalitätsanspruch Gottes an den Menschen neu zu offenbaren.

Wo allerdings dieser Anspruch durch äußerliche und formalistische Vorschriften zugedeckt ist und die Gebote nur um ihrer selbst willen befolgt werden, wo also das Gesetz zur „Gesetzlichkeit“ entartet ist, dort erhebt Jesus Einspruch gegen die Autorität der mosaischen Vorschriften, und zwar – „mit Vollmacht“ (Mt. 7,29).

vgl. den Abschnitt „Von wahrer Reinheit und Unreinheit“ (Mk. 7,1–23) insgesamt

„Er sprach zu ihnen: Mose hat euch erlaubt, euch zu scheiden von euren Frauen, eures Herzens Härte wegen; von Anfang an aber ist's nicht so gewesen.“ (Mt. 19,8)

Dafür einige Beispiele:
- Gefahr für Leib und Leben verdrängt jedes Sabbatgebot. Denn „der Sabbat ist um des Menschen willen gemacht und nicht der Mensch um des Sabbats willen“ (Mk. 2,27);
- rituelles Waschen ist weder Ersatz noch Indiz für die Reinheit des Herzens – diese schon in jenem zu sehen, wäre eine schlimme Anmaßung: „Ihr verlaßt Gottes Gebot und haltet der Menschen Satzungen“ (Mk. 7,8);
- anläßlich der Frage der Pharisäer nach der Ehescheidung betont Jesus *gegen* Mose die Ursprünglichkeit des göttlichen Willens, nach welchem Mann und Frau zusammengehören;
- Fasten um des Fastens willen findet nicht Jesu Zustimmung (vgl. Mk. 2,18–22 par.).

Weitere ursprüngliche Jesusworte liegen z. B. vor in Mk. 7,15; 3,4; Mt. 23,16–19.23f., 25f.

„Denn wahrlich, ich sage euch: Bis Himmel und Erde vergehen, wird nicht vergehen der kleinste Buchstabe noch ein Tüpfelchen vom Gesetz, bis es alles geschieht.“

Quellenkritisch bleibt zu ergänzen, daß die in den Antithesen – sie sind Sondergut des Matthäus – ausgesprochenen ethischen Postulate wohl auf Jesus selbst zurückzuführen sind. Gleiches gilt für das „Ich aber sage euch“. Dagegen ist man sich in der Forschung einig, daß ein Ausspruch Jesu, der die Unverrückbarkeit auch des kleinsten Gesetzesdetails betont (Mt. 5,18), eine spätere, von Matthäus zitierte Hinzufügung der judenchristlichen Gemeinde ist. Denn gerade hier wird eine jüdisch-pharisäisch anmutende perfektionistische Gesetzlichkeit gepredigt, die dem ursprünglichen Wort und Willen Jesu widerspricht.

„Denn ich sage euch: Wenn eure Gerechtigkeit nicht besser ist als die der Schrift-

Jesus will keine Gesetzlichkeit, keinen bloß die äußere Richtigkeit beachtenden Gesetzesformalismus. Folglich darf auch eine weitere, leicht zum Mißverstehen verleitende

Äußerung Jesu, die gleichfalls in dem Abschnitt „Jesu Stellung zum Gesetz“ verzeichnet ist (Mt. 5,20), nicht dahingehend gedeutet werden, daß nun eine noch feinmaschigere, noch knittligere Auslegung der Gebote verlangt wäre. Die Wirklichkeit des anbrechenden Gottesreiches, die Jesus verkündet, ist für den Menschen *erfahrbar*. Sie berührt sein Herz. Jesus fordert nicht nur das Handeln, sondern das Sein des Menschen, ihn selbst ohne Einschränkung.

gelehrten und Pharisäer, so werdet ihr nicht in das Himmelreich kommen.“ „Wo Gesetze Selbstzweck werden, ... verdunkeln [sie] den Heilswillen Gottes durch falsche Leistungsethik.“ (H. Leroy, Jesus, S. 84)

Wo der Mensch sich gleichsam hinter das Gesetz zurückzieht, um sich Gott nicht stellen zu müssen, wo er das Einhalten der Gebote als eine Art religiöser Leistung, als ein frommes Alibi betrachtet, um nicht seine Existenz Gott vorbehaltlos preisgeben zu müssen, da trifft ihn Jesu Kritik am schärfsten. Wo natürlich der Wille Gottes im Gesetz seinen Ausdruck findet, hat dies seine bleibende, uneingeschränkte Gültigkeit.

vgl. H. Küng, Christ sein, S. 234; G. Bornkamm, Jesus von Nazareth, S. 96ff.; vgl. z. B. Mt. 23,23 (s. Kap. 5.2.3)

Das Einhalten der Bergpredigt ist keine Frage des Erbsenzählens, sondern eine Sache der vertrauensvollen Hingabe an Gott. Alle Forderungen und Anweisungen der Tora gipfeln im Liebesgebot. Wer dieses erfüllt, erfüllt auch das Gesetz.

So gelten die Seligpreisungen nicht nur als eine Verheißung für das Jenseits, sie können vielmehr auch als Anweisung für ein rechtes, Gott wohlgefälliges Leben hier und heute verstanden werden: „Wer *so* handelt, *ist* glücklich!“

Man erinnert sich: Das griechische Wort „makarios“ kann „selig“ *und* „glücklich“ bedeuten.

Freilich – oft genug gerät auch der Redliche in ausweglose Spannungen von Herz, Geist und Sinn, wenn das eigene Unvermögen dem Willen Gottes allzu kraß entgegensteht. Diesem Konflikt wird sich der Mensch stellen müssen. Doch er darf ihn gläubig-vertrauend akzeptieren, ihn Gott anheimgeben und ihn somit bejahen. Und die Unruhe des Herzens mag im Menschen das „Hungern und Dürsten nach der Gerechtigkeit“ hervorrufen, dem Jesus die Verheißung schenkt (Mt. 5,6).

Und präjudizierend, allem voran, steht zu Beginn der Bergpredigt die erste Verheißung: „Freuen dürfen sich alle, die nur noch von Gott etwas erwarten und nichts von sich selbst; denn sie werden mit ihm in der neuen Welt leben.“ (Mt. 5,3 [Übersetzung der „Guten Nachricht“]) Auch die, welche nichts vorzuweisen haben, dürfen zuversichtlich vor Gott hintreten: „Das Geschenk, die Gabe, die Gnade geht der Norm, der Forderung, der Weisung voraus.“

H. Küng, Christ sein, S. 235

7 Passion und Auferstehung

Während sich bei der Verkündigung Jesu trotz zahlreicher Auslegungsdifferenzen im einzelnen dennoch viele Lehrinhalte als unumstößliche „christliche Fundamentalia“ festhalten lassen, ergibt sich bei der Darlegung und Deutung der Passion und Auferstehung Jesu, zumindest in bestimmten Bereichen, ein anderes Bild. Unübersehbar ist zu diesem Thema - sieht man einmal von der unbestrittenen (und auch unbestreitbaren) Tatsache der Kreuzigung Jesu selbst ab - die Bandbreite von Auslegungen und Lehrmeinungen in und außerhalb von Theologie und Kirche.

7.1 Grundsätzliche Schwierigkeiten

Papyrusfragment
(125–150 n. Chr.)

Die Unterschiedlichkeit der Deutungen zur Auferstehung Jesu ist gewiß eine Notwendigkeit. Doch auch dort, wo die Bereiche der persönlichen Frömmigkeit, des subjektiven Verstehens und des rational allein nicht mehr Faßbaren nicht oder nicht unmittelbar betroffen sind, auf dem konkreten, trotz vieler Abstriche oft dennoch real zugänglichen Gebiet der Historie, hier also des Prozesses und der Hinrichtung Jesu, herrscht in den Erklärungen der Wissenschaftler vielfach Uneinigkeit. Dies hat, abgesehen von speziellen theologischen Differenzen, zunächst natürlich seinen Grund in dem großen Zeitabstand, der eine historisch gesicherte Beweisführung in vielen Punkten nicht mehr möglich macht. Damit im Zusammenhang steht die Unsicherheit der Quellenlage: Da die Evangelien nicht als neutrale historische Dokumentation gelten können (und wollen!), ist es schwer, aus den vorrangig kerygmatischen Aussagen jeweils den tatsächlichen Verlauf des Geschehens zu rekonstruieren bzw. diesen exakt von jenen zu unterscheiden.

Diese auch Fachleuten häufig genug begegnende Schwierigkeit, zwischen Kerygma und Historie zu trennen, führt in Laienkreisen immer wieder zu Fehldeutungen einzelner Texte und Textabschnitte. Es können sich sogar, wie die Geschichte gezeigt hat, im Extremfall schlimmste Vorurteile aufbauen, wenn die Passionsberichte der Evangelien vorbehaltlos und allzu wörtlich als historische Dokumentation aufgefaßt und kerygmatische oder apologetische Tendenzen nicht gesehen werden: So hatte z. B. die in bestimmten Evangelientexten erkennbare Neigung, die Schuld am Tode Jesu „den Juden“ zuzuweisen, allzuoft unheilvolle Konsequenzen.

vgl. Mt. 27,25 (s. dazu Kap. 7.3.2). Eine Abwertung „der Juden“ erfolgt durchgehend auch im Johannesevangelium.

In dem diesen Ausführungen folgenden zweiten Abschnitt sollen zunächst einige grundlegende Verstehensformen zum Verhältnis Kerygma und Historie, die auch für das Gesamtkapitel wichtig sind, geklärt werden. Dabei sollten nüchtern-distanzierte, aber auch „traditionell-fromme" Leser Folgendes stets im Gedächtnis behalten:

- bei der Analyse der Passionstexte geht es hier in vielen Punkten auch um die Rekonstruktion der noch erkennbaren historischen Geschehnisse (sofern dies überhaupt noch möglich ist), also um die Person des irdischen Jesus, nicht um den kerygmatischen Christus (wiewohl dieser aus der Sichtweise der Texte die realen Ereignisse dominiert);
- eine sachliche, auch kritische Betrachtung ist notwendig, um die Aussageabsicht der Texte richtig zu verstehen und Mißverständnisse zu vermeiden. „Kritik" ist also hier, wie schon vom Wortsinn her, natürlich nicht destruktiv, sondern konstruktiv zu verstehen: als Prozeß des Unterscheidens, des Auswählens, des Urteilens, der neuen, „richtigen" Meinungsbildung;
- was der Wahrheit dient, kann in der Sache grundsätzlich nicht falsch sein;
- selbstverständlich gibt es – dies klang schon mehrfach an – außer den historisch nachweisbaren Tatsachen andere Formen von Wahrheit auf gewiß nicht geringerer Rangstufe. Darum schließen sich ein korrektes Sachwissen und glaubendes Vertrauen wahrhaftig nicht aus;
- die Bibel ist kein vom Himmel gefallenes Buch, sondern von Menschen geschrieben worden. Zwischen Tod und Auferstehung Jesu und der ersten Niederschrift dieser Geschehnisse sind eine Reihe von Jahren vergangen. Jesus war wahrer Mensch und wahrer Gott zugleich. Sollte man den unzähligen Glaubenszeugen, die im Laufe der frühen Traditionsbildung bis hin zur schriftlichen Endredaktion der Evangelien an der Verkündigung des Auferstandenen beteiligt waren, nicht ebenfalls Menschliches, ja Allzu-Menschliches, zubilligen? Man wird also in den Passionsberichten – erst recht, wenn man sie vergleicht – von der Darstellung her keine absolute Sachperfektion erwarten dürfen. Man wird vielmehr mit
  - unterschiedlichen Überlieferungen desselben Geschehens,
  - gewissen inhaltlichen Unstimmigkeiten,
  - legendären Ausgestaltungen,
  - subjektiven Deutungen u. a. zu rechnen haben.

Der Kern der Botschaft, die Wahrheit von Gottes Wort bleiben von all dem unberührt.

Das griechische Verbum „krinein" schließt die genannten Bedeutungsinhalte ein. Weitere Übersetzungsmöglichkeiten sind: „den Vorzug geben/erklären/sich für etwas entscheiden/beschließen/sich vornehmen" u. a. m.

vgl. Kap. 8.7.2

7.2 Kerygma und Historie

Bisweilen wird die Tendenz sichtbar, Jesu Leben im ganzen als Leidensgeschichte zu schildern. So ist schon in Mk. 3,6 von einem Todesbeschluß der Gegner Jesu die Rede. Das Markusevangelium hat man auch einen „Passionsbericht mit ausführlicher Einleitung" genannt.

Der kerygmatische Charakter der Evangelien wird besonders in den Passionsberichten deutlich. Sie wollen keine objektive, historisch korrekte Berichterstattung der Geschehnisse geben, sondern, von der Perspektive der Auferstehung her, Jesu Leidensweg als Gottes Heilsplan darstellen. So wie Gott Jesus vom Tod auferweckt hat, ist auch dessen Leiden und Sterben kein zufälliger Ablauf historischer Ereignisse, sondern Folge und Ausdruck göttlichen Ratschlusses und damit Sinn in allem Widersinn.

Predigt, Bekenntnis, Unterweisung und Gottesdienst sind für diese Texte der „Sitz im Leben". Es kann von daher nicht erstaunen, daß die Passionsberichte zu den am besten überlieferten Traditionsstücken überhaupt gehören.

Die vermutlich älteste Bekenntnisformel des Urchristentums, als Ganzes schon ein heilsgeschichtliches Credo, wird von Paulus in 1. Kor. 15,3–5 zitiert:

vgl. auch Kap. 7.6.4

„Denn als erstes habe ich euch weitergegeben, was ich auch empfangen habe: Daß Christus gestorben ist für unsere Sünden nach der Schrift; / und daß er begraben worden ist; und daß er auferstanden ist am dritten Tage nach der Schrift; / und daß er gesehen worden ist von Kephas, danach von den Zwölfen."

Die Abfassungszeit des 1. Korintherbriefes (geschrieben in Ephesus, vgl. 1. Kor. 16,8) ist auf das Frühjahr 55 oder 56 zu datieren. Sie liegt also vor der Entstehungszeit der Evangelien. Das hier von Paulus zitierte Glaubensbekenntnis geht mit ziemlicher Sicherheit auf das erste *Jahrfünft* nach dem Tode Jesu zurück. Wahrscheinlich stammt es aus Jerusalem.

Die Tatsache, daß nicht allzu lange Zeit nach Jesu Tod ein Bekenntnis im Umlauf ist, das auf knappstem Raum bereits alle wesentlichen Glaubensaussagen enthält, läßt nicht nur auf die Stärke der Jesusbewegung bzw. der sich entwickelnden Gemeinden, sondern auch auf die Größe des Erlebten schließen.

Die Tendenz der urchristlichen Tradition, Jesu Passion als Zeichen des göttlichen Heilswirkens zu erkennen, wird nicht nur in der Vielzahl der hier auftauchenden christologischen Motive sichtbar. Auch die Ausgestaltung bestimmter Sachzusammenhänge ins Legendäre, bei der gelegentlich eine innersynoptische Entwicklung festzustellen ist, läßt diese Absicht in den Passionsberichten deutlich werden. Vor allem aber prägt hier, stärker als in den anderen Kapiteln der Evangelien, der Schriftbeweis die Art der Darstellung.

7.2.1 „Nach der Schrift“

Das häufige Anführen alttestamentlicher Belegstellen als Zeichen der Kontinuität des göttlichen Heilshandelns, das in Jesus nun end-gültige Gestalt gewinnt, ist nicht nur eine Eigenart des Matthäus. Es durchzieht, in Form von Anklängen oder unmittelbaren Zitaten, ja ganzer Szenen, als gestalterisches Motiv auch die anderen Evangelien.

Aus der Fülle der Belege soll hier nur eine kleine Auswahl vorgestellt werden:

vgl. G. Bornkamm, Jesus von Nazareth, S. 143f.

1. Der Einzug in Jerusalem (Mk. 11,1–11 par.) ist Erfüllung alttestamentlicher Prophetie:
   „Und als sie in die Nähe von Jerusalem kamen, nach Betfage und Betanien an den Ölberg, sandte er zwei seiner Jünger / und sprach zu ihnen: Geht hin in das Dorf, das vor euch liegt. Und sobald ihr hineinkommt, werdet ihr ein Füllen angebunden finden, auf dem noch nie ein Mensch gesessen hat; bindet es los und führt es her! /... / Und sie führten das Füllen zu Jesus und legten ihre Kleider darauf, und er setzte sich darauf. / Und viele breiteten ihre Kleider auf den Weg, andere aber grüne Zweige, die sie auf den Feldern abgehauen hatten. / Und die vorangingen und die nachfolgten, schrien: Hosianna! Gelobt sei, der da kommt in dem Namen des Herrn! / Gelobt sei das Reich unseres Vaters David, das da kommt! Hosianna in der Höhe!“ (Mk. 11,1.2.7–10)

„Du, Tochter Zion, freue dich sehr, und du, Tochter Jerusalem, jauchze! Siehe, dein König kommt zu dir, ein Gerechter und ein Helfer, arm und reitet auf einem Esel, auf einem Füllen der Eselin.“ (Sach. 9,9)

2. Die Tempelreinigung ist eine „konkrete Umsetzung“ vormaliger Verheißung:
   „Und sie kamen nach Jerusalem. Und Jesus ging in den Tempel und fing an, auszutreiben die Verkäufer und Käufer im Tempel; und die Tische der Geldwechsler und die Stände der Taubenhändler stieß er um / und ließ nicht zu, daß jemand etwas durch den Tempel trage. / Und er lehrte und sprach zu ihnen: Steht nicht geschrieben (Jesaja 56,7): ‚Mein Haus soll ein Bethaus heißen für alle Völker‘? Ihr aber habt eine Räuberhöhle daraus gemacht. / Und es kam vor die Hohenpriester und Schriftgelehrten, und sie trachteten danach, wie sie ihn umbrächten. Sie fürchteten sich nämlich vor ihm; denn alles Volk verwunderte sich über seine Lehre.“ (Mk. 11,15–18)

Das Jesaja-Zitat findet sich außer bei Mk. auch bei Mt. (21,13) und bei Lk. (19,46); bei Joh. (2,17) steht ein Zitat aus Psalm 69,10.

3. Beim letzten Mahl Jesu mit seinen Jüngern ist vom „Blut des Bundes“ die Rede – einem Begriff, der schon im AT auftaucht:
   „Und er sprach zu ihnen: Das ist mein Blut des Bundes, das für viele vergossen wird.“ (Mk. 14,24)

„Da nahm Mose das Blut und besprengte das Volk damit und sprach: Seht, das ist das Blut des Bundes, den der HERR mit euch geschlossen hat auf Grund aller dieser Worte.“ (Ex. 24,8)

4. Bei seiner Gefangennahme kündigt Jesus die Flucht der Jünger (vgl. Mt. 26,56) durch den Verweis auf einen Sacharja-Vers an:

Die Sacharja-Stelle klingt auch in Joh. 16,32 an.

„Da sprach Jesus zu ihnen: In dieser Nacht werdet ihr alle Ärgernis nehmen an mir. Denn es steht geschrieben (Sacharja 13,7): ‚Ich werde den Hirten schlagen, und die Schafe der Herde werden sich zerstreuen.'" (Mt. 26,31)

„Sie gaben mir Galle zu essen und Essig zu trinken für meinen Durst." (Ps. 69,22)
Auch ohne diesen Rückbezug auf das AT wäre die Aussage in sich schlüssig: Die Gabe eines narkotisierenden Trankgemischs zur Linderung der Qualen war durchaus üblich.

5. Bei der Erwähnung des Betäubungstrankes, der dem Verurteilten gereicht wird, konnte sich Matthäus auf einen Psalmvers beziehen:
„(Und als sie an die Stätte kamen mit Namen Golgatha, das heißt: Schädelstätte,) / gaben sie ihm Wein zu trinken mit Galle vermischt; und als er's schmeckte, wollte er nicht trinken. /.../ Und sogleich lief einer von ihnen, nahm einen Schwamm und füllte ihn mit Essig und steckte ihn auf ein Rohr und gab ihm zu trinken." (Mt. 27,33.34.48)

Es mag bei den römischen Soldaten Brauch gewesen sein, die Kleider der Gekreuzigten unter sich zu verteilen.

6. Die Verteilung der Kleider des Gekreuzigten wird bei Johannes erwähnt – mit einem direkten Zitat aus Psalm 22:
„Da sprachen sie untereinander: Laßt uns das nicht zerteilen, sondern darum losen, wem es gehören soll. So sollte die Schrift erfüllt werden, die sagt (Psalm 22,19): ‚Sie haben meine Kleider unter sich geteilt und haben über mein Gewand das Los geworfen.' Das taten die Soldaten." (Joh. 19,24; vgl. Mt. 27,35; Lk. 23,34)

„Alle, die mich sehen, verspotten mich, sperren das Maul auf und schütteln den Kopf: / ‚Er klage es dem HERRN, der helfe ihm heraus und rette ihn, hat er Gefallen an ihm.'" (Ps. 22,8f.)
Ist es verwunderlich, daß nach den vorangegangenen Auseinandersetzungen mit Angehörigen der religiösen Führungsschicht manche von ihnen den verurteilten Gegner noch im Tod verspotteten?

7. Der Spott jener, die am Kreuz vorübergingen, namentlich der Hohenpriester, Schriftgelehrten und Ältesten (Mt. 27,41), klingt motivlich ebenfalls an Psalm 22 an:
„Die aber vorübergingen, lästerten ihn und schüttelten ihre Köpfe / und sprachen: Der du den Tempel abbrichst und baust ihn auf in drei Tagen, hilf dir selber, wenn du Gottes Sohn bist, und steig herab vom Kreuz! / Desgleichen spotteten auch die Hohenpriester mit den Schriftgelehrten und Ältesten und sprachen: / Andern hat er geholfen und kann sich selber nicht helfen. Ist er der König von Israel, so steige er nun vom Kreuz herab. Dann wollen wir an ihn glauben. / Er hat Gott vertraut; der erlöse ihn nun, wenn er Gefallen an ihm hat; denn er hat gesagt: Ich bin Gottes Sohn." (Mt. 27,39–43; vgl. Mk. 15,29–32; Lk. 23,35–37)

„Mein Gott, mein Gott, warum hast du mich verlassen? Ich schreie, aber meine Hilfe ist ferne." (Ps. 22,2)

8. Die letzten Worte des Gekreuzigten werden in der synoptischen Tradition unterschiedlich überliefert. In jedem Fall aber handelt es sich um einen Vers des Psalmisten:
„Und zu der neunten Stunde rief Jesus laut: Eli, Eli, lama asabtani? das heißt übersetzt: Mein Gott, mein Gott, warum hast du mich verlassen?" (Mk. 15,34; vgl. Mt. 27,46)

„In deine Hände befehle ich meinen Geist; du hast mich erlöst, HERR, du treuer Gott." (Ps. 31,6)

„Und Jesus rief laut: Vater, ich befehle meinen Geist in deine Hände! Und als er das gesagt hatte, verschied er." (Lk. 23,46)

Weitere Belegstellen zur Form des Schriftbeweises ließen sich anführen.
Die Häufigkeit dieser alttestamentlichen Bezüge wie auch die z.T. erheblichen Unterschiede in der Darstellung der einzelnen Evangelisten mahnen also zur Vorsicht gegenüber den historischen Details der Passionsberichte.

Andererseits darf der moderne Leser hier nicht vorschnell Schlüsse ziehen und etwa von „konstruierten Beweisführungen“ o. ä. sprechen.

vgl. auch Kap. 7.2.2

Denn
- ein manipulatives Denken und Schreiben ist den Verfassern der Evangelien grundsätzlich fremd. Allerdings will man verkünden und nicht primär exakte Details liefern;
- bestimmte AT-Verweise decken sich ohne weiteres mit (möglichen) historischen Fakten – es hätte ihrer nicht bedurft, um die Tatsächlichkeit des Geschehens zu untermauern. Mit anderen Worten: Ein Rückverweis auf das AT ist nicht grundsätzlich schon ein Argument gegen eine mögliche Historizität;
- der Gedanke der Schrifterfüllung stand vielmehr im Dienst der Verkündigung: Er zeigt ein Geschichtsverständnis, das in allem – hier im Zusammenwirken von Weissagung und Vollendung – die lenkende Hand Gottes sieht: Jesus *ist* der angekündigte Messias!
- Grundlage des Verstehens war die *Erfahrung* der Auferstehung Jesu, die glaubendes Vertrauen setzte: Dieser Mann aus Nazareth war dadurch, daß Gott ihn vom Tode auferweckt hat, als Gottes Sohn bezeugt und von Gott als Messias beglaubigt. Die Schriftverweise haben somit keinen beweisenden, sondern einen bestätigenden Charakter;
- im übrigen war der antike Mensch nicht weniger gescheit, als wir es heute sind oder zu sein glauben. Was ihn nicht überzeugte, das hätte er gewiß nicht gutgeheißen und anerkannt.

vgl. oben Punkt 5–7

In diesem Sinn der göttlichen Vorherbestimmung sind die Worte des auferstandenen Christus in der Emmaus-Geschichte zu sehen: „Mußte nicht Christus dies erleiden und in seine Herrlichkeit eingehen?/ Und er fing an bei Moses und allen Propheten und legte ihnen aus, was in der ganzen Schrift von ihm gesagt war.“ (Lk. 24,26f.)

7.2.2 Augenzeugen? Mut zur Geschichte!

Es wäre nun aber gewiß nichts falscher, als das kerygmatische Interesse der Passionsberichte zu verabsolutieren und ihnen – unkritisch! – jeden historischen Wert abzusprechen.

Die Evangelien enthalten bekanntlich keine unmittelbaren Augenzeugenberichte. Dennoch finden sich in den Passionstexten Spuren – nebensächliche Notizen, kaum von kerygmatischem Interesse, aber gerade darum von einer gewissen Authentizität –, die zeigen, daß die jeweiligen

Berichte ihren ganz konkreten Hintergrund hatten und Augenzeugen der Ereignisse existierten.

Die jeweils singuläre Überlieferung der einzelnen Textstellen spricht überdies für ihre Ursprünglichkeit.

„Ein junger Mann aber folgte ihm nach, der war mit einem Leinengewand bekleidet auf der bloßen Haut; und sie griffen nach ihm. / Er aber ließ das Gewand fahren und floh nackt davon." (Mk. 14,51f.)

„Und sie führten ihn hinaus, daß sie ihn kreuzigten. / Und zwangen einen, der vorüberging, mit Namen Simon von Kyrene, der vom Feld kam, den Vater des Alexander und des Rufus, daß er ihm das Kreuz trage." (Mk. 15,20b. 21; vgl. Mt. 27, 31b.32; Lk. 23,26; vgl. auch S. 134)

„Und es waren auch Frauen da, die von ferne zuschauten, unter ihnen Maria von Magdala und Maria, die Mutter Jakobus' des Kleinen und des Joses". (Mk. 15,40; vgl. Mt. 27,55f.) – In Joh. 19,25 wird in gleichem Zusammenhang der Name eines sonst nicht näher bekannten Klopas angeführt.

Im einzelnen sind hier zu nennen:
- die episodenhafte Randbemerkung über einen jungen Mann, der im Zusammenhang mit der Gefangennahme Jesu unbekleidet fliehen muß. Schon die anderen Synoptiker haben diesen als unwichtig oder gar anstößig empfundenen Hinweis des frühesten Evangelisten gestrichen;
- die Person des Simon von Kyrene, eines „unbeteiligten Passanten", der von den Römern gezwungen wird, Jesu Kreuz (gemeint ist der Querbalken, das „patibulum") zu tragen. Die Begebenheiten erwähnen alle drei Synoptiker. Aber nur Markus nennt Simons Söhne mit Namen, was Matthäus und Lukas nicht mehr für nötig befanden. Ganz offensichtlich war dieser Simon von Kyrene eine konkrete geschichtliche Person. Sollten darum die hier berichteten Ereignisse im Kern weniger authentisch sein?;
- die Erwähnung der Namen „Jakobus der Kleine" und „Joses", Söhne einer Maria (sie ist nicht die Mutter Jesu), die gemeinsam mit anderen Frauen unter dem Kreuz Jesu steht, bei Markus. Schon Matthäus läßt den Zusatz „der Kleine" weg und spricht nur von „Jakobus", Lukas (23,49) nennt lediglich allgemein „Bekannte" und „Frauen".

Gewiß sind dies aufschlußreiche Hinweise. Doch kann man auch auf anderen Gebieten, z.B. in der Archäologie, zu „Schichten hinter dem Kerygma", auf Ursprüngliches vorstoßen?

Hier sollen, stellvertretend für viele andere Funde und Forschungsergebnisse, drei Entdeckungen aus jüngster Zeit genannt werden:

Gekreuzigter in Hockstellung

1. Im Jahr 1968 hat man nördlich von Jerusalem an dem Hügel Giv'at ha Mivtar das Skelett eines 26jährigen 167 cm großen gekreuzigten Mannes gefunden. Eingehende Untersuchungen haben u.a. ergeben, daß die Arme unterhalb des Handgelenks angenagelt und die Unterschenkel gebrochen worden waren. (Das Zerschlagen der Beine, eine übliche Methode, geschah, um den Tod des Gekreuzigten schneller eintreten zu lassen [vgl. Joh. 19,31–33; s. auch S. 136ff.].)
2. Presseberichten zufolge (vgl. „Stuttgarter Zeitung" vom 24. 4. 92; „Der Spiegel" 35/92) entdeckten im Frühjahr

1991 Bauarbeiter südlich der Altstadt Jerusalems das Familiengrab des Hohenpriesters Joseph Kaiphas, der von 18–36 regierte und maßgeblich die Auslieferung Jesu an die Römer betrieb (vgl. Mt. 26,3 f. 57 u. ö.). Der reich geschmückte Knochensarg (das „ossuarium") besteht aus geschnitztem Stein.

3. Wie die „Süddeutsche Zeitung" (Ausgabe vom 14. 7. 92) meldet, wurde bei Ausschachtungsarbeiten für eine Tiefgarage in Jerusalem das Hauptlager der zehnten römischen Legion entdeckt, die zur Zeit Jesu Palästina beherrschte. Zwei Kilometer westlich der Altstadt fanden Arbeiter auf Hunderten von Ziegelfragmenten die Zeichen der Legion: Wildschwein und Schiff. Nach Berichten israelischer Tageszeitungen wurde durch den Fund erstmals der Aufenthalt dieser Armee nachgewiesen.

Freilich – es leuchtet ein, daß für die theologischen Aussagen des Neuen Testaments solche und andere Entdeckungen nicht von unmittelbarer Bedeutung sind. Aber konsequent weitergeführt und angewandt, helfen sie dazu, Vorurteile und Irrtümer abzubauen, das Sachwissen zu vertiefen und damit nicht zuletzt auch die Behauptung zu widerlegen, man könne über das Leben und Sterben Jesu heute „nichts Genaues mehr" in Erfahrung bringen.

Gewiß ist unter dem Schutt der Zeiten noch weit mehr verborgen, als unsere Schulweisheit sich träumt.

7.3 Der Gang nach Jerusalem

Nach dem Johannesevangelium war Jesus dreimal in Jerusalem, nach den Synoptikern einmal. Nun können die Ortsangaben bei Johannes aufgrund der bildhaften Struktur und der besonderen theologischen Eigenart des Evangeliums kaum als historische Grundlage gewertet werden. Auch weiß man, daß der zeitlich-geographische Rahmen des Markusevangeliums ein erzählerisches Strukturmittel darstellt und darum nicht ohne weiteres mit den entsprechenden Lebenssituationen Jesu gleichgesetzt werden darf.

Gleichwohl ist sicher: Die Hauptwirksamkeit Jesu geschah in Galiläa, und zwar vor allem in der Gegend um Kafarnaum (Kapernaum). Sein Aufbruch nach Jerusalem führte zum Höhepunkt des Konflikts und damit zu Prozeß und Hinrichtung.

7.3.1 Die Gründe

Mit dem Zug nach Jerusalem verband sich bei den Jüngern Jesu die starke Hoffnung auf ein baldiges Eintreffen des Reiches Gottes: „Als sie nun zuhörten, sagte er ein weiteres Gleichnis; denn er war nahe bei Jerusalem, und sie meinten, das Reich Gottes werde sogleich offenbar werden." (Lk. 19,11; vgl. auch 24,21; Apg. 1,6)

Bestimmt hat Jesus die Auseinandersetzung mit der religiösen Führung seines Volkes gesucht. Die Sympathien, die gläubige Verehrung, die religiöse Anerkennung, die Jesus von zahllosen Menschen erhielt, standen in eklatantem Gegensatz zu den ständigen Anfeindungen durch die Angehörigen der religiösen Parteien, die den Verlust ihrer Macht und Geltung, ja wohl sogar einen Aufstand befürchteten. Das bevorstehende Passahfest (s. u.) schien eine gute Gelegenheit, Volk und Führung noch einmal endgültig mit der Botschaft vom Reich Gottes zu konfrontieren und vor die Entscheidung zu stellen.

vgl. Kap. 7.4

Zweifellos war sich Jesus der Risiken, ja der enormen Gefahr bewußt, die sein Entschluß mit sich brachte. Auch stand ihm das Schicksal seines Lehrers Johannes des Täufers vor Augen, den Herodes Antipas auf der Festung Machairus - dies ist eine historische Tatsache - enthaupten ließ.

vgl. Mk. 10,33 f.; 8,31 par.; 9,31 par.

Jesus mußte selbst mit einem gewaltsamen Tod rechnen, zumal ihm nicht verborgen geblieben sein konnte, daß seine Gegner ihm schon in früherer Zeit nach dem Leben trachteten (Mk. 3,6). Aber daß er nach Jerusalem ging mit dem ausdrücklichen Ziel, dort zu sterben, dürfte - so wird heute vielfach in der Forschung angenommen - spätere christologische Deutung sein. Vielleicht wollte Jesus gar nicht sterben. Zumindest läßt sich diese Vermutung nicht grundsätzlich von der Hand weisen, wenn man nicht die spätere Interpretation der Gemeinde, sondern das induktive Interesse des Historikers zugrunde legt.

Deswegen wird der Ausspruch in Mk. 10,45 („Denn auch der Menschensohn ist nicht gekommen, daß er sich dienen lasse, sondern daß er diene und sein Leben

Aber diese Annahme schließt die Existenz eines Messiasbewußtseins Jesu keineswegs aus. Denn wenn Jesus in Jerusalem auf einen gewaltsamen Tod gefaßt sein mußte, so hat er dieser Möglichkeit gewiß auch eine Deutung gegeben. Sie war für ihn die absolute Erfüllung des Willens Gottes, dem er sich in freier Entscheidung, wissentlich und willentlich, unterworfen hat.

gebe als Lösegeld für viele") von manchen Forschern auch für ein echtes Jesuswort angesehen.

7.3.2 Die äußere Situation

„Das Passahfest war nahe." Jerusalem wurde zu dieser Zeit von zahlreichen Menschen besucht. Es dürften Hunderttausende - die Einwohnerschaft mitgerechnet - gewesen sein, die sich in diesen Tagen in der Heiligen Stadt aufgehalten haben. Viele Pilger aus Palästina und den umliegenden Gebieten waren zusammengeströmt, um das heilige Fest der Juden zu feiern. Der römische Prokurator - von 26 bis 36 war es Pontius Pilatus - pflegte sich, eskortiert von starkem Militär, rechtzeitig von seinem Amtssitz Caesarea nach Jerusalem zu begeben. Denn man hatte jetzt durchaus mit Unruhen, ja mit Aufständen zu rechnen. Aufmüpfige Provinzbewohner, zumal in dem brodelnden Palästina, waren für die Römer nichts Seltenes. Man begegnete ihnen stets auf die gleiche Weise.

Mk. 14,1 par.; zum jüdischen Passahfest vgl. S. 112 f.

vgl. hierzu ausführlich Kap. 7.5.6

Die Sadduzäer waren als die herrschende und mit der Besatzungsmacht kollaborierende priesterliche Adelspartei schon aus Gründen des Machterhaltes an Unruhen ebensowenig interessiert wie die Römer. Vermutlich erwartete man den Wanderprediger aus Nazareth bereits und hatte die notwendigen Absprachen getroffen. Denn schon zu Beginn der Passionsgeschichte wird von den Synoptikern einstimmig berichtet, wie die jüdischen Behörden danach trachteten, Jesus festzunehmen und umzubringen.

vgl. Kap. 5.2.2

Mk. 14,1; Mt. 26,3; Lk. 22,2; vgl. ferner Joh. 11,47 ff.

Hier bleibt, auch für das Folgende, festzuhalten, daß die pauschale Benennung der Gegner Jesu in den Evangelien – „*die* Hohenpriester", „*die* Pharisäer", „*die* Ältesten", „*die* Schriftgelehrten" - wie auch andere Verallgemeinerungen dieser Art sachlich nicht richtig sind. Hauptakteure gegen Jesus waren die Sadduzäer - vielleicht auch nicht alle ohne Ausnahme, sondern nur eine bestimmte Anzahl. Der Hauptverantwortliche im jüdischen Bereich war ihr amtierender Hoherpriester Josef Kaiphas (oder: Kaiaphas). Jesus hatte also nur einen *Teil* der jüdischen Obrigkeit zu Gegnern.

Die Tendenz der Evangelien, „*die* Juden" (in wechselnder Graduierung) für den Tod Jesu verantwortlich zu machen und dabei gleichzeitig die Römer zu entlasten, kann heute von keinem Theologen mehr ernsthaft bestritten werden.

Schuld am Tode Jesu?
In Deutschland wurde gefragt: „In der Bibel ist von einer Schuld der Juden am Tode Jesu die Rede. Welche Meinung haben Sie dazu?"

	Deutsche Insgesamt	Katholische Kirchengänger	Evangelische Kirchengänger
„Schuld sind die Juden allgemein"	4	3	4
„Schuld sind die damaligen Juden"	15	26	20
„Schuld sind die Juden, die Jesus verurteilten"	20	31	24
„Es ist falsch, von einer Schuld zu sprechen"	23	26	27
„Weiß nicht, habe mich damit nicht beschäftigt"	36	13	25

DER SPIEGEL 3/1992

Das Ergebnis dieser Umfrage zeigt noch immer ein bedenkliches Bild.

Die Ursache hierfür war die Angst vor den Römern. Sie war doppelt begründet: Die Schuld an dem großen Brand Roms im Jahr 64, der zumindest nicht ohne Mitwissen Neros erfolgte, wurde vom Kaiser den Christen zugeschoben. Diese wurden daraufhin auf das grausamste verfolgt. Hinzu kamen die Erfahrungen der jungen Gemeinden bei der Zerstörung Jerusalems und des Tempels im Jahr 70 n. Chr.

Oft genug hat man im Laufe der Geschichte die antisemitischen Stellen des NT zum Anlaß genommen, „das Volk der Gottesmörder" pauschal zu verurteilen oder auch „nur" jüdische Bevölkerungsgruppen zu diffamieren. Auch die Kirche war an diesen Kampagnen keineswegs unbeteiligt. Ebenso sind die zahlreichen Judenpogrome im Mittelalter und in der Neuzeit mitbedingt, ja vielleicht letztlich überhaupt nur zu erklären durch eine Einstellung, die sich so überlegen dünkte, weil sie glaubte, gegen die Feinde Gottes, folglich für Gott und somit für das Rechte zu kämpfen oder zumindest vorgab, solches zu tun ... Selbst die Greuel der Nazizeit haben gewiß eine ihrer Wurzeln in einem „christlich fundierten" Antisemitismus.

Ganz abgesehen von den schlimmen Pauschalverurteilungen (aber woher hätte, wenigstens in früher Zeit, die Kritik kommen sollen?!) bliebe auch theologisch vieles unklar: Wenn von jüdischer Seite nicht der Anstoß zur Verurteilung Jesu gekommen wäre – wie stünde es dann mit dem Heilsplan Gottes, der Vergebung der Sünden, der Auferstehung von den Toten, dem ewigen Leben?

Belege, z.T. aus allerjüngster Zeit, finden sich bei Lapide („Wer war schuld an Jesu Tod?"), S. 7, 89.

Es muß (nicht nur) für heutige jüdische Mitbürger erschreckend sein, fünfzig Jahre nach Auschwitz gröbliche Rundumschläge der genannten Art aus christlicher Feder (!) neu zu lesen.

7.4 Die Ursachen des Konflikts

Der Machtegoismus der Oberen, also vornehmlich der agierenden Sadduzäer, war nicht der einzige Grund, warum von der jüdischen Behörde Maßnahmen gegen Jesus eingeleitet wurden. Man wird den nicht so sehr am Herrschaftsanspruch orientierten religiösen Führungskräften zumindest teilweise durchaus redliche Motive unterstellen können. Denn Jesu Auftreten mußte von nicht wenigen als Angriff auf die Grundlagen der Religion und des Volkes empfunden werden.

Folgende Zusammenstellung soll, in Ergänzung und Weiterführung des früher Gesagten, die Gründe für die Konfliktsituation vor Augen führen, der sich Jesus bei seinem Einzug in Jerusalem zu stellen hatte:

- Jesu Vorwurf der Scheinheiligkeit gegenüber Schriftgelehrten und Pharisäern (vgl. z.B. Mt. 23,1ff.) stellte die Ernsthaftigkeit der religiösen Führer in Frage. Und seine Sympathie beim Volk konnte die Gefahr ihres Ansehensverlustes eher noch steigern;
- die vollmächtige Art, mit der Jesus die Tora interpretierte (vgl. z.B. Mt. 5,17ff.), mußte in den Augen seiner Gegner anmaßend, ja umstürzlerisch erscheinen;
- wenn Jesus die Autorität des Mose in Zweifel zieht (Mt. 19,7f. [Kontext]), greift er gleichsam die Basis an;
- die Jesus vorgeworfene Dämonenbesessenheit (Mk. 3,22 u.ö.) war - wenn sie nicht nur Gegenstand der Polemik war, sondern ernsthaft angenommen wurde - für die Verantwortlichen auch aus Gründen der sozialen Hygiene ein Anlaß zum Eingreifen;
- im jüdischen Kultus war das Sühnen von Missetaten durch Opferungen im Tempel möglich. Wenn Jesus die Sündenvergebung nicht mehr an eine rituelle Handlung bindet, sondern sie frei ausspricht (vgl. z.B. Mt. 9,2), untergräbt er eine der „Säulen" des jüdisch-religiösen Selbstverständnisses;
- die (mehrfache) Mißachtung des Sabbats (vgl. z.B. Mk. 2,23ff.; 3,1ff.) war nach jüdischem Gesetz ein schweres Vergehen, unter bestimmten Umständen sogar ein todeswürdiges Verbrechen;
- der gegen Jesus erhobene Vorwurf der Gotteslästerung (Mk. 2,7 par.) konnte ebenfalls schlimme Konsequenzen haben. Denn auf Gotteslästerung stand nach der Tora die Todesstrafe durch Steinigung;
- die auch im konkret-realen Sinn verstehbare Ankündigung Jesu, er werde den Tempel abbrechen und in drei Tagen einen andern bauen (Mk. 14,58 u.ö.), traf die jüdische Frömmigkeit ins Mark.

Jesus wußte also, womit er rechnen mußte, als er nach Jerusalem ging.

zum Aspekt der redaktionell bedingten Pharisäerfeindlichkeit s. Kap. 5.2.1

Bei Johannes dem Täufer war die Sündenvergebung noch an die Taufe gebunden (Mt. 3,5f.).

Wer den Sabbat gebrochen hatte, verwarnt worden war und ein weiteres Mal vorsätzlich vor Zeugen solches tat, konnte verurteilt und hingerichtet werden.

vgl. Apg. 6,14: „Denn wir haben ihn sagen hören: Dieser Jesus von Nazareth wird diese Stätte zerstören und die Ordnungen ändern, die uns Mose gegeben hat."

7.5 Die Stationen der Passion

Im folgenden werden die verschiedenen Geschehnisse der Passion Jesu in ihrer in den Evangelien berichteten Abfolge zur Sprache gebracht. Die Darstellung erfolgt schwerpunktmäßig. Dabei können nicht alle Ereignisse und Handlungsdetails einzeln diskutiert werden. Die Grundlage bildet der Text des ältesten Evangeliums. Zwei separate Kapitel - über Pontius Pilatus und über die Strafe der Kreuzigung - werden eingefügt.

Alte Ölbäume im Garten Gethsemane

Prinzipiell bleibt daran zu erinnern, daß man der Absicht der Evangelientexte in der Sache nicht gerecht wird, wenn man sie als neutrale Geschichtsquelle verstehen wollte.

Nach Markus spielt sich das Passionsgeschehen innerhalb einer Woche ab. Diese Festlegung ist jedoch ein späteres redaktionelles Schema.

7.5.1 Der Einzug in Jerusalem (Mk. 11,1–10)

Die hier mitgeteilten Vorgänge sind als geschichtliches Ereignis umstritten. Gewiß hat der Text als Ganzer die Form der messianischen Legende. Doch war auch das toposartige Bild des Rabbis, der, auf einem Esel reitend, von seinen Jüngern begleitet wird, im damaligen Judentum geläufig.

Von dem berühmten Schriftgelehrten Jochanan ben Zakai (ca. 1–80 n. Chr.) wird beispielsweise solches erzählt.

Ein genauer Vergleich der Evangelienberichte und weitere Überlegungen machen allerdings deutlich, daß das hier erzählte Geschehen trotz legendärer Züge keineswegs in das Reich der Legende gehören muß.

Die zugrunde liegende AT-Stelle (Sach. 9,9) wird von zwei Evangelisten ausdrücklich zitiert, vgl. Mt. 21,4 f. und Joh. 12,14 f.

Joh. 12,12 f.; vgl. 12,17–19

Die ungeschickte Formulierung des Sacharjaverses bei Matthäus („... reitet auf einem Esel *und* auf einem Füllen" [21,5]) beruht auf einem Mißverständnis des Parallelismus im Text des Propheten („... reitet auf einem Esel, auf einem Füllen der Eselin").

Legendarisch ist zunächst zweifellos
- die Darstellung Jesu als des messianischen Friedensfürsten aus dem Geschlechte Davids;
- die Resonanz bei den Bewohnern Jerusalems: nach Johannes hat „das Volk" Jesus begeistert empfangen. Dieses Bild bestimmt auch die Überlieferung;
- die Wahl des Reittiers: Unterstrichen wird der sakral anmutende Charakter des Geschehens durch die Unberührtheit des Füllens, „auf dem noch nie ein Mensch gesessen hat" (Mk. 11,2). Es muß so rein sein, wie es die Vorschriften des jüdischen Gesetzes für ein Opfertier geboten (vgl. Dt. 21,3; Num. 19,2).

Dagegen lassen nähere Überlegungen durchaus an konkrete Hintergründe denken, wenngleich dann wohl weniger triumphale Begleitumstände anzunehmen sind:
- Ein innersynoptischer Vergleich zeigt, daß sich die Zahl der begeistert jubelnden Menschen bei den anderen Evangelisten gegenüber Johannes im Rahmen hält:
  - Markus (11,8) spricht allgemein nur von „vielen" und „anderen";
  - Lukas (19,37) denkt lediglich an die „ganze Menge der Jünger";
  - erst Matthäus (21,8), zeitlich am nächsten bei Johannes, weist mit seiner Angabe „eine sehr große Menge" in die Richtung des vierten Evangelisten.

  In dem sich hier spiegelnden Überlieferungszeitraum von etwa dreißig Jahren ist also eine klare Zunahme der Tendenz zur Ausschmückung und damit des legendären Charakters erkennbar.

- Das bevorstehende Passah erinnerte an die Errettung aus der ägyptischen Knechtschaft und weckte (auch eschatologische) Hoffnungen, konkret zunächst auf die Befreiung vom römischen Joch. Sollten die Jünger, die nach Lukas (19,11) das unmittelbare Eintreffen des Reiches Gottes erwarteten und die von diesem Evangelisten jetzt als die alleinigen Begleiter Jesu genannt werden, inmitten der erwartungsvoll gestimmten Pilgerscharen *ihrem* Meister nicht einen solchen Empfang bereitet haben können? s. S. 112f.
- Man wird bei den „Jüngern" natürlich nicht nur an die Zwölf, sondern an eine größere Gruppe von nachfolgenden Menschen - Männern und Frauen - zu denken haben, von denen in den Evangelien öfter die Rede ist. Lukas spricht ja auch von der „ganzen Menge der Jünger".
- Von einem Einzug unter breiter Anteilnahme der Öffentlichkeit kann also kaum die Rede sein. Das Geschehen ist aber wohl auch nicht nur reine Legende.

7.5.2 Die Tempelreinigung (Mk. 11,15–19)

Die hier geschilderte Szene hat oft zu Mißverständnissen und Fehldeutungen Anlaß gegeben. Man hat den Vorgang der „Tempelreinigung" als exemplarisch für das Auftreten Jesu genommen und in dem Mann aus Nazareth den Revolutionär gesehen, der gewaltsam mit der bestehenden Ordnung ins Gericht ging.

Eine solche Verallgemeinerung ist zweifellos grundsätzlich falsch - schon der Inhalt der Botschaft Jesu spricht gegen eine Deutung dieser Art. Dennoch wird es sich bei diesem Ereignis im Kern um einen geschichtlichen Vorgang handeln, welcher für heutige Leser der genaueren Betrachtung bedarf. Aber es kommt hier, wie auch sonst, in erster Linie darauf an, was der Evangelist bzw. die glaubende Gemeinde mit diesem Bericht zum Ausdruck bringen will.

Das sachgemäße Verständnis der Szene läßt sich, wie im folgenden dargestellt, in vier Schritten erarbeiten:

Kontext und sachlicher Hintergrund

1. Es ist nicht ganz sicher, ob dieser Bericht ursprünglich zur Passionsgeschichte gehörte.
   Denn
   - es fehlt der unmittelbare inhaltliche Bezug;
   - im Johannesevangelium steht der entsprechende Text am *Anfang* der öffentlichen Wirksamkeit Jesu; vgl. Joh. 2,13–22

Die Passionsgeschichte lag ursprünglich in zwei eigenständigen Traditionselementen (Mk. 14/15 [par. Mt./Lk.] und Joh. 18/19) vor. Erst später wurde sie durch Einbezug von Mk. 14,1–31 und die Berichte über den Einzug in Jerusalem, die Tempelreinigung und die Vollmachtsfrage nach rückwärts erweitert.

- auch die Reden und Gespräche in Mk. 11,27–13,37 sind nicht Grundbestandteil der Passionsgeschichte (indes schließen die synoptischen Evangelien mit der gegnerischen Frage nach Jesu Vollmacht [Mk. 11,27–33 par.] sachlich direkt an den Bericht von der Tempelreinigung an).

2. Die Situation, die sich Jesus darbot, enthielt selbst für einen frommen Juden nichts Anstößiges: Die in Mk. 11,15 genannten Geldwechsler und Taubenhändler gehörten gleichsam zum profanen Inventar des Tempelbereichs und waren traditionell wichtig für Kult und Kommerz. (In einem Wallfahrtsort der Gegenwart geht es gewiß nicht gemäßigter zu.)
   Im Tempelbezirk war nur das Zahlen mit jüdischer Münze gestattet. Daß der Eintausch fremder Währungen an diesem internationalen Versammlungsort nicht ohne Aufschlag für die Wechsler geschah, störte niemanden. Im übrigen besaßen Wechsler wie Händler Konzessionen, von denen wiederum die Priesterschaft erheblich profitierte. – Tauben dienten seit altersher als Reinigungsopfer in unterschiedlichen Lebenssituationen (vgl. Lev. 12,8; 14,22; 15,14.29; vgl. auch Lk. 2,24f.).

3. Das Vorgehen Jesu erfolgte (wenn es sich so abspielte) auf dem Tempelplatz, dem sog. „Vorhof der Heiden". Es geschah also weder auf unmittelbar heiligem Gebiet noch erstreckte es sich auf den gesamten Tempelbezirk. Eine solche umfassende Aktion hätten die jüdische Tempelpolizei und das römische Militär zu verhindern gewußt.

Was den/die Evangelisten nicht interessiert

Hier sind jene Aspekte aufgelistet, die man nicht an den Text herantragen darf, wenn man seine Aussageabsicht (s. u.) nicht verfälschen will:

- Den/die Evangelisten (bzw. die zugrunde liegende kerygmatische Tradition) interessiert es nicht, ob bzw. inwieweit sich Jesu gewaltsames Auftreten mit seiner Lehre der Gewaltlosigkeit und der Feindesliebe verträgt.
- Es wird auch nicht gefragt, ob die Händler und Geldwechsler – kleine Gewerbetreibende – wirklich die geeigneten Adressaten von Jesu Aktion sind. Wären nicht die Hauptverantwortlichen, also letztlich die Mitglieder des Synedriums, eher die Schuldigen gewesen, die man wegen des unpassenden Kommerzes an kultischer Stätte hätte zur Verantwortung ziehen müssen? Aber läßt sich andererseits, angesichts eines solchen zeitlos blühenden Devotionalienhandels, tatsächlich von „Schuld" sprechen?
- Nicht allein der konkret-reale Maßstab steht im Vordergrund, nach dem man fragen könnte:

1. war ein einzelner überhaupt in der Lage, die Beachtung des Verbotes in diesem Gewühle durchzusetzen?
2. weshalb hat die Tempelpolizei nicht eingegriffen?
3. warum wird das Vorgehen Jesu im späteren Prozeß gegen ihn nicht zur Sprache gebracht?
4. wäre mit der ganzen, in dem allgemeinen Betrieb insgesamt wohl nur wenig beachteten Aktion die Heiligkeit des Ortes, sollte sie tatsächlich mißachtet worden sein, wirklich wiederhergestellt worden?

vgl. dazu Mk. 11,16: „[Jesus] ließ nicht zu, daß jemand etwas durch den Tempel trage.“ – Das Verbot, mit einer Last den Tempelbezirk zu betreten, war Teil der hier gültigen sehr strengen jüdischen Vorschriften.

Die Aussageabsicht des Textes

Was in dem Bericht über die „Tempelreinigung“ in erster Linie zum Ausdruck kommen soll, ist der eschatologische Anspruch des in die Welt gekommenen Messias, die Nähe des Reiches Gottes demonstrativ vor Augen zu führen – dargestellt in der kerygmatischen Tradition der frühen Gemeinde. Die Heilszeit des alten Äons, der seinen kultischen Mittelpunkt im Jerusalemer Tempel hatte, ist vorüber – „Neues ist geworden“ (2. Kor. 5,17). Nicht mehr nur *ein* Volk – die Juden – ist der Empfänger der göttlichen Botschaft, sondern *allen* Völkern gilt das Heil, was in dem Jesaja-Zitat (Mk. 11,17) anklingen soll.

„Mein Haus soll ein Bethaus heißen für alle Völker“; vgl. Jes. 56,7

Gewiß fanden in diesem Bericht auch frühe Kompetenzstreitigkeiten zwischen Juden und Christen und bzw. oder zwischen Judenchristen und Heidenchristen ihren Niederschlag. Die geschichtlich-theologische Ambivalenz von Anspruch und Geltung spiegelt vielleicht am besten der nicht eindeutig fixierte (und fixierbare) religiöse „Stellenwert“ des Tempels wider: Zwar ist die eschatologische Heilszeit für alle Völker angebrochen, doch bleibt der Tempel als Ort der Anbetung und des Gottesdienstes erhalten.

Man vergleiche hierzu die traditionsgeschichtliche Situation der Streitgespräche Jesu mit den Pharisäern und Schriftgelehrten (s. Kap. 5.2.1)

Die Konsequenz

Wenngleich die Ereignisse um den Einzug Jesu in Jerusalem und die Tempelreinigung weniger spektakulär abgelaufen sein dürften, als sie in den Evangelien teilweise geschildert werden, steht doch Folgendes fest:
Jesus hat durch die Art seines Auftretens, durch seinen Vollmachtsanspruch, vielleicht auch durch seine (zumindest mißverständliche) Ankündigung, den Tempel zu zerstören, die Entscheidung mit den jüdischen Oberen bewußt gesucht. Zusätzlich zu den übrigen Vorwürfen und Anklagen, die man gegen Jesus erhob (oder hätte erheben können [s. o. Kap. 7.4]), hatten die letzten Ereignisse in Jerusalem die jüdische Behörde offen provoziert. Sie mußte, gerade im Trubel dieser Passahzeit, bewußt reagieren. Eine öffentliche Festnahme Jesu am Passahfest inmitten der Pilgerscharen schien allerdings nicht geboten, denn die jüdischen Oberen wußten um Jesu Sympathien beim Volk, und man befürchtete Unruhen.

„Wir haben gehört, daß er gesagt hat: Ich will diesen Tempel, der mit Händen gemacht ist, abbrechen und in drei Tagen einen andern bauen, der nicht mit Händen gemacht ist.“ (Mk. 14,58)

vgl. Mk. 11,18; vgl. auch Mk. 14,1f. (mit diesen beiden Versen beginnt wohl der Passionsbericht, der Markus vorgelegen haben dürfte)

Leonardo da Vinci: Das letzte Abendmahl

Der Bericht von der Salbung in Bethanien (Mk. 14,3–9) war ursprünglich ein selbständiges Überlieferungselement. Vermutlich hat erst Markus diesen Text hier eingefügt.

Die Traditionsstücke „Das Abendmahl/Die Bezeichnung des Verräters“ (Mk. 14,12–25) sind in den Evangelien eng miteinander verknüpft. Aus thematischen Gründen werden sie hier separat behandelt. Andererseits aber werden die weiteren „Judas-Passagen“ (Mk. 14,10 f.43–46) in die Darstellung integriert.

7.5.3 Das letzte Mahl Jesu mit seinen Jüngern (Mk. 14,22–25)

Die theologisch-dogmatische Komplexität des Themas kann hier nicht annähernd vorgestellt werden. Notwendig ist die Beschränkung auf einige wesentliche Aspekte.

Ein Passahmahl?

Das Passahmahl wird im Judentum - auch heute noch - am Abend des 14. Nisan (des ersten Frühlingsvollmonds) als Familienmahl gehalten (Lamm oder junge Ziege, ungesäuerte Brote, bittere Kräuter). Es bildet den Beginn des achttägigen Mazzoth-Festes, das auch „Passahfest“ genannt wird. Diese kultische Feier wird begangen zur Erinnerung an die Befreiung aus der Knechtschaft in Ägypten. Wie in Ex. 12 berichtet wird, wurden die Isrealiten von Jahwe verschont, nachdem sie die Türpfosten und die obere Schwelle ihrer

Häuser mit dem Blut eines (einjährigen, männlichen, fehlerlosen) Lammes bestrichen hatten. Die Erstgeburt der Ägypter aber wurde getötet.

Ob das letzte Mahl, das Jesus mit seinen Jüngern hielt, ein Passahmahl war, kann nicht mit Sicherheit gesagt werden. Es *erscheint* zwar bei den Synoptikern als Passahmahl und wird dort so verstanden, auch sind zweifellos inhaltliche Beziehungen vorhanden (Erlösungsgedanke; Bund zwischen Gott und den Menschen zu deren Heil). Unsicher aber ist, ob es auch wirklich als Passahmahl *gehalten* wurde. Denn

- der geschilderte Verlauf des Mahles weicht in verschiedenen Einzelheiten von der rituellen Ordnung des traditionellen Passahmahles ab;
- in dem Text von der Einsetzung findet sich kein Hinweis auf ein Passah (die Verse Mk. 14,12–16, in denen von der Vorbereitung eines Passahmahles gesprochen wird, stammen aus späterer Zeit);
- bei Paulus werden Abendmahl und Passah in keinen unmittelbaren Zusammenhang gebracht.

„Und als sie aßen, nahm Jesus das Brot, dankte und brach's und gab's ihnen und sprach: Nehmet; das ist mein Leib. / Und er nahm den Kelch, dankte und gab ihnen den; und sie tranken alle daraus. / Und er sprach zu ihnen: Das ist mein Blut des Bundes, das für viele vergossen wird." (Mk. 14,22–24)

vgl. 1. Kor. 11,17 ff. (s. u.)

Andererseits hatte das Mahl gewiß Passah*charakter*, was nicht nur bei den Synoptikern im ganzen deutlich wird, sondern zumindest motivlich auch in der vor- und nachsynoptischen Tradition zum Ausdruck kommt:

1. bei Paulus: „Denn auch wir haben ein Passahlamm, das ist Christus, der geopfert ist" (1. Kor. 5,7);

2. bei Johannes: „Am nächsten Tag sieht Johannes, daß Jesus zu ihm kommt, und spricht: Siehe, das ist Gottes Lamm, das der Welt Sünde trägt" (Joh. 1,29; vgl. auch V. 36). Bei Johannes stirbt Jesus als „das wahre Passahlamm" am 14. Nisan, genau an dem Tag, an dem die Passahlämmer geschlachtet werden.

Der Passahgedanke ist also von den Synoptikern auf Jesu letztes Mahl, bei Paulus und Johannes dagegen unmittelbar auf Jesu Tod bezogen worden.

Grundsätzlich sollte man nicht vergessen, daß Jesus als frommer Jude den Bräuchen seines Landes, sofern er sie inhaltlich bejahen konnte, positiv gegenüberstand. Und es war Passahzeit. Man sollte also die historischen Möglichkeiten eines solchen Mahles durchaus akzeptieren.

Umstritten dagegen ist in der Forschung die Frage: Konnte der Mann aus Nazareth die heilsgeschichtliche Bedeutung seines Todes schon in dieser Weise sehen? Oder spiegelt sich hier die aus der Erfahrung der Auferstehung Jesu entstandene Sicht der nachösterlichen Gemeinde?

Historie <u>und</u> Heilsgeschichte

Man kommt auch hier angesichts der komplexen Strukturen der Evangelienüberlieferung den „Ursprüngen“ nicht näher, wenn man nur mit der Alternative „Historie oder Kerygma?“ die Texte analysieren wollte.

Folgendes bleibt festzuhalten:

1. Es spricht nichts gegen die Annahme, daß Jesus, der in Jerusalem die Entscheidung suchte und das unmittelbare Hereinbrechen der Gottesherrschaft (vielleicht dort schon) erwartete, mit seinen Freunden eine letzte Zusammenkunft hielt, in der er ihnen - was ohnehin mehr als wahrscheinlich war - seinen bevorstehenden Tod mitteilte. Denn „Abendmahl“ heißt zunächst, vor allem auch in der späteren Liturgie: Verkündigung des Todes Jesu. Für den „realen Hintergrund“ spielt es dabei keine entscheidende Rolle, ob es sich bei dieser Zusammenkunft um ein Passahmahl oder um ein gewohntes Mahl handelte.

„Denn sooft ihr von diesem Brot eßt und aus dem Kelch trinkt, verkündigt ihr den Tod des Herrn, bis er kommt.“ (1. Kor. 11,26)

2. Diese zweifache Erwartung - des Abschieds und des kommenden Reiches - wird in dem Schlußwort Jesu deutlich:

   „Wahrlich, ich sage euch, daß ich nicht mehr trinken werde vom Gewächs des Weinstocks bis an den Tag, an dem ich aufs neue davon trinke im Reich Gottes.“ (Mk. 14,25)

   Der Ausspruch ist in der späteren liturgischen Ausgestaltung des Abendmahls, wie sie Paulus überliefert (1. Kor. 11,23–25), nicht enthalten. Es dürfte sich somit hier um ein echtes Jesuswort handeln.

Mögliche „Parallelen“ zu rituellen Mahlzeiten in anderen religiösen Gemeinschaften, etwa in der Sekte von Qumran, betreffen allenfalls Äußerlichkeiten.

3. Jesus lebte in der Einheit mit dem Willen Gottes, den er in absolutem Gehorsam erfüllte. Wenn er, als Verheißung, nicht nur seinen Jüngern, sondern „vielen“ (Mk. 14,24), ja „allen“ Anteil an der Bedeutung seines Todes gibt (s. u.), so greift er damit, neue Maßstäbe setzend bzw. alte heilsgeschichtliche Strukturen erneuernd, alttestamentliches Erbe auf:
   - sein Tod erhält, zum einen, die Bedeutung der *Erneuerung* des Bundesschlusses am Sinai: „Da nahm Mose das Blut und besprengte das Volk damit und sprach: Seht, das ist das Blut des Bundes, den der Herr mit euch geschlossen hat auf Grund aller dieser Worte.“ (Ex. 24,8) - Das griechische Wort für „Bund“ - „diatheke“ (Mk. 14,24) - „bezeichnet eindeutig die gnädige Verfügung Gottes an Sein Volk, die die Ordnung seines Lebens begründet und den Gang seiner Geschichte richtet“ (Lohmeyer);

„viele“ oder „die vielen“ hat im Hebräischen und Aramäischen die gleiche Bedeutungen wie „alle“.

– sein Tod *begründet,* zum andern, den neuen Bund, den der Prophet Jeremia verkündet hatte: „Siehe, es kommt die Zeit, spricht der Herr, da will ich mit dem Hause Israel und mit dem Hause Juda einen neuen Bund schließen" (Jer. 31,31; vgl. auch V. 32–34).

Jesu Tod ist die Grundlage für die neue Heilsordnung Gottes.

Diesen Gedanken formuliert Paulus in dem liturgischen Text des ersten Korintherbriefes:
„Desgleichen nahm er auch den Kelch nach dem Mahl und sprach: Dieser Kelch ist der neue Bund in meinem Blut; das tut, sooft ihr daraus trinkt, zu meinem Gedächtnis." (1. Kor. 11,25)

Luther übersetzte: „das neue Testament"

Jesus wußte sich, gleichzeitig neuen Sinn setzend, in der (recht verstandenen) Tradition des Alten Testaments. Ebenso vertraut war ihm natürlich die äußere Form des Vollzugs: Im Judentum war das Mahl ein feststehendes Bild für die Gemeinschaft Gottes mit den Frommen. Sollte nicht auch Jesus selbst diese Zusammenkunft als Vorwegnahme des kommenden Messiasmahles verstanden haben?

4. Das Abendmahlsgeschehen wurde von der späteren Gemeinde als Sakrament heilsgeschichtlich verstanden und liturgisch ausgestaltet. Die eschatologische Sinngebung geschah allerdings bereits im erstmaligen realen Vollzug durch Jesus selbst. Eine bloße Erklärung als „Kultlegende" trifft darum nicht den geschichtlichen Kern.

5. Neben die eschatologisch-heilsgeschichtliche Begründung und die im gleichen Sinn geschehende Aufnahme und jeweilige Neu-Vergegenwärtigung des Abendmahles tritt als dritte Art der Entfaltung die Form der Gedächtnisfeier zur Erinnerung an den Tod des Herrn (vgl. 1. Kor. 11,23–26).

6. Freilich – zwischen der Begründung und der Vergegenwärtigung liegt die „dunkle Phase": der Tod Jesu. Doch die Unveränderlichkeit der Heilszusage in Geschichte und Gegenwart, die jeweils neue Präsenz des Göttlichen schaffen eine überzeitliche Gewißheit, die den Tod und die Vergänglichkeit nicht als das Letzte ansieht. Vergangenheit und Gegenwart, Leben und Tod sind in Gottes Wirklichkeit „aufgehoben".

7. Denn jede Feier des Abendmahls ist eine erneute Bekräftigung des Bundes Gottes mit seiner Gemeinde, eine Begegnung mit dem Auferstandenen, ein heilsgeschicht-

liches Handeln des erhöhten Herrn an den Gläubigen. Damit wird die Feier des Abendmahls für den glaubend vertrauenden Menschen auch zu einer Hoffnung auf die eigene Auferstehung.

„Kirche" hier verstanden als „die Gemeinschaft der Gläubigen"

8. Das Abendmahl ist der Ursprung der christlichen Kirche. Der im Zusammenhang mit der Abendmahlslehre bisweilen anklingende Disput der Reformatoren, ob es denn „Das *ist* mein Leib (Blut)" oder „Das *bedeutet* mein Leib (Blut)" heißen müsse, sei hier noch – knapp und stichwortartig – angesprochen:

vgl. Mk. 14,22.24
Die sehr komplizierten theologischen Verständnisschritte können hier nicht dargelegt werden.

Lutherische Auffassung	Reformierte Lehre
Luther betonte die Realpräsenz Christi in Brot und Wein: Brot und Wein *sind* Leib und Blut Christi. Christi Leib kann überall sein. Er ist nicht an einen bestimmten Ort im Himmel gebunden (Lehre von der Ubiquität*). * ubiquitär (lat.) = „überall verbreitet"	Zwingli und vor allem Calvin gingen von der christologischen Lehrmeinung aus, daß sich der Auferstandene seit der Himmelfahrt leiblich zur Rechten Gottes befindet. Die Vorstellung einer Anwesenheit des Leibes und Blutes Christi in Brot und Wein während der Abendmahlsfeier ließ sich damit nicht vereinbaren.
Das Abendmahl ist nicht nur „signum" (Zeichen) der von Gott uns zugedachten Gnade, nicht nur ein „verbum visibile" (sichtbares Wort). Im Abendmahl geschieht die „manducatio oralis": Christus wird von den Gläubigen leiblich mit dem Munde aufgenommen. Sein und Bedeutung des Sakraments fallen zusammen.	Das Abendmahl ist eine Gedächtnisfeier der Gläubigen.

Johannes Calvin
(1509–1564)

Ulrich Zwingli
(1484–1531)

Unabhängig von der unmittelbaren theologischen Erörterung läßt sich ergänzen:
- im Aramäischen selbst dürfte das verbindende Prädikat überhaupt gefehlt haben;
- nach jüdischer Auffassung ist der Genuß von Blut etwas zutiefst Abstoßendes. Eine direkte Gleichsetzung von Abendmahlswein und Blut Christi wird von daher nicht gemeint gewesen sein;

- nach hellenistischem Verständnis jedoch ist jede Kraft an die Substanz gebunden;
- es ließe sich also - etwas verallgemeinernd, aber sachlich nicht falsch - formulieren: Luthers Lehre würde eher mit hellenistischem Verstehen, die Auffassung der Schweizer Reformatoren dagegen stärker mit jüdischem Empfinden übereinstimmen.

vgl. dazu den anschaulichen Bericht über die Heilung der blutflüssigen Frau Mk. 5,25ff.

7.5.4 Judas – in zweiter Instanz

Historisch-kritisch nicht geschultes, „naives" (?!) religiöses Räsonieren könnte fragen: War Judas eigentlich noch anwesend, als Jesus die „Einsetzungsworte" des Abendmahls sprach? Denn von einem Weggehen des „Verräters" zuvor berichten die synoptischen Evangelien nichts. Wäre somit, so fragt man weiter, nicht auch Judas - gesetzt, er hätte sich tatsächlich noch nicht entfernt - zu den „vielen" zu rechnen, denen die Vergebung Jesu zuteil wird?

Zu den früheren Ausführungen über die Person des Judas s. Kap. 4.3

Da aber, nach traditionellem christlichem Verständnis, nicht sein kann, was nicht sein darf, einigt man sich mit Bultmann auf ein erzähltechnisches Versehen der Synoptiker und stellt fest: „Daß das Weggehen des Judas erzählt werden mußte, hat erst Johannes bemerkt."

„Als er [Judas] nun den Bissen genommen hatte, ging er alsbald hinaus. Und es war Nacht." (Joh. 13,30)

In Ergänzung, z.T. auch in (beabsichtigter) Spannung zu den früheren Ausführungen sollen im folgenden einige kritische Überlegungen zur Gestalt des Judas, der, als „Prototyp" des Verräters, zum „klassischen" Bestand der christlichen Überlieferungsgeschichte gehört, angeschlossen werden.

Man lese, als Beispiel unter vielen, die Beschreibung der Qualen des Verräters in Dantes „Göttlicher Komödie" (Inferno, 34. Gesang).

Hauptziel ist dabei, ein wenig mitzuhelfen, die seit zweitausend Jahren gewachsenen antijüdischen Vorurteile abzubauen.

Uneinigkeit in der Forschung

Die Unsicherheit der Deutung spiegelt sich in zwei - willkürlich ausgewählten und darum beliebig zu ergänzenden - konträren Äußerungen zur Rolle des Judas im Urchristentum:

„Es sei hier gleich darauf aufmerksam gemacht, daß die Gestalt des Judas in der neutestamentlichen Überlieferung offensichtlich mehr und mehr polemisch gezeichnet ist." (Leroy)

„Auf jeden Fall fehlt in der urchristlichen Darstellung jegliche Polemik gegen [Judas]." (Fascher)

Eine Skizzierung weiterer Meinungsdifferenzen ist an dieser Stelle nicht möglich.

Judas – „eine künstliche Konstruktion der Evangelisten" (Lapide)?

vgl. Lapide, S. 27 ff.

Zweifellos eine kühne Frage, aber des Nachdenkens wert:

- Paulus, der älteste Textzeuge, kennt die Gestalt des Judas nicht;

Der 1. Thessalonicherbrief stammt etwa aus dem Jahr 50.

vgl. z. B. Joh. 12,6, wo er als Dieb bezeichnet wird. Aufschlußreich ist ist auch die Akzentuierung: Bei Matthäus (26,8 f.) üben „die Jünger", bei Markus (14,4 f.) „einige" Kritik, bei Johannes dann ist Judas der alleinige Widerpart.

- dagegen findet sich im Johannesevangelium, das rund fünfzig Jahre nach dem ältesten Paulusbrief geschrieben wurde, eine auffallend negative Darstellung des Iskarioth, darüber hinaus in manchen Abschnitten eine stark antisemitische Tendenz (die Juden werden als Kinder des Teufels bezeichnet [Joh. 8,44] u. a.). Während bei den Synoptikern die Gegner Jesu noch nach Gruppen differenziert werden, spricht das Johannesevangelium, verallgemeinernd und meist abwertend, von „den Juden". Hat Johannes mit der Gestalt des Judas den „Juden par excellence" (Lapide), so wie er ihn sehen wollte, geschaffen? „Von Shylock über Jud Süss bis hin zu den Nazikarikaturen galt immer die Gleichsetzung *Judas* gleich *Judah* gleich *Jude* – der pseudoreligiöse Treibstoff für die entsetzlichsten Pogrome und Massenmorde, die von Jerusalem aus über die Kreuzzüge bis nach Auschwitz geführt haben." (Lapide [Hervorhebung im Text]);

Was nicht heißen muß, daß Jesus „verraten" wurde.

- zwar nimmt man heute – das bleibt festzuhalten – in der Forschung als historisch gesichert an, daß einer der Anhänger Jesu an dessen Gefangennahme beteiligt war. Zweifel an der Identität des in den Evangelien geschilderten Judas weckt jedoch das Bemühen ihrer Verfasser, die Schriftgemäßheit des Verräters und seines Handelns bis in motivliche Details hinein zu dokumentieren.

Nicht gleichzusetzen (!) sind hiermit jene Ausdrucksmittel der Evangelien, durch die Jesus in Denkbildern alttestamentlicher Messiasvorstellungen dargestellt wird. Denn solche Anklänge, deren religionsgeschichtliche Bezugsgrundlage den meisten damals bekannt war, gründen, als neue Sinn-Setzung, in der *Erfahrung* der Auferstehung Christi.

Die folgende Auflistung nennt einige Bezugspunkte (vgl. Lapide, S. 22 f.):

a) der Tischgenosse ist der Verräter:

„Auch mein Freund, dem ich vertraute, der mein Brot aß, tritt mich mit Füßen." (Ps. 41,10)	„Und als sie bei Tisch waren und aßen, sprach Jesus: Wahrlich, ich sage euch: Einer unter euch, der mit mir ißt, wird mich verraten." (Mk. 14,18)

Zu den bekanntesten Motiven der „30 Silberlinge" und des „Judaskusses" s. Kap. 4.3.1 und 4.3.2

b) oder der Freund:

„Wenn mein Feind mich schmähte, wollte ich es ertragen; wenn einer, der mich haßt, groß tut wider mich, wollte ich mich vor ihm verbergen. / Aber nun bist du es, mein Gefährte,	„Jesus aber sprach zu ihm: Mein Freund, dazu bist du gekommen? Da traten sie heran und legten Hand an Jesus und ergriffen ihn." (Mt. 26,50)

mein Freund und mein Vertrauter, / die wir freundlich miteinander waren, die wir in Gottes Haus gingen inmitten der Menge!" (Ps. 55,13–15)

c) der Selbstmord geschieht durch Erhängen:

„Als aber Ahitofel sah, daß sein Rat nicht ausgeführt wurde, sattelte er seinen Esel, machte sich auf und zog heim in seine Stadt und bestellte sein Haus und erhängte sich und starb und wurde begraben in seines Vaters Grab." (2. Sam. 17,23)

„Und er [Judas] warf die Silberlinge in den Tempel, ging fort und erhängte sich." (Mt. 27,5)

Ahitofel verrät David, den Gesalbten, Judas den „Davidssohn".

d) die grausigen Umstände des Todes sind ähnlich:

„Und Amasa hatte nicht acht auf den Dolch in der linken Hand Joabs. Der stach ihn damit in den Bauch, so daß seine Eingeweide auf die Erde fielen, und gab ihm keinen Stich mehr, und er starb..." (2. Sam. 20,10 [vgl. V. 9!])

„Der [Judas] hat einen Acker erworben mit dem Lohn für seine Ungerechtigkeit. Aber er ist vornüber gestürzt und mitten entzwei geborsten, so daß alle seine Eingeweide hervorquollen." (Apg. 1,18 [vgl. Mt. 26,48 f.!])

Der Verrat – eine „strategische" Notwendigkeit?

Es ist nicht deutlich, wer den unmittelbaren Befehl zur Gefangennahme Jesu gegeben hat. Doch dürfte die jüdische Entscheidungsinstanz das Synedrium gewesen sein, die Ausführenden waren die Tempelpriester. Vielleicht haben auch hier schon jüdische und römische Behörden zusammengewirkt.

Johannes berichtet von der Beteiligung römischen Militärs bei der Verhaftung Jesu. Bei der „Schar der Soldaten" (griech. „speira" = lat. „cohors"; vgl. Joh. 18,3) ist immerhin an 400 bis 600 Mann zu denken. Auch die Wiedergabe des griechischen Begriffs als „manipulus" (ca. 150 bis 200 Mann) ist möglich, wenngleich für das NT weniger wahrscheinlich. Doch gibt es Zweifel, ob die Darstellung des Johannes als Ganze historisch ist.

Die „Legion" war der größte Verband des römischen Heeres. Er bestand aus etwa 4000 bis 6000 Fußsoldaten und 300 Reitern und war untergliedert in 10 „Kohorten" und 30 „Manipel".

Was aber hatte Judas zu verraten? Und *warum* wurde verraten? Denn man muß bedenken:

- Jesus war ein Mann der Öffentlichkeit, beim Volk beliebt. Sein Einzug in Jerusalem, sein Auftreten im Tempel hatten Aufsehen erregt. Gewiß war Jesus in Jerusalem eine stadtbekannte Persönlichkeit;

- zu seiner Popularität hatte auch seine häufige Lehrtätigkeit im Tempelhof vor zahlreichen Zuhörern beigetragen;

Fast gleich auch die anderen Synoptiker; vgl. ferner Joh. 18,20

- Jesus selbst zeigt Erstaunen über das Vorgehen seiner Gegner:
„Und Jesus antwortete und sprach zu ihnen: Ihr seid ausgezogen wie gegen einen Räuber mit Schwertern und mit Stangen, mich zu fangen. / Ich bin täglich bei euch im Tempel gewesen und habe gelehrt, und ihr habt mich nicht ergriffen." (Mk. 14,48 f.);

zur Person des „Aufrührers" Barabbas s. S. 127

- eine wichtige Erkenntnis liefert der sprachliche Befund: Das griechische Wort für „Räuber" heißt „lästä̈s". Bei Josephus wird dieser Begriff generell für die Zeloten, also die bewaffneten Kämpfer gegen die römische Herrschaft, gebraucht. Und „Räuber" war bei den Römern der abwertende Ausdruck für „Rebell". Zeloten wurden von den Römern, sofern man sie ergriff, gekreuzigt. Die beiden Verurteilten, die mit Jesus zusammen hingerichtet wurden, waren ebenfalls „Räuber" („lästái"; Mt. 27,38), also Rebellen. Im übrigen kommt in der herabsetzenden Bezeichnung „Räuber" statt „Rebell" die typische (und zeitlos gültige) Art der Herrschenden zum Ausdruck, unliebsame Gegner schon sprachlich zu diffamieren.

Wenn man also, um Jesus zu ergreifen, gegen einen „Räuber" auszog, so lag die Kompetenz zu dieser Aktion eindeutig bei den Römern. Und da diese kein Interesse daran gehabt haben konnten, den im Tempel lehrenden Jesus zu ergreifen (wozu hätten sie sich in innerjüdische religiöse Angelegenheiten einmischen sollen ?!), liegt die Annahme einer engen „Zusammenarbeit" zwischen jüdischen und römischen Behörden sehr nahe.

vgl. auch die Ausführungen in Kap. 7.3.2

Vermutlich haben sadduzäische Gruppen in der Verantwortlichkeit des Hohenpriesters Kaiphas Jesus den Römern unter Hinweis auf seine politische „Gefährlichkeit" als Rebell ausgeliefert.

Sehr deutlich formuliert Lukas (23,1f.) den politischen Charakter der Anklagen: „Und die ganze Versammlung stand auf, und sie führten ihn vor Pilatus / und fingen an, ihn zu verklagen, und sprachen: Wir haben gefunden, daß dieser unser Volk aufhetzt und verbietet, dem Kaiser Steuern zu geben, und spricht, er sei Christus, ein König."

Ein genauer synoptischer Textvergleich zeigt, daß die anderen Evangelisten das

- Matthäus (26,15) nennt als Motiv des Judas Geldgier. Doch zum einen steht er mit dieser Angabe allein, zum andern ist der bewußte Anklang an das Sacharja-Wort

(11,12) nicht unbedingt ein Zeichen der historischen Echtheit (s. o.).

Was also hatte Judas zu verraten? Wir wissen es nicht.

Und was wäre mit dem Heil, das wir glaubend-vertrauend erhoffen, wenn Jesus von Judas *nicht* ausgeliefert und also *nicht* am Kreuz gestorben wäre?

Insgesamt also Fragen, Denkanstöße, Überlegungen, keine gesicherten Resultate - vielleicht aber geeignet, die unselige Gleichsetzung „Judas gleich Juda gleich Jude" (s. o.) in aller Konsequenz gründlichst zu revidieren.

Der „Fall Judas" gehört wahrhaftig in die „zweite Instanz".

Geld nicht als Grund, sondern als Folge des Entschlusses erwähnen (vgl. Mk. 14,10 f.; Lk. 22,4 f.).

Zur Judasgestalt gibt es unzählige Deutungen und Hypothesen. Sie sind jedoch zumeist stark psychologisierend, ja spekulativ und entbehren in der Mehrzahl der sachlichen Grundlagen.

7.5.5 Der Prozeß Jesu

Nach Markus, dem ältesten Evangelisten, wird von *zwei* Gerichtsverhandlungen gegen Jesus berichtet: Die erste wird vom jüdischen Synedrium, dem „Hohen Rat", durchgeführt (Mk. 14,53 ff.), die nachfolgende von Pontius Pilatus, dem „praefector Judaeae" (Mk. 15,1 ff.).

Es ist schon seit langem bekannt (und sei an dieser Stelle noch einmal betont), daß die in diesem Zusammenhang in den biblischen Texten dargestellten Geschehnisse - wie ja auch die Evangelien als Ganze - in erster Linie nicht als historische Tatsachenberichte zu verstehen sind, sondern als Glaubenszeugnisse der nachösterlichen Gemeinde gesehen werden müssen. Weder die zahlreichen geschilderten Details noch deren allgemeine Bekanntheit dürfen zu der Annahme verleiten, es handele sich hier prinzipiell um eine objektive, sachlich korrekte Darstellung der Passion Jesu.

vgl. dazu die folgenden Ausführungen

In manchen Punkten lassen sich die historisch wahren Hintergründe auch nicht mehr oder nicht mehr genau rekonstruieren. Denn wir besitzen weder Originalakten (Gerichtsprotokolle o. ä.) noch unmittelbare Zeugenaussagen.

Nun darf man aber den bewußten Verzicht auf neutrale Berichterstattung nicht überbewerten und aus dem Mangel an objektivem Quellenmaterial etwa auf das Fehlen jeglicher geschichtlicher Zusammenhänge schließen. Zum einen läßt sich nicht selten, gleichsam *hinter* den Evangelien, ein Faktengerüst nachbilden, dessen einzelne Bausteine vielfach als historisch wahrscheinlich gelten können. Zum andern konturiert die kerygmatische Aussageabsicht der Texte die „Bedeutung" des Passionsgeschehens stärker, als es „objektive" historische Texte jemals erreichen könnten.

A. Dürer:
Christus vor Kaiphas

Das Verfahren vor dem Synedrium (Mk. 14,53–65)

In Judäa gab es (wie natürlich auch in Rom bzw. in den römischen Provinzen) zu jener Zeit hochentwickelte Rechtssysteme.

Mehrfach widersprechen die biblischen Angaben (neben dem Markustext werden hier ggf. auch die anderen Evangelien mithinzugenommen) dem vorgeschriebenen Prozeßmodus (vgl. Lapide, S. 55ff.):

Im Johannesevangelium ist von einem Prozeß vor dem Hohen Rat nicht die Rede.

1. Es ist undeutlich, ob es sich um *zwei* Sitzungen des Synedriums handelt, von denen die eine nachts (Mk. 14,5ff. [Kontinuität der nächtlichen Ereignisse!]), die andere frühmorgens (Mk. 15,1) stattgefunden hätte, oder nur um *eine* Zusammenkunft am Morgen, wie Lukas (22,66ff.) berichtet.
   Demgegenüber schrieb das jüdische Gesetz vor, daß die Mitglieder des Synedriums, noch dazu bei einem Kapitalprozeß, nur am Tag verhandeln durften.

2. Nach den Synoptikern fand der Prozeß vor dem Hohen Rat am Abend des Passahfestes (bzw. in der darauffolgenden Nacht) statt.
Gerichtsverhandlungen durften weder am Sabbat noch an Feiertagen und auch nicht am Vorabend von Feiertagen durchgeführt werden.

3. Bei Markus erfolgt die Verurteilung Jesu zum Tode (14,64) unmittelbar im Anschluß an das Verhör durch den Hohenpriester (14,60–62).
In der jüdischen Rechtsprechung durfte ein Todesurteil niemals am ersten Tag der Verhandlung gefällt werden. Nicht restlos geklärt ist zudem die Frage, ob das Synedrium zu jener Zeit überhaupt Todesurteile fällen und dann auch vollstrecken durfte. Wahrscheinlich ging beides, zumindest aber wohl letzteres, nicht ohne Genehmigung des römischen Präfekten.

vgl. Joh. 18,31: „Da sprach Pilatus zu ihnen: So nehmt ihr ihn hin und richtet ihn nach eurem Gesetz. Da sprachen die Juden zu ihm: Wir dürfen niemand töten." – Allerdings wird in Apg. 7,57 ff. von der Steinigung des Stephanus berichtet.

4. Jesus wird vom Synedrium wegen Gotteslästerung verurteilt, weil er sich als Messias bezeichnet hat: „Da fragte ihn der Hohepriester abermals und sprach zu ihm: Bist du der Christus, der Sohn des Hochgelobten? / Jesus aber sprach: Ich bin's" (Mk. 14,61 f.). Dieser Messiasanspruch wird von dem Hohenpriester ausdrücklich als Gotteslästerung bezeichnet („Ihr habt die Gotteslästerung gehört." [Mk. 14,64]). Es folgt die Verurteilung zum Tode, allerdings ohne einen formellen Richterspruch. Oder hat das Synedrium faktisch nur die Auslieferung an Pilatus beschlossen?
Die bloße Anmaßung der Messiaswürde oder der Gottessohnschaft galt noch nicht als Gotteslästerung. Man kennt in der jüdischen Geschichte neunzehn Fälle von Messiasprätendenten. Keiner wurde wegen seines Anspruchs von einer jüdischen Behörde zur Rechenschaft gezogen.
Eine Lästerung wäre der frevelhafte Gebrauch des Gottesnamens gewesen, wie ihn z. B. Ex. 20,7 verbietet („Du sollst den Namen des HERRN, deines Gottes, nicht mißbrauchen" [vgl. auch Dt. 5,11]). Von einem solchen Vergehen im Munde Jesu wird allerdings nicht berichtet. Dieser Frevel hätte die Todesstrafe zur Folge gehabt, aber durch Steinigung.
Doch wird zwar formal nicht der Gottesname gelästert. Inhaltlich aber mag der Anspruch Jesu („Ihr werdet sehen den Menschensohn sitzen zur Rechten der Kraft und kommen mit den Wolken des Himmels" [Mk. 14,62]), also die Übertragung der göttlichen Kompetenz des Herrschens und Richtens auf die eigene Person, als Gotteslästerung empfunden worden sein.

Der Titel „Christus" ist die griechische Übersetzung des hebräischen „Messias" (= der Gesalbte).

„Wer des HERRN Namen lästert, der soll des Todes sterben; die ganze Gemeinde soll ihn steinigen." (Lev. 24,16)

„Da fingen einige an, ihn anzuspeien und sein Angesicht zu verdecken und ihn mit Fäusten zu schlagen und zu ihm zu sagen: Weissage uns! Und die Knechte schlugen ihm ins Angesicht.“ (Mk. 14,65)

„Sie aber verurteilten ihn *alle*, daß er des Todes schuldig sei.“ (Mk. 14,64)

Der biblische Bericht über die Verhandlung vor dem Hohen Rat stimmt also nicht – wie man schon lange erkannt hat – mit der jüdischen Strafprozeßordnung überein. Und es läßt sich fragen, ob solche tumultuarischen Szenen, wie sie von Markus wiedergegeben werden, bei einer amtlichen Verhandlung des Hohen Rates überhaupt möglich waren.

Weiterhin spricht Markus von einer einstimmigen Verurteilung Jesu. Demgegenüber bleibt zu bedenken, daß Jesus unter den Mitgliedern des Synedriums auch Freunde hatte – neben Nikodemus (vgl. Joh. 3,1ff.; vgl. auch 19,39) auch Joseph von Arimathäa, „ein angesehener Ratsherr, der auch auf das Reich Gottes wartete“, und wohl ebenso Gamaliel. Sie hätten wohl kaum für eine Verurteilung des Wanderpredigers aus Nazareth gestimmt, eher wohl sogar seine Auslieferung an Pilatus zu verhindern gewußt.

Mk. 15,43

vgl. Apg. 5,34 ff.

Ferner bleibt festzuhalten, daß die Richter nicht neutral die Verhandlung führen, sondern offenbar von vornherein die Absicht haben, Jesus zu beseitigen.

So fehlen z. B. auch Entlastungszeugen.

Alle diese Indizien widerlegen die Annahme, daß der Prozeß vor dem Hohen Rat korrekt durchgeführt worden sei. Es wird vielmehr davon ausgegangen werden können, daß hinter den Berichten die kerygmatische Absicht der frühen Gemeinden steht.

Manche Theologen sind sogar der Meinung, daß diese Verhandlung gar nicht stattgefunden habe. Doch ist diese Annahme wenig wahrscheinlich, denn sie verkennt die geschichtlichen Zusammenhänge.

Dafür sprechen u. a. folgende Überlegungen:

- die ganze Art der Darstellung mit dem Messiasbekenntnis im Munde Jesu und seiner Verurteilung wegen Gotteslästerung zeigt die Form der dramatischen Konzeption;
- Jesus selbst hat sich nicht mit dem Messiastitel bezeichnet. Gewiß schon deswegen nicht, um der politischen Interpretation der Messiasgestalt, die zu seiner Zeit wieder im Vordergrund stand, nicht Vorschub zu leisten;
- Grundlage der Texte ist das Christusbekenntnis der Gemeinde: Die Verbindung der drei christologischen Hoheitstitel „Christus“, „Gottessohn“ und „Menschensohn“ auf engstem Raum (Mk. 14,61 f.) zeigt dies vielleicht am deutlichsten und macht darüber hinaus unmißverständlich klar: Das christologische Interesse übersteigt das rechtliche Detail, die juristische Korrektheit bei weitem. Die Evangelisten wollen Christus verkündigen und keine Prozeßakten ausbreiten;
- dies bestätigen auch motivliche Parallelen zur Märtyrer-Typologie des „leidenden Gottesknechts“ aus Deuterojesaja (Jes. 50ff. passim).

zu diesen Titeln vgl. ausführlich Kap. 8.3; 8.4; 8.6.1

Im einzelnen sind hier zu nennen:

1. Die letzte Szene vor dem Synedrium ist die Erfüllung der prophetischen Leidensankündigung:
„Ich bot meinen Rücken dar denen, die mich schlugen, und meine Wangen denen, die mich rauften. Mein Angesicht verbarg ich nicht vor Schmach und Speichel." (Jes. 50,6)

Mk. 14,65 (Text S. 124)

2. Und so wie der Märtyrer das Auftreten falscher Zeugen provoziert, erscheinen, dem Vorbild entsprechend, in der kerygmatischen Realität die Lügner:
„Er ist nahe, der mich gerecht spricht; wer will mit mir rechten? Laßt uns zusammen vortreten! Wer will mein Recht anfechten? Der komme her zu mir!" (Jes. 50,8)

„Denn viele gaben falsches Zeugnis ab gegen ihn; aber ihr Zeugnis stimmte nicht überein. / Und einige standen auf und gaben falsches Zeugnis ab gegen ihn ..." (Mk. 14,56f.)

3. Allen Anschuldigungen und Verleumdungen gegenüber verhält sich Jesus merkwürdig stumm. Dies wird besonders in der Verhandlung vor Pilatus deutlich. Hier prägten ebenso Denkbilder aus Deuterojesaja die Konzeption:
„Als er gemartert ward, litt er doch willig und tat seinen Mund nicht auf wie ein Lamm, das zur Schlachtbank geführt wird; und wie ein Schaf, das verstummt vor seinem Scherer, tat er seinen Mund nicht auf." (Jes. 53,7)

„Und als er von den Hohenpriestern und Ältesten verklagt wurde, antwortete er nichts. / Da sprach Pilatus zu ihm: Hörst du nicht, wie hart sie dich verklagen? / Und er antwortete ihm nicht auf ein einziges Wort, so daß sich der Statthalter sehr verwunderte." (Mt. 27,12–14)

Die andere Dimension

Der moderne Mensch wird kritische Rückfragen stellen: Wurden die historischen Ereignisse in den Passionsberichten „heilsgeschichtlich manipuliert"? Wo bleibt der „reale Hintergrund"? Was ist an den Berichten wirklich „glaubwürdig"?

Dazu ist – in diesem Zusammenhang – folgendes zu sagen:

vgl. oben S. 101

1. Wir dürfen nicht dazu neigen, die Akzeptanz historischer Tatsachen mit dem Glauben an die Göttlichkeit Jesu zu verwechseln. Auch noch so zweifelsfrei bewiesene Fakten würden Zweiflern nichts nützen.

2. Historische Wahrheiten sind grundsätzlich etwas anderes als Glaubenswahrheiten.

3. Jesus hat in keinem Fall versucht, sich der Gewalt seiner Gegner zu entziehen oder sich gegenüber seinen Anklägern rechtskräftig zu verteidigen. Seine Passivität – sein „Schweigen" – bedeutet seine Bereitschaft, seinen Willen zum Leiden.
Alle vier Evangelien stimmen darin überein, daß Jesus unschuldig verurteilt wurde. Er war in Jerusalem stadtbekannt, beliebt beim Volk. In den Jahren und Jahrzehnten nach Jesu Tod, als die ersten Gemeinden entstanden, lebten noch viele Augenzeugen des Geschehens. Es wäre

Es ist durchaus denkbar, daß Fluchtwege offenstanden. Auch gab es die Möglichkeit, die Legionäre zu bestechen. Beispiele dazu finden sich in der jüdischen Literatur.

abwegig zu meinen, die Evangelien hätten die Wirklichkeit verdreht.

4. Jesus hat nicht nur widerstandslos, sondern freiwillig und in Freiheit seinen Tod bejaht, weil er darin die Erfüllung des göttlichen Willens erkannte. Dies ist gewiß historisch richtig. Ebenso richtig ist aber, daß diese absolute Selbstlosigkeit weit über jedes Märtyrer-Schema hinausgeht – mögen in den Evangelien noch so viele christologische Interpretationshilfen dafür herangezogen worden sein.

5. Man darf – wie dies schon des öfteren anklang – bei der Ergebnissuche nicht die Zwangsalternative „Historie oder Kerygma" zugrunde legen. Was oben am Beispiel einer möglichen Historizität der Abendmahlsworte gesagt wurde, gilt grundsätzlich auch hier: Vom Selbstbewußtsein Jesu her ist eine Identifikation mit alttestamentlichen Heilsschemata nicht von vornherein abzulehnen. Man kann durchaus annehmen, daß sich Jesus vor Pilatus bewußt war, der in Deuterojesaja prophetisch verkündigte „leidende Gottesknecht (Ebed Jahwe)" zu *sein*.
„Wir kommen zu dem Schluß, daß der Begriff ‚Jesus Ebed Jahwe', genau wie der Begriff ‚Jesus Menschensohn' auf Jesus selbst zurückgeht. Es ist also nicht erst die Urgemeinde, die eine Beziehung zwischen diesen beiden christologischen Grundbegriffen hergestellt hat." (Cullmann)

vgl. dazu S. 114ff.

6. Dennoch gilt zweifellos, daß die Evangelien im Glauben an den auferstandenen Christus, der zum Heil der Menschen zu verkündigen ist, geschrieben wurden. Was aber sind demgegenüber prozessuale Hergänge und Details? Dort begegnet eine *andere Dimension*.

Darum ist – nach allem – das Christusbekenntnis der Bibel wahr, auch wenn – oder: gerade weil – die Berichte in vielen Punkten nicht historisch sind.

Jesus vor Pilatus (Mk. 15,1–20a)

Die Anklage (bzw. Verurteilung) wegen Gotteslästerung spielt in diesem zweiten Verfahren keine Rolle mehr. Unter politischen Verdächtigungen wird Jesus von den jüdischen Oberen dem Präfekten Pontius Pilatus übergeben. Die Anklage lautet nun auf Hochverrat, auf politischen Aufruhr. Die juristische Basis bildete die „Lex Iulia maiestatis", das römische Gesetz über den Hochverrat.

Bei Markus (15,3) sind die Beschuldigungen der Hohenpriester sehr unpräzise; dagegen macht Lukas (23,1f.) genauere Angaben.

Die einleitende Frage des Pilatus („Bist du der König der Juden?" [Mk. 15,2]) nennt den Grund der Anklage. Die formelhafte Wendung „König der Juden“ meint den messianischen König. Jesus steht also als politisch interpretierter Messias vor dem römischen Richter. Der Anspruch, der Messias zu sein – Jesus aber hat, wie schon erwähnt, diesen Titel niemals auf sich bezogen –, war in den Augen der mit der römischen Besatzungsmacht zusammenarbeitenden jüdischen Führungsschicht, mehr noch bei den Römern selbst stets gleichbedeutend mit der Gefahr von Massenaufständen und politischen Unruhen. Denn für die Römer mußte dieser Anspruch als Hochverrat gelten. Und auf die geringsten Anzeichen einer solchen Gefahr reagierten sie stets sehr empfindlich.

Belege hierzu bei dem jüdischen Schriftsteller Josephus Flavius

Jesus wurde als „König der Juden“, als Messiasprätendent verurteilt und hingerichtet. Dies zeigt vor allem der „titulus“, die Inschrift auf der Tafel über dem Gekreuzigten, die über die Ursache des Urteils Auskunft gab.

„Und es stand über ihm geschrieben, welche Schuld man ihm gab, nämlich: Der König der Juden.“ (Mk. 15,26; vgl. V.9,12,18 und par.; vgl. auch Kap. 3.1)

Der politische Charakter der Anklage und die „causa poenae“, der Strafgrund, werden auch aus dem begrifflichen Zusammenhang des griechischen Urtextes erkennbar. An zentraler Stelle steht mehrfach das Wort „lästās“, hier nicht, wie in vielen Bibelübersetzungen zu lesen, als „Räuber“, sondern als „Rebell“ zu verstehen.

vgl. oben S. 120

Ein zusammenfassender Überblick ist aufschlußreich für die Deutung:

1. Gegen Jesus war man augezogen, um eines „Rebellen“ habhaft zu werden.

Mk. 14,48 (s. o. S. 120)

2. Der im Austausch gegen Jesus freigelassene Barabbas war „mit den Aufrührern, die beim Aufruhr einen Mord begangen hatten“, gefangengenommen worden (Mk. 15,7). Im Johannesevangelium (18,40) wird er ohne Umschweife als „Rebell“ bezeichnet. Es ist durchaus möglich, daß die beiden mit Jesus gekreuzigten „Rebellen“ (Mt. 27,38) mit den in Mk. 15,7 genannten „Aufrührern“ identisch sind.

Interessant ist, daß zu Mt. 27,16 und 17 verschiedene griechische Handschriften den Namen eines „Jesus Barabbas“ nennen.

3. Pilatus ordnete offenbar auch Jesus in die zelotische Bewegung ein. Wenn er einen der beiden zelotischen Führer, die er vor sich glaubte, freilassen wollte, so entsprach dies der in der römischen Rechtspraxis gelegentlich geübten Niederschlagung der Anklage vor dem Urteil, der sog. „abolitio“. Eine Verbannung des Angeklagten, etwa nach Caesarea, wäre auch möglich gewesen. Pilatus entschied sich aber für die den Zeloten üblicherweise zustehende Strafe: „Condemno, ibis in crucem.“

„Ich verurteile dich dazu, das Kreuz zu besteigen.“

J. van Eyck, Christus am Kreuz

Jesus wurde als zelotischer Führer verurteilt und hingerichtet. Seine Kreuzigung ist eine historische Tatsache. Allein verantwortlich hierfür war der römische Prokurator Pontius Pilatus. Das *Volk* der Juden trifft am Tod Jesu nicht die geringste Schuld.

Zur Art der biblischen Berichterstattung und zur juristischen Fragwürdigkeit des Verfahrens hat man zu Recht viele kritische Einwände vorgebracht. Doch für die Darstellung der Evangelien gilt auch hier: Das christologisch-kerygmatische Interesse rangiert weit vor dem Streben nach juristisch korrekter Information.

Unter diesem prinzipiellen Gesichtspunkt sind die folgenden Anmerkungen, die gewiß noch ergänzt werden können, zu verstehen:

1. Die Angaben der Evangelien zu dem zeitlichen Rahmen, in dem die Aktionen gegen Jesus abliefen, haben schon immer die Frage nach der konkreten Durchführbarkeit aufgeworfen: Nach den beiden (?[s. o.]) Verhandlungen vor dem Synedrium in der Nacht bzw. am frühen Morgen müssen sich die nachfolgenden Geschehnisse in gedrängtester Kürze abgespielt haben: Die Auslieferung Jesu an Pilatus, der Prozeß vor dem Landpfleger, die Geißelung Jesu, der Gang zur Hinrichtungsstätte, die außerhalb Jerusalems lag - diese Ereignisse müssen innerhalb weniger Stunden passiert sein. Denn die Kreuzigung Jesu erfolgte schon um die dritte Stunde, also morgens um neun Uhr (Mk. 15,25).

Der Zeitpunkt des richterlichen Verfahrens entsprach allerdings römischem Recht: Es war beim ersten Morgengrauen („prima luce" [Seneca]) durchzuführen.

Andere Angaben in Joh. 19,14.18

2. Es fehlt eine juristisch präzise Formulierung der Anklage.

Die Darstellung in Lk. 23,1f. (s. o. S. 120) gibt nur die Meinung der Kläger wieder und ersetzt nicht den formalrechtlichen Schritt.

3. Die Dialoge zwischen Jesus und Pilatus bzw. zwischen Pilatus und dem Volk sind historisch unglaubwürdig. Hier ließen sich aus juristischer Sicht viele sachliche Einwände treffen. Auch das Verfahren als solches könnte Anlaß zur Kritik bieten (Fehlen von Entlastungszeugen usw.).

4. Nirgendwo ist in den Evangelien von einem gesetzwidrigen Verhalten Jesu die Rede, das Pilatus nach geltendem römischem Recht hätte bestrafen müssen.

Wenn Jesus *als* ein Rebell verurteilt wurde, heißt das natürlich nicht, daß er in Wirklichkeit auch einer *war*.

5. Angesichts der großen Sympathien, die Jesus im Volk besaß, ist es erstaunlich, daß sich niemand bereit findet, den Landpfleger von den allgemein bekannten, absolut menschenfreundlichen Taten Jesu - und damit von dessen Unschuld - zu überzeugen.

6. Ein formeller Schuldspruch wurde nicht gefällt.

7. Demgegenüber ist die Schuldzuweisung der Evangelien an das jüdische Volk, welches, aufgehetzt von seinen Oberen (Mk. 15,11 u. ö.), den unsicheren Pilatus gegen dessen Willen zur Verurteilung Jesu getrieben hätte, eindeutig tendenziös und wirklichkeitsfremd. Die Gründe hierfür sind in dem Bestreben zu suchen, die Römer zu entlasten (s. u. Kap. 7.5.6). Der gleichen Absicht dient der legendäre Zusatz über die Frau des Pilatus.

Matthäus (vgl. 27,25) macht in seiner „antijüdischen Straftheologie" (Lapide) gleich „das ganze Volk" verantwortlich. Die Konsequenzen sind bekannt (vgl. Kap. 7.3.2).

Mt. 27,19

8. Ein Protokoll der Verhandlung besitzen wir nicht.

Wollte man die Berichte der Evangelien über den Prozeß Jesu juristisch bewerten - was allerdings der Absicht ihrer Verfasser eindeutig entgegenstünde -, könnte man die Verurteilung Jesu zum Tod am Kreuz nur als ein Fehlurteil ansehen. Folgt man der biblischen Darstellung, ist die Hinrichtung Jesu rechtlich gesehen ein Justizmord.

7.5.6 Der „Landpfleger" Pontius Pilatus

Wer war dieser Mann

Paul L. Maier, „Pilatus". Roman nach Dokumenten, Wuppertal 1982 (R. Brockhaus Taschenbuch Bd. 325)

- dessen Person Gegenstand eines umfangreichen historisch-literarischen Psychogramms wurde?;
- dessen beide Namen Teil einer sprichwörtlichen Redensart sind („von Pontius zu Pilatus laufen"), die als Ausdruck für weitreichende, meist negativ verlaufende Bemühungen verwendet wird?;
- der „seine Hände in Unschuld wusch" (ein Bild, das als Symbol unbefleckter Reinheit in die Geschichte einging)?;
  „Als aber Pilatus sah, daß er nichts ausrichtete, sondern das Getümmel immer größer wurde, nahm er Wasser und wusch sich die Hände vor dem Volk und sprach: Ich bin unschuldig an seinem Blut; seht ihr zu!" (Mt. 27,24) – Matthäus zitiert hier aus den Psalmen 26 (V. 6) und 73 (V. 13). Inhaltlich aber lag ihm vor allem der in Dt. 21,1–9 geschilderte rituelle Entsühnungsvorgang am Herzen, nach dem unter bestimmten vorgeschriebenen Begleitumständen das Waschen der Hände zur Freisprechung von Schuld am Blute von fremder Hand Erschlagener führt. Denn für Matthäus ist Pilatus unschuldig am Tod Jesu (s. u.).
- dessen Name für alle Zeiten im Glaubensbekenntnis („. . . gelitten unter Pontius Pilatus . . .") fest verankert ist?

Figurale Darstellung des Waschungsvorgangs aus einer kirchlichen Passionsszene
(La Valetta/Malta)

Das Bild des milden Herrschers – „Landpflegers" (Luther) –, der, unschlüssig und verwirrt ob der gemeinen Anklagen des jüdischen Volkes, Jesus am liebsten freigelassen hätte, der sich dann aber, widerwillig, dem „Kreuzige ihn!" des aufgebrachten Mobs hat beugen müssen – dieses Bild, so scheint es, ist aus den Köpfen der Menschen nicht wegzubringen.

Neben Josephus ist hier vor allem der jüdisch-hellenistische Religionsphilosoph Philo(n) von Alexandria (13 v. Chr. bis 45/50 n. Chr.) zu nennen.

Die Wirklichkeit indes sah anders aus – wobei man allerdings bedenken muß, daß die uns von jüdischen Schriftstellern überlieferten Pilatusdarstellungen, wenngleich natürlich aus anderer Sicht, genauso einseitig sind wie die biblischen Texte. Denn für jene ist Pilatus der Antisemit schlechthin.

vgl. Lapide, S. 67 ff.; Speidel, S. 87 ff.; s. auch Kap. 7.3.2

Folgende Fakten über Pilatus sind uns bekannt:

„Ein Teufelskreis von römischer Habgier, jüdischer Auflehnung und römischen Massenkreuzigungen als Repressalien, die wiederum die militante Reaktion der Eiferer (Zeloten) hervorrie-

1. Pilatus war römischer Ritter („eques"), also ein Beamter auf vergleichsweise niedriger Stufe. Im Jahr 26 n. Chr. wurde er Prokurator über Judäa. Seine Amtszeit war weithin bestimmt durch häufige Auseinandersetzungen mit jüdischen Gegnern, die ihrerseits Machtkämpfe innerhalb der römischen Provinzialverwaltung auszunutzen suchten. Eine allzu aggressive, ja bisweilen ungeschickte

Amtsführung machte ein späteres Einlenken, das z.T. von Kaiser Tiberius selbst befohlen wurde, mehrfach erforderlich.
So ist die im Johannesevangelium überlieferte Anspielung der jüdischen Oberen - die ja eine legale Verurteilung Jesu durch Pilatus erreichen wollten - auf dessen nicht immer ungetrübtes Verhältnis zu Tiberius durchaus glaubhaft.

fen, [mußte] den Zeitgeist und das politische Klima jener stürmischen Jahrzehnte unvermeidlich prägen." (Lapide)

„Läßt du diesen frei, so bist du des Kaisers Freund nicht; denn wer sich zum König macht, der ist gegen den Kaiser." (Joh. 19,12)

2. Mehr als einmal provozierte Pilatus die jeder Bilderverehrung abholden Juden, indem er Bildnisse des Kaisers bzw. vergoldete Schilde in Jerusalem aufstellen ließ und ihre Verehrung verlangte. Auch ließ er während seiner Amtszeit Münzen mit heidnischen Symbolen prägen, was das religiöse Empfinden der Juden verletzen mußte.

Darüber berichten Josephus Flavius („Jüdischer Krieg", 2,9,2f.) bzw. Philo von Alexandria („Legatio ad Gaium", 299–305).

3. Philo zeichnet ein ausgesprochen negatives Bild des Prokurators. Er nennt ihn „unbeugsam, eigenwillig und unnachgiebig" und wirft ihm „seine Bestechlichkeit, seine Gewalttätigkeit, seine Räubereien, Mißhandlungen, Beleidigungen, fortgesetzten Hinrichtungen ohne Gerichtsverfahren sowie seine unaufhörliche und unerträgliche Grausamkeit" vor. Man schätzt die Zahl der Juden, die Pilatus während seiner zehnjährigen Amtszeit kreuzigen ließ, auf sechstausend.

zitiert nach Speidel, S. 91

4. Lukas (13,1) nennt auch außerhalb der Passionsereignisse den Namen des Pilatus und berichtet, daß dieser etliche „Galiläer" beim Opfern im Tempel umbringen ließ.

Vielleicht ist hier auch ein Zelotenaufstand gemeint, da Zeloten wohl bisweilen als „Galiläer" bezeichnet wurden. – Zu dem hier erwähnten Geschehen vgl. auch Josephus, „Antiquitates", XVIII, 4,1.

5. Nach einem Übergriff gegen die Samaritaner wird Pilatus im Winter 36/37 durch Vitellius, den Statthalter Syriens, abgesetzt und nach Rom geschickt, wo er Rechenschaft ablegen soll. Wie Eusebius berichtet, ist Pilatus dort zum Selbstmord gezwungen worden.

Eusebius von Caesarea (um 263 bis 339): Bischof und berühmter Kirchenhistoriker der Antike

Daß Jesus nicht anders als Tausende von Juden durch Pilatus hingerichtet wurde, spricht nicht gegen die Besonderheit seines Todes. Sein Ja zum Willen Gottes, seine Leidensbereitschaft brauchten keine äußeren spektakulären Umstände.
Die eindeutige Tendenz der Evangelien, „die Juden" zu belasten, Pilatus aber zu entlasten, ist vor allem mit der Angst vor den Römern (Christenverfolgungen unter Nero; Zerstörung Jerusalems 70 n.Chr.) zu erklären.
Damit im Zusammenhang war die proromische Berichterstattung über den Prozeß Jesu - unabhängig von der grundsätzlichen Priorität des kerygmatischen Interesses - aber auch ein Teil der Überlebensstrategie der frühen Kirche: Der von ihr verkündete Messias war nach römi-

zu dieser Fragestellung s. ausführlich S. 138f.

schem Recht als Rebell hingerichtet worden. Und die sich schnell ausbreitende urchristliche Bewegung hätte sich der unmittelbaren Gefahr ausgesetzt, *selbst* zur unerlaubten Religion, ja zur staatsfeindlichen Gruppierung erklärt zu werden. Aber auch eine römerfeindliche Darstellung hätte die Tatsache, daß Jesus „rechtmäßig" als Rebell verurteilt und hingerichtet worden war, natürlich nicht aus der Welt schaffen können.
Es müssen andere Gründe gewesen sein, die so viele Menschen in so kurzer Zeit das Bekenntnis zur Illegalität ablegen ließen.

7.5.7 Jesu Kreuzigung und Tod (Mk. 15,20b–41)

Der erste Teil dieses Kapitels diskutiert die Fakten der Tradition, wobei es nicht das Ziel sein kann, auf alle Einzelheiten des Textes genau einzugehen. Im darauffolgenden Abschnitt wird die Hinrichtungsart der Kreuzigung näher erläutert. Im dritten Teil wird nach der geschichtlichen Bedeutung des Todes Jesu gefragt. Die auf Jesu Kreuz und Auferstehung gründende heilsgeschichtliche Thematik kommt in Kap. 7.6 zur Sprache.

Lithostrotos („Steinpflaster"; vgl. Joh. 19,13) – Platz der Verurteilung Jesu mit Spuren des „Königsspiels" der römischen Legionäre

Die biblische Tradition

Die Kreuzigung Jesu ist ein historisches Faktum. Doch berichten die Evangelien von dem eigentlichen Vorgang der Hinrichtung nur mit wenigen knappen, nüchternen Worten, eher zurückhaltend, fast scheu.

Mt. 27,35; Mk. 15,24; Lk. 23,33; Joh. 19,18

Ein weitaus stärkeres Gewicht erhalten die sich anschließenden Vorgänge: die Worte Jesu am Kreuz; die Reaktion der Umstehenden; die göttlichen Zeichen beim Tode Jesu. Die Beurteilung dieser Ereignisse aus heutiger Sicht hängt in hohem Maße von der persönlichen Glaubenseinstellung des einzelnen und von der Frage ab, ob bzw. wie weit für ihn die Historie wirklich das Maß aller Dinge ist.

Konkret bedeutet dies zweierlei:

Zum einen: Die biblischen, in den einzelnen Evangelien häufig unterschiedlich dargestellten Begleitumstände des Todes Jesu – z. B. die Worte des Erlösers am Kreuz, das Zerreißen des Tempelvorhangs, das Erdbeben – wird der vorbehaltlos Glaubende als die Schilderung realer Vorgänge empfinden: „So ist es wirklich geschehen!" Der kritische Wissenschaftler wird demgegenüber eher zu dem Schluß kommen, daß diese Darstellungen, ganz oder zumindest in wesentlichen Teilen, legendäre Ausschmückungen der nachösterlichen Gemeinde sind: Diese habe durch die Erfahrung der Auferstehung Jesu die ganze Passion unter dem prinzipiellen Aspekt dargestellt, daß Jesus als der im Alten Testament verheißene Messias gelitten habe und gestorben sei.

vgl. z. B. Joh. 19,26ff.; Mt. 27,51f.

„Der vorbehaltlos Glaubende" und „der kritische Wissenschaftler" sind hier nicht notwendig als Gegensätze, sondern mehr im Sinn typologischer Strukturen zu verstehen.

Zum andern: Aus der – kaum jemals eindeutig lösbaren – Schwierigkeit, zu entscheiden, was denn nun wirklich „historisch passiert" und was späterer Glaubenszusatz ist, führt nur eine veränderte Fragestellung heraus, die lautet: Was will der einzelne Text wirklich aussagen?

Die Frage nach den genauen historischen Zusammenhängen ist damit zwar nicht gelöst, sie wird aber auf ihren angemessenen, nur sekundären Stellenwert gewiesen. Und die Suche nach dem rechten Verhältnis von Historizität und Aussageabsicht der Texte – vielleicht das Problem neutestamentlicher Jesusforschung schlechthin – gewinnt angesichts des Todes Jesu und seiner Auferstehung höchste Aktualität. Denn der Auferstandene und von Gott Erhöhte war und ist für den Glaubenden kein anderer als der irdische Jesus von Nazareth. Das Scheitern Jesu, die Flucht der Jünger, das Schandmal des Kreuzes, die tiefste Gottverlassenheit des Erlösers – diese Geschehnisse werden im ältesten Passionsbericht, dem Markusevangelium, in erbarmungsloser Nüchternheit geschildert. Freilich – der Realität des Todes entspricht sodann die Radikalität des neuen Lebens. Zunächst

Nach jüdischem Verständnis war (gemäß Dt. 21,23) ein Gekreuzigter ein von Gott Verfluchter. Zwar spricht der AT-Text vom „Aufhängen" zuvor Hingerichteter (also z. B. wegen Gotteslästerung gesteinigter Verbrecher) „am Holz", doch ließ sich die Stelle auch auf Jesu Kreuzigung anwenden (vgl. Gal. 3,13).
Dieser „Fluch des Kreuzes" ist für den gläubigen Juden von jeher ein wesentliches Argument gegen Jesu Messianität.

aber war der Tod Jesu der Endpunkt, das schändliche Sterben am Kreuz, wie es schien, das klarste Zeichen des Scheiterns. Offenbar war die „legitime" Hinrichtung des „Rebellen" der unwiderlegbare Beweis der Nichtigkeit seiner Botschaft und seiner Person.

Unter diesen Voraussetzungen ist der Markustext zu lesen.

Folgendes bleibt zu ergänzen:

Hinrichtungen geschahen, jüdischem und römischem Brauch entsprechend, außerhalb der Stadt. Bei dem Namen „Golgatha" („Schädelstätte") ist an einen Hügel zu denken, dessen Form einem menschlichen Schädel gleicht. – Der Betäubungstrank aus stark gewürztem Wein sollte die bevorstehenden Qualen lindern. – Zu weiteren Einzelheiten vgl. S. 136ff.

1. In Mk. 15,20b–24a liegt vermutlich ein sehr alter Geschichtsbericht vor, der die Grundlage für spätere Ausgestaltungen bot. In seiner nüchternen Aufzählung der Fakten, ohne die geringste Tendenz zu christologischer Ausformung, liest er sich fast wie ein offizielles Protokoll. Die namentliche Erwähnung der beiden Söhne des Simon von Kyrene, Alexander und Rufus, läßt sogar Spuren einer Augenzeugenschaft erkennen. Denn offensichtlich waren diese beiden Männer der späteren Gemeinde noch bekannt (vgl. Kap. 7.2.2).
2. Das Wunder der Selbstrettung, das von den spottenden Vorübergehenden gefordert wird (V. 29ff.), entspräche als vermeintlicher Beweis der Göttlichkeit gerade jenem „Mirakel", das Jesus als (angeblich notwendige) Glaubensvoraussetzung abgelehnt hat. Jesu Verzicht auf seine Macht (vgl. auch Mt. 26,53f.) ist also nur konsequent. Gerade in diesem Verzicht aber liegt das Geheimnis seiner Sendung.

Dieses Ereignis läßt sich auch, wie ähnliche dem Judentum geläufige Bilder, auf die Zerstörung des Tempels im Jahr 70 beziehen.

3. In den Geschehnissen beim Tod Jesu spiegelt sich bereits bildhaft die Reflexion der späteren Gemeinde: Das Zerreißen des Tempelvorhangs (V. 38) deutet auf das Ende des alten Äons, der jüdischen Heilsgeschichte. Und das Bekenntnis des römischen Centurio („Wahrlich, dieser Mensch ist Gottes Sohn gewesen!" [V. 39]) ist das christologische Credo der hellenistischen jungen Kirche.
   In diesen unterschiedlichen Reaktionen der Ablehnung (V. 29–32) bzw. der glaubensvollen Zustimmung zeigt der Text als ganzer also schon die Notwendigkeit der Entscheidung.

Lukas („Vater, ich befehle meinen Geist in deine Hände!" [23,46]) und Johannes („Es ist vollbracht!" [19,30]) haben eine gemilderte Darstellung.

4. Das letzte Wort Jesu („Mein Gott, mein Gott, warum hast du mich verlassen?" [V. 34; Mt. 27,46]) ist ein verzweifelter Ausruf, aber ein Anrufen seines Gottes zugleich. Das Wort ist ein Psalmvers (22,2) und damit an dieser Stelle gleichzeitig Deutung des Geschehens. Es kann nicht ausgeschlossen werden, daß Jesus wirklich voller Verzweiflung gestorben ist. Darauf weist auch sein letzter unartikulierter Schrei (V. 37; Mt. 27,50). Aber das Gefühl tiefster Gottverlassenheit ist kein Ausdruck der Beziehungslosigkeit. Selbst in der schlimmsten Qual, in der tiefsten seelischen Not, das absurdeste Ende vor Augen, bleibt dem

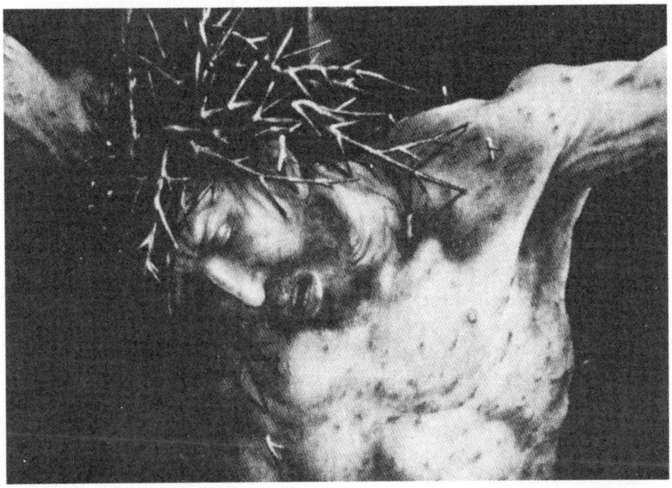

M. Grünewald: Christuskopf mit Dornenkrone
(Isenheimer Altar)

Gekreuzigten die Beziehung zu seinem Gott erhalten, ist die Anrede des Gebets nicht versiegt. Die Ausweglosigkeit bedeutet nicht das Ende, keine Aufhebung des Gott-Bezuges. Sicher aber ist sie in ihrer ganzen Schrecklichkeit die vollendete - wenngleich aber doch nur vorläufige (!) - Konsequenz der messianischen Sendung Jesu und damit zugleich eschatologische Erfüllung, die dann durch Gottes Ja zu dem Gekreuzigten in der Auferstehung ihren neuen, heilsgeschichtlichen Anfang nimmt.

„Der Leichnam blieb in der Regel am Kreuz, bis er verwest oder eine Beute der Raubtiere geworden war, doch konnte der zuständige Magistrat gnadenweise die Leiche den Angehörigen zur Bestattung freigeben." (J. Blinzler)

Man sieht aus dieser Matthäus-Stelle: Der bis heute vorgebrachte Einwand, Jesu Auferstehung sei ein von seinen Jüngern inszenierter Betrug, ist gleichsam so alt wie die Auferstehung selbst.

Der sich anschließende Bericht über Jesu Grablegung (Mk. 15,42–47) betont in ausführlicher Diktion die Tatsächlichkeit des eingetretenen Todes. Dieser wird von Pilatus als der obersten Instanz gleichsam amtlich bestätigt („Pilatus aber wunderte sich, daß er schon tot sei, und rief den Hauptmann und fragte ihn, ob er schon lange gestorben sei. / Und als er's erkundet hatte von dem Hauptmann, gab er Josef den Leichnam." [Mk. 15,44 f.]). Sicher wird hier, ähnlich wie in Mt. 27,62–66, auch eine apologetische Absicht erkennbar: Man will den Vorwurf zurückweisen, Jesus sei gar nicht am Kreuz gestorben bzw. seine Freunde hätten mit der Absicht einer vorgespiegelten Auferstehung den Leichnam gestohlen.

Golgatha-Felsen in der Grabeskirche Jerusalem
vgl. dazu Kap. 7.6.4

Doch sind beide in den Evangelien geschilderten Szenen historisch durchaus vorstellbar. Darüber hinaus aber wird in dem noch älteren Glaubensbekenntnis 1. Kor. 15,3b–5 ausdrücklich vermerkt, „daß er begraben worden ist". Es besteht also kein Anlaß, an der Grablegung Jesu zu zweifeln.

Die Strafe der Kreuzigung

Nicht jedem ist bekannt, daß die Kreuzigung eine der grausamsten Hinrichtungsarten überhaupt ist. Auch besteht vielfach Unkenntnis über die Art der Ausführung und die Umstände des Todes.

Die folgende Auflistung nennt die geschichtlichen Fakten und setzt sie, ggf., zur Kreuzigung Jesu in Beziehung.

1. Zurückzuführen ist die Hinrichtungsart der Kreuzigung auf die Perser. Man vermutet heute, daß sie aus der persischen Religion zu erklären ist: Die Erde war dem Gott Ahura Masda zugehörig, und diese wollte man nicht durch den Leichnam eines Verbrechers entweihen. Die Phönizier haben sodann die Kreuzigung im ganzen Mittelmeerraum bekannt gemacht. Von diesen übernahmen sie die Römer.

Herodot (geb. um 490 v. Chr., gest. ca. 425–420 v. Chr.), der älteste griechische Geschichtsschreiber, erwähnt bei seinem Bericht über die Eroberung Babylons durch den altpersischen König Dareios I. (550–486 v. Chr.), daß dieser „die führenden Männer der Stadt, ungefähr dreitausend an der Zahl, kreuzigen (ließ)". (Herodot, „Die Bücher der Geschichte", III, 159)

M. T. Cicero (geb. am 3. 1. 106 v. Chr., ermordet am 7. 12. 43 v. Chr.): lateinischer Redner, Politiker und Schriftsteller

2. Die Römer wendeten diese Strafe bei Schwerverbrechern, Tempelräubern, fahnenflüchtigen Soldaten, Hochverrätern und Aufrührern an. Auch entlaufene Sklaven und Kriegsgefangene waren nicht ausgenommen. In den Provinzen war die Kreuzigung bei den Herrschern ein beliebtes Mittel willkürlicher Disziplinierung. Unzählige Menschen wurden dort während der Herrschaft der Römer gekreuzigt.
   Wer allerdings das römische Bürgerrecht besaß, war, auch wenn er schwerster Vergehen schuldig wurde, grundsätzlich von dieser Hinrichtungsart ausgenommen. Denn die Kreuzigung galt als die - wie Cicero formuliert - „grausamste und abscheulichste Todesstrafe" („crudelissimum taeterrimumque supplicium"): „Allein das Wort ‚Kreuz' soll ferne sein nicht nur vom Leib römischer Bürger, sondern auch von ihrem Bewußtsein, ihren Augen und Ohren."

„Pilatus ... ließ Jesus geißeln und überantwortete ihn, daß er gekreuzigt werde." (Mk. 15,15; vgl. V. 16–20)

3. Der Kreuzigung ging üblicherweise die Geißelung voran. In der römischen Folterpraxis verwendete man Lederpeitschen, in denen Riemen, Knochen oder Metallstückchen eingeflochten waren. Schon die Geißelung führte in manchen Fällen zum Tod des Geschundenen.

Nach Johannes (19,17) hat Jesus sein Kreuz selber getragen. Die Synoptiker hingegen berichten, daß ein Mann namens Simon aus dem nordafrikanischen Cyrene gezwungen wurde, Jesus das Kreuz zu tragen (Mk. 15,21 par.).

4. Das Kreuz - genauer: den Querbalken („patibulum") - hatte der Verurteilte selber zum Richtplatz zu tragen. Daß der schon durch die Geißelung Gepeinigte unter der Last des Kreuzes zusammenbrach, war nichts Seltenes.

5. Am Ort der Hinrichtung wurde der Verurteilte mit den Unterarmen an das Querholz angenagelt. Dieses befestigte man an einem in die Erde eingerammten Pfahl, der fest verankert war. Es war auch möglich, daß zuerst das Kreuz errichtet wurde, der Körper sodann mit Seilen daran hochgezogen wurde und der Henker auf einer Lei-

ter von hinten die beiden Nägel durch die Unterarme des Verurteilten trieb. Das Annageln war die übliche Methode, für das Anbinden sind nur wenige Belegstellen überliefert. Genagelt wurde nicht durch die Hand – sie hätte das Gewicht des Körpers nicht tragen können –, auch nicht durch den Kranz der Handwurzelknochen, sondern vor dem Handgelenk, zwischen Speiche und Elle.

Die aus der christlichen Kunst bekannten Darstellungen des gekreuzigten Christus, bei denen die Nägel stets die Handinnenflächen durchbohren, gehen wohl auf Joh. 20,25.27 zurück.

Die übereinandergelegten Füße, die oft an einem am Kreuz befestigten, schräg behauenen Block („suppedaneum") eine Stütze fanden, wurden mit einem einzigen Nagel durchbohrt. Es war aber auch, wie der Fund am Hügel Giv'at ha Mivtar nördlich von Jerusalem beweist, die Kreuzigung in Hockstellung üblich, bei der die Knie des am Querbalken hängenden Verurteilten zur Seite gedrückt und der Nagel durch die übereinanderliegenden Fersenbeine getrieben wurde.

vgl. Kap. 7.2.2

Üblicherweise befand sich am Kreuz noch ein schmaler Holzklotz („sedile"), auf den sich der Gekreuzigte setzen konnte, wenn er sich hochzog. Dies verschaffte zwar momentane Erleichterung beim Atmen, verlängerte aber letztlich die Todesqualen.

Dem Sadismus der Sieger waren keine Grenzen gesetzt. Der jüdische Geschichtsschreiber Flavius Josephus berichtet über das Vorgehen der Römer bei der Belagerung Jerusalems: „Die Soldaten aber trieben voller Wut und Haß ihren Spott mit den Gefangenen, indem sie jeden in einer anderen Stellung ans Kreuz nagelten. Bald fehlte es an Platz für die Kreuze und an Kreuzen für die Leiber. So viele waren es." („Jüdischer Krieg", 5,11,1)

6. Die schmerzenden Nagelwunden – oft rissen die Arme zentimeterweit ein –, der quälende Durst, die Hitze, die Fliegen, vor allem aber die immer drückender werdende Atemnot machten den Vorgang des Sterbens zu einer einzigen Qual. Die Muskeldehnung führt zum Muskelkrampf, der irgendwann auch die Atemmuskulatur erreicht. Der Sauerstoffmangel, verbunden mit einem Absinken des Blutdrucks und einer Erhöhung von Körpertemperatur und Herzfrequenz, wird immer größer. Eine gewisse Zeit lang kann der Gekreuzigte sich noch an den Armen emporziehen, um die quälende Atemnot ein wenig zu lindern. Schließlich gelingt auch das nicht mehr, so daß das Herz, das keinen Sauerstoff mehr erhält, zu schlagen aufhört.

vgl. Speidel, S. 138

Oft trat der Tod nach einer Reihe von Stunden ein, doch lebten manche Gekreuzigte noch mehrere Tage. Besonders Kräftige mögen wohl auch eine Woche lang gelitten haben.

Jesus starb nach sechs Stunden, um drei Uhr nachmittags (vgl. Mk. 15,25.34 ff.). Diese Zeitangaben lassen sich mit dem Hinweis bei Johannes (19,14), daß Jesus um zwölf Uhr mittags verurteilt wurde, nicht harmonisieren.

Um die Qualen abzukürzen, wurden den Gekreuzigten nicht selten „die Beine gebrochen". Man zertrümmerte die Unterschenkel, so daß der Körper heruntersackte und der Tod alsbald eintrat (vgl. Joh. 19,32).

Jesus wurden die Beine nicht gebrochen (Joh. 19,33).

7. Nach römischem Brauch wurde oben am Kreuz eine Tafel („titulus") befestigt, die den Namen (der auch fehlen konnte) und das Vergehen des Gekreuzigten vermerkte. Der Grund der Verurteilung, der am Kreuz Jesu zu lesen

Diese Tafel wurde dem Verurteilten bereits auf dem Weg zur Richtstätte umgehängt.

stand – „Jesus von Nazareth, der König der Juden" –, war nach Joh. 19,20 in drei Sprachen abgefaßt:
- in der Volkssprache (Aramäisch);
- in der offiziellen Amtssprache (Lateinisch);
- in der Handelssprache (Griechisch).

Joh. 19,19; vgl. Kap. 3.1

Das Petrusevangelium ist ein um 150 n. Chr. entstandener, wohl in Syrien verfaßter außerkanonischer Text.

Die Bezeichnung „König der Juden" kann nicht nur inhaltlich, sondern auch von der Formulierung her nur im höhnischen Sinn verstanden werden. Denn der religiöse Titel lautet „König Israels" (Petrusevangelium 11), der politische „König von Judäa" (Lk. 1,5).

Jesus – ein Gekreuzigter unter Tausenden?

Nicht wenige bejahen eine solche Formulierung. Und sie sind überzeugt, damit die Geschehnisse realistisch und „ganz nüchtern" zu sehen.

Eine „nüchterne" Betrachtungsweise kommt allerdings nicht um die Erkenntnis herum, daß mit Jesu Leben und Tod andere Dimensionen eröffnet sind. Dem steht nicht entgegen, daß sein Leiden und Sterben sich äußerlich in nichts von dem grausamen Schicksal der zahllosen Gekreuzigten seiner Zeit unterschied, nicht unterscheiden durfte, weil es zu seiner göttlichen Sendung gehörte, daß er „den Menschen gleich [ward] und der Erscheinung nach als Mensch erkannt" wurde.

Phil. 2,7

Aber der gleichermaßen vielfältige und umfassende Bezugsrahmen, den Jesu Erscheinen in der Welt in Frage stellte bzw. neu begründete, ist von einer überindividuellen, geschichtlichen Größenordnung, die nicht nur sein Leben in Wort und Tat, sondern auch seinen Tod als notwendige Konsequenz daraus miteinschließt.

Die politischen, gesellschaftlichen und religiösen Strukturen hingen im damaligen Palästina eng miteinander zusammen.

Dieser Bezugsrahmen umgreift
1. Die religiöse Basis:
Nicht die fromme Leistung und kasuistisches Kalkulieren, wie das Umfeld es vielfach praktizierte, sondern die uneingeschränkte vertrauensvolle Hingabe an einen sich erbarmenden Gott stehen im Zentrum von Jesu Verkündigung. Konservative Tora-Frömmigkeit konnte mit der kompromißlosen Forderung der „Sinnesänderung" wenig anfangen.

vgl. S 66 f.

2. Die gesellschaftlichen Strukturen:
Die umfassende, grenzenlose Liebe dieses gnädigen Gottes gilt nicht nur den „Gerechten" (also den „vor Gott Richtigen"), sondern auch allen Gesetzesbrechern und sozial Verachteten. Undenkbar wäre es gewesen, einen solchen Propheten, in dessen Gesellschaft sich Angehörige sozialer Randgruppen beständig befanden und der darüber hinaus

noch mit dem Anspruch auftrat, selbst Sünden zu vergeben, weiter wirken zu lassen!

3. Das politische Umfeld:
Die Radikalität des Neuen, das Jesus forderte und lehrte, kann nur auf dem Hintergrund der zelotischen Widerstandsbewegung verstanden werden. Gleichzeitig aber setzt sich Jesus wiederum von dieser Bewegung ab, indem er

vgl. dazu Kap. 5.3.1

- der Konfrontation und der Gewalt die Alternative entgegenstellt: „Liebt eure Feinde!";
- die in zelotischen Kreisen weithin verbreitete Ansicht, das Erste Gebot schlösse die göttliche Verehrung des Kaisers aus, nicht in der gleichen absoluten Kompromißlosigkeit weiterführt, sondern einschränkend formuliert: „Gebt dem Kaiser, was des Kaisers ist, und Gott, was Gottes ist!" Damit wird zwar die göttliche Verehrung des Kaisers abgelehnt, hingegen die Notwendigkeit, Steuern zu zahlen, ausdrücklich bejaht.

Mt. 5,44

„Ich bin der HERR, dein Gott ... Du sollst keine anderen Götter haben neben mir." (Ex. 20,2 f.)

Mk. 12,17

4. Den persönlichen Bereich:
Jesus verkündigt einen Gott, dessen Wesen die Liebe, die Vergebung ist. Auch der Gestrauchelte, der restlos Gescheiterte, der Mensch, der vor Gott überhaupt nichts vorzuweisen hat, darf dennoch zu ihm kommen, darf Vergebung erbitten, erhoffen, sich ihrer gewiß sein, sich angenommen wissen. Eine solche Botschaft tröstet, gibt Zuversicht, nimmt die Angst.

Mt. 5,3; vgl. S. 95

Der Tod Jesu war die geschichtlich notwendige Konsequenz aus seinem Leben. Die etablierte Frömmigkeit jener Zeit, wollte sie seiner Botschaft nicht Glauben schenken, konnte gar nichts anderes tun, als ihn zu beseitigen.
Es bleiben grundsätzliche Fragen, die uns Jesu Tod, nicht nur als historischer Vorgang, sondern auch als „zeitloses Geschehen" - doch noch ohne seine heilsgeschichtliche Dimension zu betrachten (!) - immer wieder von neuem stellt:

- Siegt nicht unsere Selbstgerechtigkeit beständig über unsere Selbstlosigkeit?
- Sind wir selber zur „Umkehr" bereit?
- Bauen wir nicht mehr auf unsere eigene Frömmigkeit als auf Gottes vergebende Gnade?
- Kreuzigen wir nicht Jesus täglich neu?

Nicht wenige glauben, der Mann aus Nazareth würde auch heute sein Golgatha erleben.

vgl. dazu Kap. 7.6

vgl. auch die „Legende vom Großinquisitor" in F. M. Dostojewskijs Roman „Die Brüder Karamasow"

7.6 Auferstehung

Joh. 11,25

> „Ich bin die Auferstehung und das Leben. Wer an mich glaubt, der wird leben, auch wenn er stirbt."

Kein anderes Thema der christlichen Theologie ist so zentral und gleichzeitig umstritten wie die Auferstehung Jesu Christi. Nicht nur zwischen der persönlichen Glaubensüberzeugung des einzelnen und den Lehrmeinungen der wissenschaftlichen Theologie können oft eklatante Unterschiede bestehen. Auch innerhalb der Forschung gehen, zumindest bei bestimmten Aspekten, die Auslegungen nicht selten weit auseinander.

7.6.1 Einige grundsätzliche Überlegungen

Die Akzeptanz der Auferstehung Jesu Christi - und, damit in der Regel untrennbar verbunden, die Hoffnung auf eine individuelle Auferstehung - ist nicht oder nicht notwendig identisch mit der Übernahme wissenschaftlicher Sachergebnisse, sondern eine Sache der persönlichen Glaubensentscheidung. Sie hängt eng zusammen mit der Art des eigenen Existenzverständnisses, denn es geht hier um nicht weniger als um die Frage nach Leben und Tod. Sie ist aber gleichzeitig, immer und ausschließlich, eine Sache des glaubenden Vertrauens, niemals des Wissens, wobei der Glaube freilich durchaus und nicht selten zur „Gewißheit" werden kann, der keine scheinbar noch so einleuchtenden rationalen Gegenargumente etwas anhaben können.

Wer mit den Maßstäben der „Beweisbarkeit", der „Objektivität" oder der Forderung nach einer „neutralen Zeugenschaft" die neutestamentlichen Auferstehungstexte verstehen will, würde ihrem Anliegen nicht gerecht. Niemals kann es sich - ähnlich wie bei der Deutung der neutestamentlichen Wunder - darum handeln, in der Auferstehung ein konstatierbares Faktum, ein beglaubigendes Mirakel zu erkennen, auf das hin nun sicher an Christus geglaubt werden könnte. Dann verwechselte man „Glauben" mit einem bloßen „Fürwahrhalten" und will sich in Wirklichkeit das Wagnis des Glaubens gerade ersparen!

vgl. Kap. 6.4.1 ff.

Die Texte sind Glaubenszeugnisse und keine Sachberichte. Der Vorgang der Auferstehung selbst wird nirgends erwähnt, schon deswegen nicht, weil er überhaupt nicht interessiert. Aber diese Texte spiegeln existentielle Widerfahrnisse, Grunderfahrungen der Menschen um Leben und Tod mit der eindeutigen Niederlage des letzteren. Und ihnen allen ist gemeinsam, daß die Angesprochenen auf die Begegnung mit dem Außerordentlichen ganz und gar nicht vorbereitet sind: „Zittern und Entsetzen“ ergreift sie, und sie flüchten in Panik. vgl. Mk. 16,8

Folglich sind die Ostererscheinungen *nicht* aus dem Osterglauben der Jünger, sondern umgekehrt ist deren Glaube *nur* aus den Erscheinungen des Auferstandenen zu erklären.

Wer sich also auf das Wagnis des Glaubens einlassen will, sollte nicht erwarten, leicht faßbare Fakten serviert zu bekommen, die nur noch sein gnädiges Kopfnicken verlangen. Aber er ist - immer wieder neu - eingeladen, an ähnlichen existentiellen Erlebnissen teilzuhaben wie die ersten Zeugen der Auferstehung. Bravouröses Verhalten wird von ihm dabei nicht erwartet, Zweifel müssen ihn nicht schrekken. Denn er muß nicht standhafter sein als die Jünger, die fliehen, als Petrus, der verleugnet, als Thomas, der nicht glaubt. Diese nämlich sind gerade in einer vom Unglauben bestimmten Existenz von dem Außerordentlichen betroffen worden. Doch er darf sich in durchaus vernünftigem Vertrauen darauf verlassen, daß Gott mit der Auferstehung Jesu - wie immer man sie im einzelnen deuten mag - eine neue, ganz andere Wirklichkeit gesetzt hat, die auch ihn, den Fragenden, in diesem und in jenem Leben neu bestimmt.

Die Vielfalt der Deutungsmöglichkeiten bedingt die Vielzahl der Meinungen. Die nachfolgenden Ausführungen stellen also nur *einen* Beitrag dar unter vielen anderen. Wer, ob Naturwissenschaftler oder Theologe, die Buchstäblichkeit der Auferstehungsberichte bejaht, hat, von seiner Glaubenswirklichkeit her gesehen, nicht weniger „recht“ als jemand, der die Texte anders versteht. Sollte man Gott nicht auch die Auferweckung eines Toten zutrauen? Es geht hier nicht um Alternativen oder Prioritäten, sondern durchaus auch um die Anerkennung der Pluralität der Meinungen. Zwar bleibt die Auferstehung letztlich eine Sache des Glaubens. Aber der heutige Leser braucht eine ihn unmittelbar ansprechende Zugangsform zu den biblischen Auferstehungstexten, die über das wörtliche Begreifen als „reale Begebenheiten“ hinausgeht. Denn ein solches wird er, als ein im naturwissenschaftlichen Denken geschulter Mensch des ausgehenden zwanzigsten Jahrhunderts, nicht ohne weiteres akzeptieren.

Darum ist hier grundsätzlich, in einem nicht zu knapp zu bemessenden Vorfeld, die - erläuternde, hinführende, Mißverständnisse nach Möglichkeit beseitigende - rationale Betrachtung näherungsweise notwendig, hilfreich zumindest. Wer ihrer nicht bedarf, möge sie überlesen.

7.6.2 Problemformeln

Bultmann betont dabei allerdings, daß das Kerygma selbst schon eschatologisches Geschehen sei.

„Ich glaube an Jesus Christus, der aufersteht in unser Leben." (Sölle)

Man hat sich dem rational Unbegreiflichen der Auferstehung Jesu mitunter durch bestimmte Formeln zu nähern gesucht. Am bekanntesten ist wohl der Ausdruck des Theologen Rudolf Bultmann geworden, Jesus sei „in das Kerygma der Kirche [also ins Wort der Verkündigung] hinein" auferstanden. Oder man nimmt den Begriff „Auferstehung" als Wahrheitschiffre dafür, daß „die Sache Jesu weitergetrieben wird" und daß man „Liebe und Glaube einüben" müsse (Marxsen). Auch hat man in der Auferstehung die Wirkung Jesu auf andere Menschen gesehen (D. Sölle). Und für andere ist die Auferstehung Jesu nicht mehr als ein Symbol der Hoffnung auf ein ewiges Leben.

Solche Formulierungen – bzw. die ihnen zugrunde liegenden Gedankengänge – bestreiten nun aber mehr oder weniger deutlich die Wirklichkeit der Auferstehung im Sinne eines Geschehens, das sich vor zweitausend Jahren konkret zugetragen hat. Wo diese Wirklichkeit jedoch philosophisch hinweginterpretiert bzw., nicht selten mit sehr viel Wortakrobatik, auf ein irdisch verträgliches Maß zurückgeschraubt wird, ist zu fragen, ob die Auferstehung Jesu, solchermaßen zu einer eher anthropologischen Wirkungskonstante bagatellisiert, noch als Fundament des Glaubens gelten und zudem den einzelnen Menschen persönlich betroffen machen kann.

7.6.3 Historische Voraussetzungen – und Folgen

Ob Jesu Auferstehung selber „historisch" ist, ist in der theologischen Fachwelt umstritten. Sicher ist sie als eschatologische Tat Gottes an dem Gekreuzigten mit den Mitteln der historischen Forschung grundsätzlich nicht zu fassen. Denn diese beruht auf objektiv nachprüfbaren Fakten und ist weltanschaulich voraussetzungslos. Gleichwohl ist die Auferstehung Jesu ein wirkliches Ereignis in der Geschichte, das sich in Raum und Zeit und gegenüber bestimmten Menschen vollzogen hat. Sie hat darum – wie man formuliert hat – einen bestimmten „historischen Rand".

Das historische Umfeld der Auferstehung Jesu mit seinem „Davor" und „Danach" ist dagegen in aller „objektiven Deutlichkeit" genau faßbar.

Vieles mutet hier „merkwürdig" an; denn:

1. Der Mann aus Nazareth war rechtskräftig verurteilt und hingerichtet worden. Seine Anhänger waren in alle Winde verstreut. Jüdische und römische Behörden hatten

erfolgreich zusammengearbeitet und den unerwünschten Widersacher ganz legal aus dem Wege geräumt. Wer sich jetzt weiterhin zu ihm bekannte, machte sich des Hochverrats schuldig, riskierte Leib und Leben. Nur hinter verschlossenen Türen fand man sich noch zusammen: ein verlorener Haufen.

vgl. Joh. 20,19.26

Nach der Katastrophe des Karfreitags hat sich bei den Anhängern Jesu innerhalb weniger Wochen ein merkwürdiger „Stimmungswandel" ereignet: Aus Furcht und Flucht wachsen Mut und Zutrauen. Man wagt es in der Folgezeit,

- sich zu dem Mann aus Nazareth neu zu bekennen;
- ihn öffentlich zu verkündigen;
- Gemeinden zu gründen;
- die staatsfeindliche Religion vehement zu verbreiten.

Der Begriff deutet allenfalls auf die äußeren Phänomene hin.

Außerordentliches, von außen Kommendes muß geschehen sein. Denn die Phantasievorstellungen des verlorenen Haufens hätten solches wohl kaum bewirken können. Und „psychologische" Erklärungen reichen hierzu nicht aus.

Das Faktum des „Stimmungsumschwungs" ist im übrigen historisch konstatierbar.

2. Die Anhänger der Jesusbewegung waren Juden, in den religiösen Vorstellungen des Judentums noch immer zu Hause. Ein Gekreuzigter war für sie ein Verfluchter, das Kreuz selbst ein Schandmal. Entgegen ihrer angestammten religiösen Überzeugung wird für sie aus dem Zeichen der Schmach allmählich ein Symbol des Triumphes, aus der Kunde vom schimpflich Verfluchten die „frohe Botschaft", das Evangelium.

vgl. S. 133f.

3. Man setzte sich noch konsequenter von den gewohnten Denkbahnen ab – und widerstritt damit den religiösen Autoritäten –, wenn man den als Volksverführer und Gotteslästerer Gebrandmarkten nunmehr als „Messias" und „Gottessohn" verehrte – eine, wie es schien, doch wohl allzu dreiste erneute Herausforderung des Synedriums.

vgl. Kap. 8

Die theologische Antwort auf die Frage nach den Ursachen ist eindeutig: Jener „Stimmungswandel" der Anhänger Jesu ist nichts anderes als die Folge der Erscheinungen des auferstandenen Christus. „Auferstehung" – so sagen es die Osterberichte aus – ist die eigenmächtige, souveräne Tat der Auferweckung Jesu durch Gott, sein Bekenntnis zu dem Gekreuzigten.

s. das folgende Kapitel

„Ostern als das Ereignis der Auferweckung Jesu Christi von den Toten ist *die schöpferische Identitätssetzung des Gekreuzigten mit dem Auferstandenen durch Gott.*" (Klappert [Hervorhebung im Text])

Deutungen, daß Jesus aus eigener Kraft auferstanden sei, stammen aus späterer Zeit.

7.6.4 Die Erscheinungen des Auferstandenen

zu den dortigen Auferstehungsberichten s. S. 145ff.

Wenn man sich den biblischen Berichten über die Erscheinungen des auferstandenen Christus nähert und, im Rahmen des Erkennbaren, um eine möglichst hohe Evidenz bemüht ist, sollte man nicht in der chronologischen Textfolge der Evangelien bleiben, sondern zunächst das älteste biblische Auferstehungszeugnis in 1. Kor. 15 heranziehen.

vgl. S. 98

Das älteste Zeugnis (1. Kor. 15,3b–5)

„daß Christus gestorben ist für unsre Sünden nach der Schrift;/
und daß er begraben worden ist;
und daß er auferstanden ist am dritten Tage nach der Schrift; /
und daß er gesehen worden ist von Kephas, danach von den Zwölfen."

Das alte heilsgeschichtliche Credo, das Paulus in seinem ersten Brief an die Gemeinde in Korinth zitiert, ist, zusammen mit einigen weiteren Angaben im textlichen Umfeld, für die Authentizität des Berichteten höchst aufschlußreich:

1. Mit hoher Wahrscheinlichkeit geht dieses Bekenntnis in den Zeitraum der ersten fünf Jahre nach Jesu Tod zurück, also – wenn man den Tod Jesu auf das Jahr 30 ansetzt – in die Jahre zwischen 30 und 35. Es liegt also in großer zeitlicher Nähe zu den Ereignissen selbst.

Der Zurückweisung gleicher Vermutungen dient auch Mk. 15,42–47; vgl. oben S. 135

2. Wichtig ist, daß als Faktum berichtet wird, Jesus sei begraben worden (V. 4). Alle Spekulationen, Jesus sei nur scheintot gewesen, sind damit von vornherein ausgeschaltet.

zum Namensbezug Kephas-Petrus s. Kap. 4.2.2

Paulus hat sich drei Jahre nach seiner Bekehrung (die für das Jahr 33 [oder 35?] anzusetzen ist) für fünfzehn Tage bei Petrus in Jerusalem aufgehalten (Gal. 1,18). Man kannte sich also persönlich.

3. Die Erwähnung des Petrus (V. 5) geschieht nicht zufällig. Petrus war einer der führenden Männer der Jerusalemer Urgemeinde. Halluzinationen durfte er seinen Gemeindemitgliedern nicht auftischen. Aber auch der separate Hinweis auf die Erscheinung Jesu vor Petrus in Lk. 24,34 ist bemerkenswert, da hier neben die alte Glaubensformel „Der Herr ist wahrhaftig auferstanden" die isolierte Namensnennung „und Simon erschienen" tritt (zum Namen „Simon" s. Kap. 4.2.2). Auch in Mk. 16,7 wird Petrus besonders genannt. Und selbst im späten Johannesevangelium (20,2 ff.) klingt die separate Petrus-Tradition innerhalb der Auferstehungsüberlieferung noch an. Ihre Anfänge dürfen somit nach allem nicht als legendär anzusehen sein.

„Von den andern Aposteln aber sah ich keinen außer Jakobus, des Herrn Bruder." (Gal. 1.19)
„Danach ist er [Jesus] gesehen worden von Jakobus..." (1. Kor. 15,7)

4. Auch mit Jakobus war Paulus persönlich bekannt. Er gehört ebenso wie Petrus zu den namentlich besonders hervorgehobenen Adressaten der Erscheinungen des Auferstandenen. Sollte Paulus über ihn bewußt die Unwahrheit gesagt haben?

5. Wenn Paulus, nunmehr in eigener Auflistung der Erscheinungserlebnisse, die „fünfhundert Brüder" nennt (eine runde Zahl!), denen Christus „auf einmal" erschienen sei (V. 6), so mag man vielleicht vermuten, daß diese Angabe übertrieben sei. Wichtig aber ist der Zusatz, daß

„die meisten noch heute leben, einige aber sind entschlafen". Man hat also die Möglichkeit der Kontrolle, kann die lebenden Augenzeugen befragen.

6. Man kann also nicht gut daran zweifeln, daß viele Menschen überzeugt waren, den Auferstandenen gesehen zu haben. Zu diesen zählt nach eigenem Bekunden (V. 8) auch Paulus selbst. Die Wahrheit all dieser Zeugnisse liegt für Paulus in der *Erfahrung* des auferstandenen Christus.

Man muß also, was die Bezeugungen des Auferstandenen betrifft, zwischen diesem Text im ersten Korintherbrief und den Auferstehungsberichten der Evangelien unterscheiden und kann keinesfalls diese Texte pauschal als spätere Legendenbildung abtun. Wer an der subjektiven Ehrlichkeit und Zuverlässigkeit jener – wenngleich natürlich „objektiv" nicht beweisbaren – Auferstehungszeugnisse aus dem ersten Korintherbrief grundsätzliche Zweifel haben sollte, dem wird es kaum besonders schwerfallen, gleich das ganze Neue Testament zur Seite zu legen.

Hinzu kommt, daß die Bezeichnung als „Legende" hier nur sehr vordergründig ist (s. u.).

Die Auferstehungsberichte der Evangelien (Mk. 16,1–20 par.)

Die Verse Mk. 16,9–20 sind ein späterer Zusatz aus dem zweiten Jahrhundert.

Wer die Auferstehungsberichte der Evangelien als reale Geschehnisse im buchstäblichen Sinn versteht, bedarf der folgenden Ausführungen nicht. Diese sind an der heute gültigen wissenschaftlichen Lehrmeinung orientiert.

1. Die Ostergeschichten der Evangelien haben einen stark legendären Charakter. Sie enthalten Unstimmigkeiten und Widersprüche.
   So weichen die Texte z. B. im Handlungsverlauf und in der Personenkonstellation voneinander ab. – Auch hat man gefragt, ob es angesichts der klimatischen Verhältnisse im Orient angebracht war, einen zudem bereits beigesetzten und in ein Leintuch gewickelten Leichnam am dritten Tag noch salben zu wollen, wie dies die Frauen beabsichtigen (Mk. 16,1f.). – Und es ist verwunderlich, warum die Frauen erst auf dem Weg zum Grab auf den Gedanken kommen, daß sie Hilfe nötig hätten, um den Stein wegzuwälzen und ins Grab zu gelangen (vgl. Mk. 16,2f.).

2. Die Texte sind nicht frei von apologetischen Tendenzen:
   a) Spiritistische bzw. spiritualistische Mißdeutungen der Auferstehung werden zurückgewiesen: Der Auferstandene ist kein „Gespenst" noch überhaupt ein reines Geistwesen. Darum wird seine Leiblichkeit betont: z.B. ißt er ein Stück gebratenen Fisch (Lk. 24,42f.).
   b) Ebenso unangebracht aber wäre eine grobe Verding-

„Sie erschraken aber und fürchteten sich und meinten, sie sähen einen Geist. / Und er sprach zu ihnen: Was seid ihr so erschrocken, und warum kommen solche Gedanken in euer Herz? / Seht meine Hände und meine Füße, ich bin's selber. Faßt mich an und seht; denn ein Geist hat nicht Fleisch und Knochen, wie ihr seht, daß ich sie habe." (Lk. 24,37–39)

vgl. Mt. 28,11–15

lichung: Es wird betont, daß der Auferstandene durch verschlossene Türen geht (Joh. 20,19.26).

c) Man ist bemüht, die sich schon früh verbreitende „jüdische Diebstahlshypothese" zurückzuweisen, nach welcher die Tatsache des leeren Grabes nicht auf die Auferstehung Jesu, sondern auf den Diebstahl des Leichnams durch seine Jünger zurückzuführen sei.

Gegenüber den genannten Einwänden bleibt allerdings grundsätzlich festzuhalten:

1. Die Osterberichte der Evangelien wollen mit ihrer konkret-realistischen Ausgestaltung einen Eindruck vermitteln von der *Wirklichkeit der Auferstehung*. Sie tun dies mit den ihnen zur Verfügung stehenden Ausdrucksmitteln. Die Erscheinungen selbst sind Zeichen, „Interpretamente" der Auferstehungsrealität.

2. Zwar wollen die Berichte Glauben wecken. Aber das, was in ihnen mitgeteilt wird, also die Begegnungen mit dem auferstandenen Christus, sind zunächst alles andere als Erlebnisse von glaubenden Menschen. Verhielte es sich anders, wäre es doch ein leichtes, diese als befangen und jene darum als „un-glaubwürdig" zu erklären. Die „Erscheinungen" des Auferstandenen treffen die Menschen vielmehr *vor* ihrem Glauben, in all ihrer religiösen Verlassenheit und Skepsis. Dies machen die Texte, liest man sie sorgfältig, unmißverständlich klar.

Rollgrab aus der Zeit Jesu

3. Ein Zeichen, ein Interpretament ist auch das leere Grab. Wollte man es als Grund des Glaubens, gar als „Beweis" für die Auferstehung ansehen, würde man seine Bedeutung gründlich mißverstehen. Natürlich bildet es die Voraussetzung für die Faktizität der Auferstehung. Aber die Lehre von der Auferstehung hätte sich wohl keinen Tag lang halten können, wenn nicht das Leersein des Grabes als Faktum für alle von Beginn an festgestanden hätte. Im übrigen wird seine Realität auch von der jüdischen Polemik nicht bestritten.

4. Der Glaube entsteht durch die *Erfahrung der Begegnung mit dem lebendigen Herrn*. Solche Begegnungen gab es viele. Allein die weite Streuung der Erscheinungen, die in den Berichten des Neuen Testamentes erkennbar wird, verbietet ihre Erklärung als psychogene Visionen. Und die Überlieferungen der Erscheinungen sind voneinander unabhängig.

5. Gleich bzw. ähnlich aber sind die Reaktionen der Betroffenen, was wiederum auf eine gleiche „Struktur" der Widerfahrnisse schließen läßt:

a) „Zittern und Entsetzen“, Schrecken und Furcht ergreift die Angesprochenen angesichts eines solchen Geschehens. Auch schierer Unglaube, die Weigerung, die unerhörte Nachricht zu akzeptieren, sind die beinahe leitmotivisch wiederkehrenden Reaktionsweisen der Adressaten – wer wollte schon das Unmögliche für real halten?!
Selbst Petrus, einer der Jünger, die Jesus am nächsten gestanden hatten, bleibt skeptisch – von den Zweifeln manch übriger Vertrauter ganz zu schweigen.

b) Das Verlangen nach einem schlagkräftigen Beweis ist wohl so alt wie die Nachricht über die Erscheinungen selber – dies zeigt gleichnishaft die Geschichte vom ungläubigen Thomas (Joh. 20,24–29).

c) Zweifel und Unglaube aber sind nicht stark genug, um die mannigfach in Abrede gestellte, sich jedoch allmählich verdichtende Gewißheit des Unerhörten, noch nicht Dagewesenen zu verdrängen. Dies geschieht nicht durch ein überwältigendes Mirakel – dem man ja dann, entgegen aller Skepsis, notgedrungen zustimmen müßte –, sondern durch ein „Erkennen“, das nicht in des Menschen eigener Kraft steht: „Und es geschah, als er mit ihnen zu Tisch saß, nahm er das Brot, dankte, brach's und gab's ihnen. / Da wurden ihre Augen geöffnet, und sie erkannten ihn.“ (Lk. 24,30 f.)

d) Ganz gewiß haben die Erscheinungen Jesu nichts zu tun mit Visionen, die Menschen schon immer im Schlaf, im Traum oder im Zustand meditativer Versenkung gehabt haben. Sie treffen den Menschen in der hellen Tageswirklichkeit, bei vollem Bewußtsein. Und es bedarf hierzu keiner „Einstimmung“. Die Heimsuchung erfolgt stets ohne Kerzenlicht, in der vordergründigen Alltagswirklichkeit: etwa, wie im Fall der Emmausjünger, anläßlich einer Wanderung „über Land“ oder, wie bei Paulus, gleichsam am Ende einer Dienstfahrt.

Mk. 16,8 (s. o.); Lk. 24,37

„Und es erschienen ihnen diese Worte, als wär's Geschwätz, und sie glaubten ihnen nicht.“ (Lk. 24,11) – „Und als diese hörten, daß er lebe und sei ihr erschienen, glaubten sie es nicht.“ (Mk. 16,11) u. a.

vgl. Lk 24,12; Mt. 28, 16 f.

„Da sagten die anderen Jünger zu ihm [Thomas]: Wir haben den Herrn gesehen. Er aber sprach zu ihnen: Wenn ich nicht in [!] seinen Händen die Nägelmale sehe und meinen Finger in die Nägelmale lege und meine Hand in seine Seite lege, kann ich's nicht glauben.“ (Joh. 20,25)

Lk. 24,13–35; vgl. Mk. 16,12 f.

Apg. 9,1–19a (vgl. auch V. 19b–31)

> Man darf heute die biblischen Auferstehungstexte nicht als vordergründige „Geschichten“ lesen, sondern muß in ihren zeitbedingten Ausdrucksformen die existentielle Erfahrungstiefe zu erahnen versuchen, die sich in ihnen verbirgt. Man muß also zunächst die „Anschauung“ wieder in die „Begriffe“ zurückverwandeln und versuchen, diese zu verstehen, um allerdings dann die Notwendigkeit der „Veranschaulichung“ von neuem zu begreifen.

Wenn von den Erscheinungen des Auferstandenen die Rede ist, hat dies immer – das läßt sich von den verwendeten Begriffen her auch sprachlich belegen – mit Formen göttlicher Offenbarung zu tun.

e) Ein sehr wesentliches Merkmal neutestamentlichen „Erkennens" ist die Einsicht, daß der Auferstandene mit dem vorösterlichen Jesus identisch ist: „Es ist der Herr!"
Diese Einsicht ist ausschließlich Zeichen und Ergebnis göttlicher Offenbarung. Die Erfahrung, daß Jesus nicht im Tode geblieben ist, hat das souveräne Machtwirken Gottes zur Voraussetzung und gleichzeitig sichtbar gemacht.

Joh. 21,7; vgl. auch Lk. 24,32.39 u.a.

„Auferstehung" meint also nicht die Wiederbelebung eines Leichnams, sondern als Gottes schöpferische Tat – hierin der Weltschöpfung vergleichbar – den Beginn des neuen Äons und damit auch für den Menschen die radikale Neusetzung existentieller Sinnerfahrung hin zu einem neu gegründeten, unvergänglichen Leben: „Ist jemand in Christus, so ist er eine neue Kreatur; das Alte ist vergangen, siehe, Neues ist geworden."

2. Kor. 5,17; vgl. auch Gal. 6,15. Die „neue Kreatur" (die „neue Schöpfung" [kainé ktisis]) meint für den Christen den Zustand des neuen Seins.

7.6.5 Der Kreuzestod als Heilsereignis

Geleitet durch solche außergewöhnlichen Erfahrungen und gewiß in der Sicherheit des Erlebten, lernten die Anhänger Jesu, das Kreuz von Golgatha nicht mehr als Strafe und Marter, sondern als Heilsgeschehen zu begreifen. Die Erkenntnis der neuen Lebenswirklichkeit, daß Gott sich zu dem Gekreuzigten bekannt, ihm recht gegeben hat, ließ nicht nur Jesu Leiden und Sterben, sondern auch das Tun der Mächtigen der „Welt", die dieses bewirkt hatten, nunmehr im Licht des göttlichen Heilsplanes erscheinen. Indem Gott den Gekreuzigten akzeptiert und mit ihm die, die an ihm schuldig geworden sind, nimmt er auch deren Schuld an: Jesus wird zum „Mittler" der sündigen Welt vor Gott, das Kreuz zum Hoheitszeichen seines Sieges.

„Mußte nicht Christus dies erleiden und in seine Herrlichkeit eingehen?" (Lk. 24,26)

Daß der Gekreuzigte *zugleich* der Erhöhte ist, hat von Anfang an Befremden erregt: Der jüdischen Tradition war es zuwider, daß ein von der Tora Verfluchter der Messias sein sollte (Dt. 21,23). Und die philosophisch geschulten Griechen konnten nicht verstehen, warum ein Gott Mensch wird und sich von Menschen um der Menschen willen umbringen läßt.

„Wir aber predigen den gekreuzigten Christus, den Juden ein Ärgernis und den Griechen eine Torheit." (1. Kor. 1,23); vgl. auch 1. Kor. 1,18; 2,14; Röm. 9,32; 1. Petr. 2,6–8

So wird allmählich, am Ende einer durchaus logischen „Entwicklung", *der Verkündiger zum Verkündigten,* Jesus Christus selber der Inhalt der Heilsbotschaft.

„Auferstehung" hat also auch zu tun mit
- Verkündigung
- Berufung
- Mission
- Nachfolge
- der praktischen Umsetzung der Versöhnung Gottes mit der Welt im eigenen Leben.

„Und Jesus trat herzu und sprach zu ihnen: Mir ist gegeben alle Gewalt im Himmel und auf Erden. / Darum gehet hin und machet zu Jüngern alle Völker: Taufet sie auf den Namen des Vaters und des Sohnes und des heiligen Geistes / und lehret sie halten alles, was ich euch befohlen habe. Und siehe, ich bin bei euch alle Tage bis an der Welt Ende." (Mt. 28,18–20)

In zahlreichen Bildern und Vorstellungsformen, die großenteils aus dem Alten Testament stammen - denn dieses enthielt die Paradigmen des religiösen Denkens und das dazugehörige Vokabular -, haben die neutestamentlichen Autoren sichtbar gemacht, was Jesu Tod für die Menschheit bedeutet:

1. Mehrfach begegnet die - besonders in der frühen Kirche verbreitete - Vorstellung vom **Loskauf** oder vom **Lösegeld**: Wie in der Antike Sklaven durch ein Lösegeld freigekauft werden konnten, so hat Jesus durch seinen Tod die Menschheit freigekauft von der Sünde, die zur Verdammnis führt:
   „Der Menschensohn ist nicht gekommen, daß er sich dienen lasse, sondern daß er diene und sein Leben gebe als Lösegeld für viele." (Mk. 10,45)
   „Ihr seid teuer erkauft; darum preist Gott mit eurem Leibe." (1. Kor. 6,20)
   „Ihr seid teuer erkauft; werdet nicht der Menschen Knechte." (1. Kor. 7,23)

Dieser Gedanke wird bei Paulus heilsgeschichtlich erweitert: Nicht die *Werke* (des „Gesetzes", der Tora) machen den Menschen vor Gott „richtig", sondern allein der *Glaube* (Röm. 3,23; vgl. auch Gal. 3,13).

2. Vom Alten Testament (Deuterojesaja) war der Gedanke der **Stellvertretung** bekannt: Der „Gerechte" (das bedeutet: der vor Gott Untadelige) nimmt stellvertretend für die Sünder, die sich von Gott abgewendet haben, also für die eigentlich Schuldigen Schmach, Schuld und Tod auf sich und erleidet an ihrer Stelle die Strafe, die sie verdient haben:
   „Fürwahr, er trug unsre Krankheit und lud auf sich unsre Schmerzen. Wir aber hielten ihn für den, der geplagt und von Gott geschlagen und gemartert wäre. / Aber er ist um unsrer Missetat willen verwundet und um unsrer Sünde willen zerschlagen. Die Strafe liegt auf ihm, auf daß wir Frieden hätten, und durch seine Wunden sind wir geheilt. / Wir gingen alle in die Irre wie die Schafe, ein jeder sah auf seinen Weg. Aber der HERR warf unser aller Sünde auf ihn." (Jes. 53,4–6)

   Dieser Gedanke wird im Neuen Testament wieder aufgenommen:

zur Märtyrer-Typologie des „leidenden Gottesknechts" vgl. S. 124f.

„Denn er [Gott] hat den, der von keiner Sünde wußte, für uns zur Sünde gemacht, damit wir in ihm die Gerechtigkeit würden, die vor Gott gilt." (2. Kor. 5,21)
„Denn dazu seid ihr berufen, da auch Christus gelitten hat für euch und euch ein Vorbild hinterlassen, daß ihr sollt nachfolgen seinen Fußtapfen; / er, der keine Sünde getan hat und in dessen Mund sich kein Betrug fand; / der nicht widerschmähte, als er geschmäht wurde, nicht drohte, als er litt, er stellte es aber dem anheim, der gerecht richtet; / der unsre Sünde selbst hinaufgetragen hat an seinem Leibe auf das Holz, damit wir, der Sünde abgestorben, der Gerechtigkeit leben. Durch seine Wunden seid ihr heil geworden. / Denn ihr wart wie die irrenden Schafe; aber ihr seid nun bekehrt zu dem Hirten und Bischof eurer Seelen." (1. Petr. 2,21–25)

3. Ein uraltes religiöses Ritual zur Versöhnung der Gottheit, als Ausdruck des Dankes, als kultische Form des Bittens und Betens ist das **Opfer**. Die Opfergabe stiftet Gemeinschaft zwischen dem Menschen und der Gottheit.
   Christus hat „sich selbst als Opfer ohne Fehl durch den ewigen Geist Gott dargebracht" (Hebr. 9,14). Die Überzeugung, daß sich in Jesu Tod seine Hingabe an Gott vollendet, daß Jesus dahingegeben wurde zur Vergebung der Sünden der Welt, ist grundlegend für das ganze Neue Testament. Dabei kann der Opfergedanke unter verschiedenen Aspekten Gestalt gewinnen:
   - Passahopfer: „Auch wir haben ein Passahlamm, das ist Christus, der geopfert ist." (1. Kor. 5,7)
   - Bundesopfer: „Der Gott des Friedens aber, der den großen Hirten der Schafe, unsern Herrn Jesus, von den Toten heraufgeführt hat durch das Blut des ewigen Bundes, / der mache euch tüchtig in allem Guten, zu tun seinen Willen..." (Hebr. 13,20f.)
   - Sühneopfer: „Am nächsten Tag sieht Johannes, daß Jesus zu ihm kommt, und spricht: Siehe, das ist Gottes Lamm, das der Welt Sünde trägt!" (Joh. 1,29)
     „...welcher ist um unsrer Sünden willen dahingegeben und um unsrer Rechtfertigung willen auferweckt." (Röm. 4,25)
     „Den hat Gott für den Glauben hingestellt als Sühne in seinem Blut zum Erweis seiner Gerechtigkeit, indem er die Sünden vergibt..." (Röm. 3,25 [vgl. Kontext!])

4. Durch Jesu Kreuzestod ist die Kluft zwischen Gott und den Menschen beseitigt, den die Sünde – also die frevelhafte Selbstüberschätzung des Menschen, sein prinzipieller Ungehorsam gegen Gott – geschaffen hatte. Das neue Sein des Menschen zu Gott ist bestimmt durch die **Versöhnung:** „Denn Gott war in Christus und versöhnte die

Welt mit sich selber und rechnete ihnen ihre Sünden nicht zu und hat unter uns aufgerichtet das Wort von der Versöhnung." (2. Kor. 5,19)
„Denn es hat Gott wohlgefallen, daß in ihm [Christus] alle Fülle wohnen sollte / und er durch ihn alles mit sich versöhnte, es sei auf Erden oder im Himmel, indem er Frieden machte durch sein Blut am Kreuz." (Kol. 1,19 f.)
„Denn wenn wir mit Gott versöhnt worden sind durch den Tod seines Sohnes, als wir noch Feinde waren, um wieviel mehr werden wir selig werden durch sein Leben, nachdem wir nun versöhnt sind." (Röm. 5,10)

„Man muß sich die Ungeheuerlichkeit dieser Aussage klar vor Augen stellen: Eine eher beiläufige Hinrichtung in einem Winkel der römischen Welt gilt als Grund weltumgreifender Versöhnung!" (Wengst)

Die Initiative zur Versöhnung geht von Gott aus, immer wieder neu. Der Mensch kann nur dankbar empfangen – immer wieder neu. Aber er ist nicht etwa zur Passivität verurteilt. Im Gegenteil, er ist aufgefordert, „die Versöhnung zu leben". Seinem sozialen Engagement, seinem pazifistischen Aktionismus sind keine Grenzen gesetzt. Doch niemand muß sich hier überfordert fühlen. Was erwartet - nein - erbeten wird, ist die *Bereitschaft* des Menschen zur Versöhnung. Paulus ist sich nicht zu schade, um diese Bereitschaft zu bitten:
„So sind wir nun Botschafter an Christi Statt, denn Gott ermahnt durch uns; so bitten wir nun an Christi Statt: Laßt euch versöhnen mit Gott!" (2. Kor. 5,20)

5. Dadurch, daß Gott die Menschen durch Jesus Christus mit sich versöhnt hat, schenkt er ihnen die **Rechtfertigung:**
„Wie nun durch die Sünde des Einen die Verdammnis über alle Menschen gekommen ist, so ist auch durch die Gerechtigkeit des Einen für alle Menschen die Rechtfertigung gekommen, die zum Leben führt." (Röm. 5,18)

vgl. Röm. 4,25; 3,24 ff.

6. Jesus ist nicht im Tod geblieben. Gott hat sich zu ihm bekannt. Dadurch ist dem Tode die Macht genommen. Der Gedanke des **Sieges über den Tod**, mit dem die Hoffnung auf eine persönliche Auferstehung eng verbunden ist, zieht sich leitmotivisch durch das Neue Testament:
„Christus Jesus [hat] ... dem Tode die Macht genommen und das Leben und ein unvergängliches Wesen ans Licht gebracht ... durch das Evangelium." (2. Tim. 1,10)
„Denn dazu ist Christus gestorben und wieder lebendig geworden, daß er über Tote und Lebende Herr sei." (Röm. 14,9)
„Der Sünde Sold ist der Tod; die Gabe Gottes aber ist das ewige Leben in Christus Jesus, unserm Herrn." (Röm. 6,23)
„Tod, wo ist dein Sieg? Tod, wo ist dein Stachel? /... / Gott aber sei Dank, der uns den Sieg gibt durch unsern Herrn Jesus Christus!" (1. Kor. 15,55.57)

Luther übersetzte V. 55 nach anderer Überlieferung: „Tod, wo ist dein Stachel? Hölle, wo ist dein Sieg?"

vgl. dazu Kap. 8

Weitere begriffliche Ausformungen des in Jesus Christus Wirklichkeit gewordenen Neuen Seins erfolgten in den christologischen Hoheitstiteln.

7.6.6 Auferstehungshoffnung

Eingangstor zum Friedhof der Brüdergemeine in Herrnhut
(Text nach 1. Kor. 15,20)

„Hoffen wir allein in diesem Leben auf Christus, so sind wir die elendesten unter allen Menschen." (1. Kor. 15,19)

Die neutestamentlichen Auferstehungstexte bekunden kein „neutrales", ausschließlich gottzentriertes Geschehen. „Auferstehung Jesu" meint immer auch „Auferstehung für mich" bzw. „Auferstehung meiner ‚Person'" (s. u.). In der Auferstehung Jesu Christi ist also die Hoffnung auf die eigene Auferstehung begründet. Und wie Christus der erste unter den Toten ist, die auferweckt wurden, hofft der gläubige Christ, gleich ihm von Gott auferweckt zu werden am Jüngsten Tag (vgl. Tit. 3,6f.; 1. Petr. 1,3 u. ö.).

„Auferstehung" schließt als mehrdimensionales Geschehen begrifflich also verschiedene Gesichtspunkte ein:

Soteriologie = Heilslehre

1. den anthropologischen Aspekt („Mein Leben ist mit dem Tod nicht zu Ende");
2. den soteriologischen Aspekt („Ich bin von Gott aufgenommen und gerechtfertigt, auch wenn - bzw. gerade weil - ich Sünder bin");
3. den futurisch-eschatologischen Aspekt („Ich bin zu einer ‚lebendigen Hoffnung wiedergeboren' auf das Heil, das mir verheißen ist").

vgl. 1. Petr. 1,3

„Wie soll man sich das vorstellen?"

„Es könnte aber jemand fragen: Wie werden die Toten auferstehen, und mit was für einem Leib werden sie kommen?" (1. Kor. 15,35)

Wer vom Neuen Testament Live-Informationen über das Jenseits erwarten wollte, sähe sich getäuscht. Erwartungen dieser Art zielten wiederum ab auf ein authentisches Sachwissen mit annähernd objektivem Beweischarakter, das die Bibel nun allerdings nicht geben kann und will. Auf ein solches Ansinnen hat schon Paulus unmißverständlich reagiert: „Du Narr!"

V. 36

Dennoch läßt sich natürlich umschreiben, was das Neue Testament, speziell Paulus, der hier äußerst behutsam und vorsichtig formuliert, mit der „Auferstehung der Toten" meint. Die Schwierigkeit besteht dabei darin, daß im Neuen Testament zwei Vorstellungsbereiche ineinanderfließen:

1. religiöse Anschauungen des Judentums, die eine Auferstehung des ganzen Menschen aus vollem Todeszustande beinhalten, und

2. platonisch-hellenistisches Denken, das von einer Unsterblichkeit der Seele ausgeht.
   Zwar hat dieses Denken noch auf das Spätjudentum und selbst das Neue Testament eingewirkt (vgl. z.B. 2. Kor. 5,1ff.), doch hat es hier eher eine marginale Bedeutung. Um so erstaunlicher ist es, daß sich in der langen christlichen Tradition – und hier erst recht im Volksglauben – die Vorstellung von der Trennung zwischen Körper und Seele im Tod und von der alleinigen Unsterblichkeit der letzteren, wie es scheint: unverrückbar, behaupten konnte.
   Demgegenüber gehört zu den zentralen Aussagen des Neuen Testamentes die Überzeugung von der *leib-seelischen Einheit* des Menschen.

Dieser Leib-Seele-Dualismus versteht den Leib als den Kerker der Seele, aus dem diese sich im Augenblick des Sterbens befreit, um in ihre ewige Heimat zurückzukehren.

Man denke nur an die Texte vieler Kirchenlieder.

Von daher läßt sich formulieren:

1. Im Sterben trennt sich nicht die Seele vom Körper und bleibt gewissermaßen durch den Tod hindurch „lebendig". Vielmehr wird die leib-seelische Daseinsganzheit des Menschen zerstört.
2. „Auferstehung" meint folglich nicht die „Auferstehung des Leibes", sondern die „Auferstehung von den Toten". Wie im Sterben der *ganze* Mensch dahingeht, wird bei der Auferstehung auch der *ganze* Mensch zum Leben erweckt.
3. „Auferstehung" meint auch hier, wie bei Jesus Christus, dem „Erstling der Entschlafenen", „Auferweckung". Sie geschieht als heilwirkende eschatologische Tat Gottes an den Toten, die er aus dem Todeszustand heraus zu dem Leben in der Herrlichkeit seines ewigen Reiches führt.
4. Diese Auferweckung meint nach Paulus
   - keine Wiederbelebung eines Leichnams, also keine Neuschöpfung aus (!) dem Alten;
   - keine Schöpfung aus dem Nichts, also keine Neuschöpfung anstelle (!) des Alten;
   - sondern – aufgrund von Gottes Liebe, die durch den Tod hindurch gültig bleibt – eine radikale Verwandlung des sterblichen Leibes, wobei die personale Identität gewahrt bleibt.
5. Mit aller Vorsicht darf daran erinnert werden, daß Paulus der einzige Adressat einer Erscheinung des Auferstandenen ist, von dem wir schriftliche Aufzeichnungen besitzen. Darf man von daher bei ihm, was seine Äußerungen über die Auferstehung von den Toten betrifft, eine gewisse „Kompetenz" voraussetzen? Man wird wohl davon ausgehen dürfen, daß die Paulus zuteil gewordene Christuserscheinung nichts mit dem Anblick eines wiederbe-

vgl. zum Ganzen 1. Kor. 15; 1. Thess. 4,14

„Gibt es keine Auferstehung der Toten, so ist auch Christus nicht auferstanden. / Ist aber Christus nicht auferstanden, so ist unsre Predigt vergeblich, so ist auch euer Glaube vergeblich." (1. Kor. 15,13f.)

Verbreitete (wenngleich verständliche) Fragen, wie denn „ein Gerippe wieder lebendig werden solle", und ähnliche Vorstellungen verlieren demgegenüber an Ernsthaftigkeit (und auch einiges von ihrem makabren „Humor").
„Es wird gesät verweslich und wird auferstehen unverweslich. / Es wird gesät in Niedrigkeit und wird auferstehen in Herrlichkeit. Es wird gesät in Armseligkeit und wird auferstehen in Kraft. / Es wird gesät ein natürlicher Leib und wird auferstehen ein geistlicher Leib. Gibt es einen natürlichen Leib, so gibt es auch einen geistlichen Leib." (1. Kor. 15,42b–44)

lebten Leichnams zu tun hatte, sondern die Erfahrung einer Wirklichkeit vermittelte, die mit dem bisher Erlebten ganz und gar nicht zu vergleichen war.

Parusie (griech.) = Gegenwart/Ankunft

6. Die Auferstehung erwartet der Christ am Jüngsten Tage, also mit der Parusie Christi. Die Wiederkunft des erhöhten Herrn bedeutet zugleich die Abhaltung des Endgerichts und die Verwandlung des Kosmos, das Ende des gegenwärtigen Äons und den Beginn der endgültigen Gottesherrschaft.

Abgrenzungen

vgl. Mt. 8,5–13/Lk. 7,11–17 (Jüngling zu Nain); Mk. 5,35–43 par. (Tochter des Jairus); Joh. 11 (Lazarus); vgl. auch Kap. 6.4

„Und ich hörte eine große Stimme von dem Thron her, die sprach: Siehe da, die Hütte Gottes bei den Menschen! Und er wird bei ihnen wohnen, und sie werden sein Volk sein, und er selbst, Gott mit ihnen, wird ihr Gott sein; / und Gott wird abwischen alle Tränen von ihren Augen, und der Tod wird nicht mehr sein, noch Leid noch Geschrei noch Schmerz wird mehr sein; denn das Erste ist vergangen. / Und der auf dem Thron saß, sprach: Siehe, ich mache alles neu! Und er spricht: Schreibe, denn diese Worte sind wahrhaftig und gewiß!" (Offb. 21,3–5)

Mit den in der antiken Literatur und auch im Neuen Testament überlieferten Totenauferweckungen darf die neutestamentliche Vorstellung von der Auferstehung der Toten nicht verwechselt werden. Denn dort ist von der Rückkehr in das irdische Leben die Rede, das wiederum durch den Tod begrenzt ist. Hier aber ist an das Eingehen in eine letzte Wirklichkeit zu denken, an ein unvergängliches Dasein außerhalb aller uns zugänglichen rationalen Kategorien, an ein „Schauen" Gottes und seiner Herrlichkeit.

Scharf trennen muß man die neutestamentliche Vorstellung von der Auferstehung der Toten auch von solchen mythologischen Denkbildern der Antike, in denen vom Wachsen und Sterben der Natur im Rhythmus der Jahreszeiten und vom Auf- und Niedergehen der Sternbilder am Horizont erzählt wird. Solche in Sagen und Märchen, Mythen und Legenden sich konkretisierenden „Lebens-Modelle" sind Ergebnis der menschlichen Sinn-Suche, die das eigene Dasein in einer übergeordneten Wirklichkeit aufgehen lassen möchte.

Im Gegensatz zum Auferstehungsdenken des Neuen Testamentes fehlen hier
- die Offenbarung als göttliche, Sinn setzende Mitteilungsform an den Menschen;
- die geschichtliche Wirklichkeit dieser Offenbarung, wie sie in Jesus Christus erschienen ist und von Menschen erfahren wurde.

Gewißheit?

Ein Denken und Leben in religiöser Gewißheit, das sich gründet auf die Verheißungen „Gott hat mich angenommen" und „Gott wird mich nicht im Tode lassen", scheint nicht in unsere Zeit hineinzupassen. Einerseits zwar ist ein solches Daseinsverständnis einer von säkularen und materialistischen Prinzipien regierten „Welt" zweifellos dem Wesen nach fremd, andererseits jedoch böte es den zahlreichen Ängsten vieler Menschen unbestreitbar eine standfeste Alternative. Wie sähe die Welt aus, wenn mehr Menschen mehr Transzendenzbewußtsein besäßen?!

Freilich - wir haben uns angewöhnt, der allgemeinen und individuellen Verunsicherung mit einem stärkeren Verlangen nach Sicherheit („securitas") zu begegnen. Gewißheit („certitudo") ist demgegenüber wenig gefragt. Man weiß ja nie. Und wann hätte ein Transzendenzbewußtsein schon jemals in die „Welt" „gepaßt"? Auch lassen sich die allerorts anstehenden Probleme damit allein wohl schwerlich lösen.

Von der Notwendigkeit eines sozialen Engagements muß hier gar nicht die Rede sein. Daß dieses auch ohne Transzendenzbewußtsein möglich ist, bedarf keiner näheren Begründung. Daß aber ein „Leben in Christus" angesichts von Leid und Tod eine positive Sinn-Alternative, ja eine Sinn-Erfüllung geben kann, die dauerhaft und nicht allein in der eigenen begrenzten, frag-würdigen Existenz gegründet ist, läßt sich ebenso nicht abstreiten.

vgl. dazu aber S. 86ff., 151

So geht es in den unten aufgelisteten Überlegungen um eine durch die Auferstehung Jesu gewiesene mögliche „Richtung", um das Aufzeigen einiger - zweifellos ergänzungsfähiger - sinn-gebender Lebensaspekte, auch unter dem Gesichtspunkt, daß auf ihrer Basis das Leben oft einfach leichter zu tragen sein kann.

vgl. die Seligpreisungen der Bergpredigt („Glücklich sind..." [s. S. 95])

Sicherheitsgarantien, möglichst noch als „Paket" mit individueller Ausstattung, gibt die Bibel freilich nicht. Das Wagnis des glaubenden Vertrauens ist immer wieder gefordert. „Gewißheit" ist kein Reserveguthaben, auf das man bei Bedarf zurückgreifen könnte. Auch ein Christ ist nicht frei von Zweifeln - selbst bei vielen ernsthaften Christen gehören sie zum täglichen Brot. Auch ein Christ kann die Möglichkeit eines ewigen Scheiterns nicht von vornherein ausschließen. Darum sollte man mit einer bei manchen u. U. leicht zur Resignation führenden Scheidung zwischen Gläubigen und Nicht-Gläubigen („Mir ist es eben nicht gegeben") äußerst vorsichtig sein.

Zweifel sind jedoch nichts Unchristliches, sondern etwas Menschliches und darum verzeihbar. Die Bibel selbst kennt genügend Beispiele: Petrus, Thomas, die flüchtenden Jünger, die Adressaten der Auferstehung...

Anti-Christen und bewußte Atheisten sind hier ausgenommen.

Wer es mit der Sache um Leben und Tod ernst nimmt, darf sicher - und gewiß - sein, aus der Bibel vielerlei Trost und Hoffnung zu gewinnen, um die zu bitten er sich nicht scheuen sollte:

1. Gewißheit ist glaubendes Vertrauen, das auch der Tod nicht besiegt, ist niemals das Ergebnis eigener frommer Leistungen, sondern immer Gottes *Geschenk:*
   „Aus Gnade seid ihr selig geworden durch Glauben, und das nicht aus euch: Gottes Gabe ist es, / nicht aus Werken, damit sich nicht jemand rühme." (Eph. 2,8f.)
   „Ich schäme mich des Evangeliums nicht; denn es ist eine

Kraft Gottes, die selig macht alle, die daran glauben ...“ (Röm. 1,16)

2. Jesus selbst hat uns die *Verheißung* geschenkt:
„Bittet, so wird euch gegeben; suchet, so werdet ihr finden; klopfet an, so wird euch aufgetan. / Denn wer da bittet, der empfängt; und wer da sucht, der findet; und wer da anklopft, dem wird aufgetan.“ (Mt. 7,7 f.)
„Was ihr mich bitten werdet in meinem Namen, das will ich tun.“ (Joh. 14,14)

3. Auch Paulus kennt neben der Gewißheit die Anfechtungen und die Notwendigkeit der *Hoffnung:*
„Da wir nun gerecht geworden sind durch den Glauben, haben wir Frieden mit Gott durch unsern Herrn Jesus Christus; / durch ihn haben wir auch den Zugang im Glauben zu dieser Gnade, in der wir stehen, und rühmen uns der Hoffnung der zukünftigen Herrlichkeit, die Gott geben wird. / Nicht allein aber das, sondern wir rühmen uns auch der Bedrängnisse, weil wir wissen, daß Bedrängnis Geduld bringt, / Geduld aber Bewährung, Bewährung aber Hoffnung, / Hoffnung aber läßt nicht zuschanden werden; denn die Liebe Gottes ist ausgegossen in unsre Herzen durch den heiligen Geist, der uns gegeben ist.“ (Röm. 5,1–5)
„Denn wir sind zwar gerettet, doch auf Hoffnung. Die Hoffnung aber, die man sieht, ist nicht Hoffnung; denn wie kann man auf das hoffen, was man sieht?“ (Röm. 8,24)

4. Das Neue Testament enthält viele *Aufforderungen, es überhaupt einmal mit der „Sache Gottes“ zu versuchen,* an seinem Wort zu bleiben, seine Gebote zu halten. Die Zusage, daß dieser Versuch nicht umsonst sein wird, haben wir von Jesus selbst:
„Wer meine Gebote hat und hält sie, der ist’s, der mich liebt. Wer mich aber liebt, der wird von meinem Vater geliebt werden, und ich werde ihn lieben und mich ihm offenbaren.“ (Joh. 14,21)
„Wenn ihr bleiben werdet an meinem Wort, so seid ihr wahrhaftig meine Jünger / und werdet die Wahrheit erkennen, und die Wahrheit wird euch frei machen.“ (Joh. 8,31 f.)
„Wer mein Wort hört und glaubt dem, der mich gesandt hat, der hat das ewige Leben und kommt nicht in das Gericht, sondern er ist vom Leben zum Tode hindurchgedrungen.“ (Joh. 5,24)
„Ich bin das Licht der Welt. Wer mir nachfolgt, der wird nicht wandeln in der Finsternis, sondern wird das Licht des Lebens haben.“ (Joh. 8,12)

5. Wenn trotz allem die Un-Gewißheit dominiert und die Herzensangst überhandnimmt, kann verwiesen werden

auf jene Stellen des Neuen Testaments, in denen ein *Allerbarmen Gottes* angedeutet wird:
„Nun aber ist Christus auferstanden von den Toten als Erstling unter denen, die entschlafen sind. / Denn da durch *einen* Menschen der Tod gekommen ist, so kommt auch durch *einen* Menschen die Auferstehung der Toten. / Denn wie sie in Adam alle sterben, so werden sie in Christus alle lebendig gemacht werden. / Ein jeder aber in seiner Ordnung: als Erstling Christus; danach, wenn er kommen wird, die, die Christus angehören; / danach das Ende, wenn er das Reich Gottes, dem Vater, übergeben wird, nachdem er alle Herrschaft und alle Macht und Gewalt vernichtet hat. / Denn er muß herrschen, bis Gott ihm ‚alle Feinde unter seine Füße legt' (Psalm 110,1). / Der letzte Feind, der vernichtet wird, ist der Tod. / Denn ‚alles hat er unter seine Füße getan' (Psalm 8,7). Wenn es aber heißt, alles sei ihm unterworfen, so ist offenbar, daß der ausgenommen ist, der ihm alles unterworfen hat. / Wenn aber alles ihm untertan sein wird, dann wird auch der Sohn selbst untertan sein dem, der ihm alles unterworfen hat, damit Gott sei alles in allem." (1. Kor. 15,20–28)
„Denn dazu ist auch den Toten das Evangelium verkündigt, daß sie zwar nach Menschenweise gerichtet werden im Fleisch, aber nach Gottes Weise das Leben haben im Geist." (1. Petr. 4,6)
[Paulus spricht:] „Ich habe die Hoffnung zu Gott, ... daß es eine Auferstehung der Gerechten wie der Ungerechten geben wird." (Apg. 24,15)

vgl. Röm. 11,32;
1. Joh. 2,2

Die Adam-Christus-Typologie erscheint bei Paulus auch in Röm. 5,12ff.

vgl. auch Röm. 5,18/
Kap. 7.6.5, Nr. 4

6. Der Mensch ist, wie Jesus „den Seinen", tröstend und mahnend zugleich, in den Abschiedsreden des Johannesevangeliums verkündet, auf Gott an-gewiesen („Ohne mich könnt ihr nichts tun"). Er ist mit seiner ganzen Existenz auf *Gott als den Urgrund allen Seins* hin-gewiesen, in diesem und in jenem Leben:
„Geschaffen hast Du uns zu Dir, und ruhelos ist unser Herz, bis daß es seine Ruhe hat in Dir."

Joh. 15,5

„Fecisti nos ad te et inquietum est cor nostrum, donec requiescat in te."
(Augustin, „Bekenntnisse". Erstes Buch)

7. So kann das ganze Leben zu einem *Dialog mit Gott* werden, aus der Einsicht heraus, daß ich von Gott umschlossen und in ihm geborgen bin, was immer kommen mag:

> „Denn ich bin gewiß, daß weder Tod noch Leben, weder Engel noch Mächte noch Gewalten, weder Gegenwärtiges noch Zukünftiges, / weder Hohes noch Tiefes noch eine andere Kreatur uns scheiden kann von der Liebe Gottes, die in Christus Jesus ist, unserm Herrn." (Röm. 8,38 f.)

Hiob

8 Christologie

implizit (lat.) = inbegriffen; eingeschlossen
explizit (lat.) = ausgeschlossen; deutlich (hervorgehoben)
Zur impliziten Christologie s. Kap. 6

Man unterscheidet grundsätzlich zwischen **impliziter** und **expliziter** Christologie:

- **implizite** Christologie meint den Anspruch und die Vollmacht, die in den **Worten und Taten des irdischen Jesus** sichtbar werden;
- **explizite** Christologie meint die Übertragung und Neuprägung traditioneller Vorstellungsbilder und Hoheitstitel („Messias"; „Gottessohn"; „Herr" usw.) auf Anspruch und Vollmacht des irdischen Jesus als **Antwort der nachösterlichen Gemeinde**. Ein wichtiges konstituierendes Element ist hierbei die Kontinuität zwischen der Verkündigung Jesu und dem Glaubensbekenntnis der Gemeinde - der auferstandene Christus ist mit dem Wanderprediger aus Nazareth identisch.

Eine ganz wesentliche Ausprägung des Glaubens an den Auferstandenen bildeten die auf Jesus Christus übertragenen und dabei inhaltlich z.T. radikal neugefaßten Würdetitel, die als Formen religiöser oder politischer Ehrenbezeugungen in der jüdischen bzw. hellenistischen Tradition (und natürlich auch in den entsprechenden „Mischformen") seit langem bekannt waren. Daneben existierten weitere Vorstellungsbilder, die sich zwar begrifflich nicht überall in gleichem Maße behaupten konnten wie andere Würdetitel, die dafür aber theologisch nicht weniger bedeutungsvoll waren. Dies gilt z. B. für die Gestalt des „leidenden Gottesknechts" und den Gedanken des stellvertretenden Leidens und Todes, den wohl schon der irdische Jesus auf sich selbst bezogen hat. Nicht zuletzt verdeutlichen die von Paulus und andernorts im NT zitierten und damit zum Urgestein der Überlieferung zählenden alten Glaubensbekenntnisse in Sprache und Inhalt die vielfältigen Strukturen des sich immer weiter ausbreitenden urchristlichen Credos.

vgl. z. B. Phil. 2,6–11; Kol. 1,15–20; 1. Kor. 15,3b–5

Jedes religiöse Bekenntnis ist zugleich eine Deutung der Bezugsvielfalt zwischen dem Glaubenden und der Gottheit. Die von der nachösterlichen Gemeinde auf Jesus übertragenen Hoheitstitel waren kurz und einprägsam - hier mußte mit wenigem vieles ausgesagt werden.

Die wichtigsten Begriffe bilden - nach einigen einleitenden Vorüberlegungen - im folgenden den Gegenstand der Untersuchung. Daran anschließend werden, als Abschluß frühkirchlicher Bekenntnisbildung, ja schon als Beispiele bleibender dogmatischer Fundierung, das Trinitätsdogma von Nicäa und die Zweinaturenlehre von Chalcedon zu betrachten sein.

8.1 Die Formel als Inhalt

Die Anhänger des gekreuzigten Jesus von Nazareth wie auch die spätere christliche Urgemeinde sahen sich vor die Aufgabe gestellt, den Menschen zu sagen, wer Jesus war und was er für sie bedeutet. Dazu dienten die Predigt, der Gottesdienst und andere Formen des religiösen Bekennens. Wenn allerdings das Neue, das sich mit der Botschaft von Jesus als dem Christus verband, in der multikulturellen, von hierarchischen Strukturen bestimmten Gesellschaft jener Zeit auch sprachlich den gestellten Ansprüchen genügen sollte, dann mußte die Form der Vermittlung

- knapp und prägnant,
- in hohem Maße wertend, selbst neue Werte setzend,
- begrifflich bekannt sein.

Der Verkündiger wird zum Verkündigten. Doch boten sich den Mitgliedern der nachösterlichen Gemeinde erhebliche Schwierigkeiten:

vgl. Kap. 7.6

- sie mußten das Unsagbare „zur Sprache bringen“: daß ein Hingerichteter nicht im Tode geblieben, sondern ihnen, den Enttäuschten, Resignierenden, Verzweifelten, gewißlich erschienen war;
- sie waren also veranlaßt, ihre eigenen Erfahrungen der Begegnung mit dem auferstandenen Jesus bis zu einem gewissen Grad hin zu objektivieren oder dies zumindest zu versuchen. Die Reaktion der Umwelt auf ein solches Unterfangen ließ sich unschwer vorhersehen: Es war „den Juden ein Ärgernis und den Griechen eine Torheit“;
- obendrein hatte man damit zu rechnen, staatsfeindlicher Umtriebe verdächtigt zu werden – Sympathisantentum mit einem Aufrührer und rechtmäßig Exekutierten war in höchstem Maße gefährlich.

1. Kor. 1,23

Somit ergeben sich für die inhaltliche Struktur der christologischen Hoheitstitel folgende Merkmale:

1. Sie tragen Bekenntnischarakter.
2. Es handelt sich nicht um erfundene Titulaturen, sondern um Würdeprädikate sehr unterschiedlicher Herkunft, die, dem Anspruch des Neuen entsprechend, mit z.T. stark veränderter, also neuer Sinngebung auf Jesus übertragen und somit neu geprägt wurden.
3. Diese alten Begriffe mit neuem Inhalt sind formelhafte Interpretationsmuster, sprachliche Verstehenshilfen. Sie

Möglicherweise bildet der Titel „Menschensohn“ hier eine Ausnahme; vgl. Kap. 8.6.1

Die geänderte Konzeption kommt in der Neufassung des Messiastitels besonders klar zum Ausdruck; vgl. Kap. 8.3

besitzen noch nicht die Festigkeit dogmatischer Definitionen kommender Jahrhunderte, die philosophische Präzision späterer Zeit. Sie spiegeln vielmehr noch den evolutionären Prozeß christlicher Glaubensbildung und Glaubensfindung.

4. Gebrauch und Verbreitung der einzelnen Würdetitel waren abhängig vom sozialen, kulturellen, politischen Umfeld, von der geistigen Herkunft und theologischen Ausrichtung der verschiedenen neutestamentlichen Verfasser.

   Das bedeutet:
   - es gibt im Neuen Testament sehr unterschiedliche Christologien;
   - zwar finden sich im Neuen Testament über fünfzig verschiedene Namen für den irdischen und auferweckten Jesus, doch ist die Gewichtung nicht einheitlich. So wurden bestimmte Titel (z.B. „Menschensohn“, „Davidssohn“), die sich in fremder Umgebung nicht durchsetzen konnten, bald nicht mehr verwendet.

8.2 Das „Selbstbewußtsein“ Jesu

Gemeint ist hier nicht die „Zivilcourage“, sondern: Wie hat Jesus sich selbst verstanden?

Ein wichtiges und in der theologischen Wissenschaft keineswegs geklärtes Problem, das hier nur angedeutet werden kann, ist die Frage nach dem Selbstbewußtsein Jesu: Hat der irdische Jesus einen – oder gar mehrere – Titel für sich selbst in Anspruch genommen? Oder sind alle Hoheitstitel ausnahmslos Bildungen der nachösterlichen Gemeinde?

„Jesu Selbstbewußtsein ist in der christologischen Titulatur nicht greifbar.“ (Conzelmann)

Das Meinungsbild in der Forschung ist nicht einheitlich. Während man nicht selten dazu neigt, die Würdeprädikate allein von den kerygmatischen Absichten der Urgemeinde her zu betrachten, werden doch andererseits für den „Menschensohn“- und den „Gottesknecht“-Titel deutliche Einschränkungen gemacht.

In der Tat kann z.B. die Art und Weise, wie Jesus die Tora verstanden hat, eine sehr plausible Antwort auf die Frage nach seinem Selbstbewußtsein geben.

Auf jeden Fall gibt man zu bedenken,
- daß die Frage nach dem Selbstbewußtsein Jesu – oder, wie man auch formuliert hat, nach seinem „Messiasbewußtsein“ – sich nicht in dem Problem erschöpft, ob und wie Jesus die christologischen Hoheitstitel auf sich selbst bezogen habe;
- daß die nachösterliche Gemeinde mit den von ihr neugefaßten christologischen Würdetiteln inhaltlich auf jeden Fall eine dem Anspruch und dem Auftreten Jesu *gemäße* Antwort gefunden hat.

Darüber hinaus bleibt unabhängig von den Ergebnissen literargeschichtlicher Analysen biblischer Texte daran zu erinnern,

- daß der irdische Jesus die auf ihn als den Christus später übertragenen Hoheitstitel in ihrer traditionellen (!) Bedeutung zweifellos gekannt hat;
- daß Jesus, vertraut mit der jüdischen *und* (großen Bereichen) der hellenistischen Überlieferung, vielleicht bestimmte *inhaltliche* Schemata für sich übernommen hat, ohne sich formal und personal (oder gar noch verbal) mit dem Träger eines solchen Denkbildes unmittelbar zu identifizieren. Das Faktum der späteren kerygmatischen Typologisierung spricht als solches nicht grundsätzlich gegen diese Annahme.

Sephoris in Galiläa, als hellenistische Stadt eine multikulturelle Metropole, war nur 7 km von Nazareth, Jesu „Vaterstadt", entfernt.

8.3 „Messias"/„Christus"

Der Messiastitel ist, zumindest in seiner griechischen Übersetzung als „Christus", der populärste aller christologischen Hoheitstitel. Zugleich zeigt der Bedeutungswandel vom jüdischen hin zum biblisch-christlichen Verständnis grundlegende Differenzen in der theologischen Konzeption dieser Heilbringergestalt.

Im einzelnen bleibt festzuhalten:

- das hebräische Wort „Messias" bedeutet auf deutsch das gleiche wie der griechische Begriff „Christus", nämlich „der Gesalbte". Beide Bezeichnungen sind Würdetitel. In der Benennung „Jesus Christus" ist der ursprüngliche Name „Jesus" mit dem hinzugekommenen Titel „Christus" zu einem neuen, selbständigen Namen mit dem Charakter eines Eigennamens verschmolzen;
- in Israel und im Alten Orient war die Salbung ein zeremonieller Akt bei der königlichen Inthronisation. In späterer Zeit galt sie als ein gleichsam juristischer Vorgang, der die betreffende Person zu bestimmten amtlichen oder priesterlichen Aufgaben befähigte;
- in der traditionellen Messiaserwartung des nachbiblischen Judentums ist der Heilbringer ein Davidide, der die Herrschaft des Gottesvolkes neu begründen soll. Er heißt „Sohn" oder „Sproß" Davids. Nach der klassischen Heilseschatologie ist die Messiasidee ausschließlich diesseitsorientiert. Der Messias hat als Erfüller des im wesentlichen national begrenzten göttlichen Heilsplanes die Aufgabe, das Endreich herbeizuführen, in dem Israel in Frieden und Gerechtigkeit leben kann;

Im Neuen Testament kommt „Messias", abgesehen von Joh. 1,41 und 4,25, nur in der Form des griechischen Pendants „Christus" vor.

Im Neuen Testament wird „Christus" rund fünfhundertmal für Jesus gebraucht, bei den Synoptikern als Titel allerdings selten.

- in der Zeit Jesu war die Vorstellung von einem politischen Messias, der das jüdische Volk von der Herrschaft der Römer befreit, besonders aktuell. Es ist sicher, daß Jesus sich nicht für den Messias ausgegeben hat;

z. B. Mk. 8,29; 9,41; 12,35; 13,21; 15,32 – In der Spruchquelle Q fehlt er ganz.

- die synoptischen Belegstellen, in denen der Christustitel vorkommt, zeigen bei näherer Prüfung, daß sie (bzw. auch ihr ganzer Kontext) eindeutig den Charakter sekundärer Bildung tragen. Sie gehen also z. B. auf die Kompositionsarbeit des Evangelisten zurück oder sind Ausdruck des nachösterlichen Gemeindeglaubens, nach dem der Gekreuzigte der Auferstandene, der Erhöhte, der Messias ist. Auch der scheinbar so unmißverständliche Dialog in Mk. 14,61 f. ist, wie die ganze Szene, unzweideutig eine Gestaltung aus späterer Zeit unter bestimmten christologischen Perspektiven;

„Da fragte ihn der Hohepriester abermals und sprach zu ihm: Bist du der Christus, der Sohn des Hochgelobten? / Jesus aber sprach: Ich bin's...“; vgl. dazu S. 124 f.

- so erhält der Messiastitel in christologischer Sinngebung eine völlig andere Bedeutung als bisher: Nicht der kriegerische Triumphator, sondern der Gewaltlose, nicht der Sieger, sondern der Verfolgte, nicht der königliche Befreier, sondern der Leidende und Sterbende ist der Messias! Es nimmt nicht wunder, daß die damaligen jüdischen Zeitgenossen eine solche Auslegung als provozierend empfanden.

„Mußte nicht Christus [!] dies erleiden und in seine Herrlichkeit eingehen?“ (Lk. 24,26)

„Denn uns ist ein Kind geboren, ein Sohn ist uns gegeben, und die Herrschaft ruht auf seiner Schulter; und er heißt Wunder-Rat, Gott-Held, Ewig-Vater, Friede-Fürst; / auf daß seine Herrschaft groß werde und des Friedens kein Ende auf dem Thron Davids und in seinem Königreich, daß er's stärke und stütze durch Recht und Gerechtigkeit von nun an bis in Ewigkeit. Solches wird tun der Eifer des HERRN Zebaoth.“

Jes. 9,5 f.; vgl. auch Sach. 9,9

Diese alttestamentlichen, den meisten von der Liturgie des Weihnachtsgottesdienstes her vertrauten Verse, die sowohl dem Juden als auch dem Christen als prophetische Verheißung des Erlösers gelten, zeigen im Verständnis der Messiasgestalt sehr deutlich die Kluft zwischen den beiden Religionen. Der gläubige Jude, für den Jesus vielleicht eine „zentrale Gestalt“, ein „großer Bruder“ (Schalom Ben-Chorin), aber sicher nicht der Erlöser und Bringer des Reiches ist, hält auch heute an der Erwartung eines davidischen Messias fest. Trotz der Unterschiede sollte das theologische Gespräch zwischen Judentum und Christentum die Gemeinsamkeiten nicht vergessen. Vor allem müssen viele Christen lernen, Jesus mehr als bisher von seinem jüdischen (aber auch hellenistischen!) Umfeld und seiner jüdischen Tradition her zu begreifen.

8.4 „Gottessohn“

Wie beim Messiasbegriff, so wurde auch beim Gottessohntitel in christologischer Sinngebung eine alte Form übernommen und mit neuen, teilweise gänzlich unkonventionellen Vorstellungen belegt.

- Die Bezeichnung eines Königs als „Gottessohn“ war im Alten Orient nichts Ungewöhnliches. Im Hellenismus wurde vielen Halbgöttern und Heroen diese Auszeichnung zuerkannt. Desgleichen war in der Tradition Israels der Begriff nicht unbekannt. Somit wäre die bloße Übertragung der Bezeichnung auch auf Jesus nichts, was Wesen und Werk des Mannes aus Nazareth besonders bestimmt und erklärt hätte;

In Ägypten galten die Pharaonen als Söhne des Sonnengottes Re.
Auch bestimmte geschichtliche Persönlichkeiten, z.B. weise Gelehrte wie Plato und Pythagoras, besonders auch die vergötterten Herrscher, vor allem die römischen Kaiser seit den Lebzeiten des Augustus, führten diesen Titel.

- im Neuen Testament findet sich der Begriff „Sohn Gottes“ - bzw. das Bekenntnis zu Jesus als dem Sohn Gottes - an vielen Stellen: oft bei Paulus, sehr häufig im Johannesevangelium. Die synoptischen Belegstellen (z. B. Mk. 3,11 [Rufe der Dämonen]; 12,6 [„Von den bösen Weingärtnern“]; 14,61 [Verhör vor dem Hohen Rat] u. a.) dürften sämtlich Formulierungen der Gemeinde sein.
Unterschiedlich ist die Annahme einer göttlichen Präexistenz des Sohnes im Vater-Sohn-Verhältnis: Während bei der adoptianisch verstandenen Gottessohnschaft des Taufgeschehens, bei dem im Augenblick der Taufe Jesus Gottes Sohn *wird*, die Vorstellung der Präexistenz des Sohnes unbekannt ist, wird sie an anderer Stelle offenbar vorausgesetzt;

vgl. z.B. Röm. 1,3.4.9; 1. Kor. 1,9; 15,28 u.ö.; Joh. 1,49; 3,16–18.35f.; 5,19–26 usw. – Die Gottessohnschaft Christi und dessen enger Bezug zum Vater sind ein wesentlicher Bestandteil der johanneischen Theologie.

vgl. Mk. 1,10f.

- zweifellos war Jesu Selbstbewußtsein mitbestimmt durch ein besonders inniges Verhältnis zu seinem Vater. Dies äußert sich nicht nur darin, daß Jesus ausdrücklich von „seinem“ Vater spricht (Mt. 7,21), sondern auch in dem Gebrauch des aramäischen Begriffs „abba“ („Väterchen“), der kindlichen Anrede inniger Vertrautheit: „Abba, mein Vater, alles ist dir möglich; nimm diesen Kelch von mir; doch nicht, was ich will, sondern was du willst!“ (Mk. 14,36);

vgl. Mt. 11,27 – Noch konsequenter wird der Gedanke im Johannesevangelium ausgeformt: „Ich und der Vater sind eins.“ (Joh. 10,30)

- völlig entgegengesetzt zu der bisher geläufigen, heroisch-hoheitlich ausgerichteten Gottessohntitulatur aber ist die Tatsache, daß Jesus, der Sohn Gottes, am Kreuz für uns gestorben ist.

8.5 „Herr“

- Auch die Benennung „Herr“ für die Gottheit war im religiösen Sprachgebrauch des Alten Orients geläufig. Ebenso wurden im Altertum die vergötterten Herrscher mit diesem Ehrentitel bezeichnet. Im römischen Kaiserreich findet sich die Gepflogenheit seit Claudius in steigendem Maße;

- bei der Synoptikern tritt der Begriff „Herr“ (griech. „kyrios“), auf Jesus bezogen, in unterschiedlicher Weise auf:
  1. in alttestamentlichen Zitaten, wobei das Ehrenprädikat „Herr“ nunmehr auf das Oberhaupt der neuen Gemeinde bezogen ist:
     „„Es ist eine Stimme eines Predigers in der Wüste: Bereitet den Weg des Herrn, macht seine Steige eben!““ (Maleachi 3,1; Jesaja 40,3); Mk. 1,3 und andere Stellen des Neuen Testaments;
  2. in unmittelbarer Gleichsetzung: bei Markus (11,3) und Matthäus (21,3) singulär, bei Lukas dagegen häufiger (2,11; 7,13; 10,1.39.41 u. ö.);
  3. als Anrede (vgl. Mk. 7,28; Mt. 8,2; Lk. 5,8.12; 9.54.61 u. a.);

vgl. Apg. 5,14; 9.10 f.; 11.23 f.; Röm. 12,11; 14,8; 1. Kor. 6,14; Jak. 5,7 f. u. a.

- in anderen Schriften des Neuen Testaments wird die Absicht, durch die Verwendung des Wortes „Herr“ Jesus aus der Welt der Menschen herauszuheben und damit seine Besonderheit zu betonen, noch deutlicher;

- durch den mit dem Sprachgebrauch einhergehenden immer stärker werdenden Exklusivanspruch für Jesus, den Herrn aller Herren, war der Konflikt mit dem Kaiserkult des römischen Staates mit der Zeit nicht zu vermeiden;

vgl. Phil. 2,6–11

- im Gegensatz aber zum „üblichen“, zum gewohnten „Herrschafts“-Denken, das auf der Macht, der Autorität des Höheren, der sich der Niedrige zu unterwerfen hat, basiert, sind bei Jesus gleichsam die Strukturen vertauscht: Er ist zum Knecht, zum Diener geworden, er hat sich für andere bis zur Selbstaufgabe erniedrigt.

Die bekannten christologischen Hoheitstitel „Messias“, „Gottessohn“, „Herr“ zeigen im Vergleich zum traditionellen außerchristlichen Sprachgebrauch eine Umkehrung der Rangprioritäten: Die Hoheit ihres Trägers ist hier nicht durch geläufige weltliche Herrschaftsattribute bestimmt, sondern Folge und Vollzug seiner einzigartigen, weg-weisenden Solidarität mit den Schwachen, den Sündern, mit allen Menschen.

8.6 Andere Hoheitstitel

Weitere neutestamentliche, mit Jesus verbundene Würdetitel sind von der Eindeutigkeit und der allgemeinen Verbreitung her mit den oben genannten Ehrenprädikaten nicht zu vergleichen. Sie sind entweder in der Zuordnung unklar („Menschensohn"), textlich, wenngleich inhaltlich komplex, nur vereinzelt vorhanden („Logos") oder für die Gesamtheit der frühen christlichen Gemeinden nicht repräsentativ („Davidssohn"). Dennoch sind sie als Bausteine des christologischen Credos von hoher Bedeutung.

8.6.1 „Menschensohn"

Das Ehrenprädikat „Menschensohn" ist in den synoptischen Evangelien der häufigste Titel. Das Wort wird nur von Jesus selbst gebraucht.

Zum Vorkommen des Begriffs unterscheidet man inhaltlich drei Gruppen:

1. Worte, in denen Jesus vom Wirken des Menschensohns auf Erden spricht:
   „Damit ihr aber wißt, daß der Menschensohn Vollmacht hat, Sünden zu vergeben auf Erden - sprach er zu dem Gelähmten: / Ich sage dir, steh auf, nimm dein Bett und geh heim!" (Mk. 2,10 f.) - „So ist der Menschensohn ein Herr auch über den Sabbat." (Mk. 2,28) u. a.;
2. Worte vom kommenden Leiden des Menschensohnes:
   „Und er fing an, sie zu lehren: Der Menschensohn muß viel leiden und verworfen werden von den Ältesten und Hohenpriestern und Schriftgelehrten und getötet werden und nach drei Tagen auferstehen." (Mk. 8,31) u. a.;
3. Worte über die Ankunft des Menschensohnes auf den Wolken des Himmels:
   „Und dann werden sie sehen den Menschensohn kommen in den Wolken mit großer Kraft und Herrlichkeit." (Mk. 13,26 [vgl. Kontext] u. a.)

Auffällig ist, daß Jesus den Begriff „Menschensohn" immer sehr distanziert gebraucht. Er setzt ihn niemals mit der eigenen Person gleich, sondern verwendet ihn so, als spräche er von jemand anderem.

Die Forschungslage zu diesem Thema ist seit jeher kompliziert und uneinheitlich.

Das Bekenntnis zu Jesus (bzw. seine Ablehnung) aber ist maßgebend für das Urteil des Menschensohns im Endgericht: „Wer sich aber meiner und meiner Worte schämt unter diesem abtrünnigen und sündigen Geschlecht, dessen wird sich auch der Menschensohn schämen, wenn er kommen wird in der Herrlichkeit seines Vaters mit den heiligen Engeln." (Mk. 8,38)

Es lassen sich u. a. folgende Ergebnisschwerpunkte fixieren:

1. Jesus hat – so ein Meinungsbeispiel aus der älteren Forschung – vom Menschensohn deswegen in der dritten Person gesprochen, weil er angenommen hat, er selber werde dereinst erst zum Menschensohn erhöht werden. Der gottgesandte Messias muß zunächst unerkannt in Niedrigkeit unter den Menschen leben und wird erst bei seiner Wiederkunft von Gott dazu bestimmt, der Menschensohn zu sein.

Aufschlußreich ist die „Weiterentwicklung" bei Matthäus gegenüber Lukas: „Ich sage euch aber: Wer mich bekennt vor den Menschen, den wird auch *der Menschensohn* bekennen vor den Engeln Gottes." (Lk. 12,8) / „Wer nun mich bekennt vor den Menschen, den will *ich* auch bekennen vor meinem himmlischen Vater." (Mt. 10,32)

2. Jesus hat nicht sich selbst, sondern jemand anderen als den Menschensohn erwartet. Erst die Gemeinde hat Jesus mit dem Menschensohn identifiziert (Bultmann).

3. Die gesamte Menschensohn-Terminologie ist Theologie der Gemeinde. Anders als „Christus" und „Gottessohn", ist „Menschensohn" kein Bekenntnistitel. Als „Menschensohn" wird Jesus nicht angerufen, sondern erwartet. Auch die enge Verbindung zwischen der Reich-Gottes-Erwartung und dem Auftreten Jesu läßt für eine andere Gestalt zwischen Gegenwart und Anbruch des Reiches keinen Raum (Conzelmann).

vgl. S. 27 f.

8.6.2 „Logos"

vgl. Kap. 6.1
vgl. S. 130

Dieser vieldeutige, zunächst als „Wort", in der philosophisch-theologischen Literatur jener Zeit allgemein und näherungsweise als „göttliches Prinzip" wiederzugebende Begriff war im jüdisch-hellenistischen Synkretismus, in der jüdischen Weisheitsliteratur und in den Schriften Philos von Alexandria von zentraler Bedeutung.

„Im Anfang war das Wort, und das Wort war bei Gott, und Gott war das Wort." (Joh. 1,1)
Joh. 1.14; 1. Joh. 1,1; Offb. 19,13

Im Neuen Testament findet er sich in einleitend-richtungsweisender Funktion dreimal im ersten Vers des Johannesevangeliums, darüber hinaus nur noch an drei weiteren Stellen.

vgl. S. 164

Inkarnation (lat.) = Verkörperung

Obwohl völlig unterschiedlich in der begrifflichen Tradition und der inhaltlichen Struktur, zeigt sich doch zwischen dem christologischen Logos-Verständnis und den auf Jesus bezogenen Würdetiteln „Messias", „Gottessohn", „Herr" eine gewisse Verbindung. Denn die „Hoheit" liegt in der biblischen Logos-Titulatur nicht in der Unangreifbarkeit eines göttlichen Absoluten, nicht in der weltfernen Transzendenz eines Prinzips, eines Abstraktums, sondern in der Inkarnation des Göttlichen, in der Gemeinschaft Gottes mit den Menschen: „Das Wort ward Fleisch und wohnte unter uns" (Joh. 1,14).

8.6.3 „Davidssohn"

Man kann im Neuen Testament einen allgemeinen und einen speziell auf Jesus bezogenen Gebrauch dieses messianisch bestimmten Titels feststellen:

1. Der „Davidssohn" ist als der verheißene Messias der Nachkomme des Königs David, ein Angehöriger seines Stammes. Dieses traditionelle Kernstück der jüdischen Heilsgeschichte konnte, als allgemein bekanntes Faktum, in den Evangelien bei bestimmten „Gesprächsanlässen" grundsätzlich diskutiert werden.

„Und Jesus fing an und sprach, als er im Tempel lehrte: Wieso sagen die Schriftgelehrten, der Christus sei Davids Sohn?" (Mk. 12,35; vgl. Mt. 22,42; Lk. 20,41); „Sagt nicht die Schrift: aus dem Geschlecht Davids und aus dem Ort Bethlehem, wo David war, soll der Christus kommen?" (Joh. 7,42)

2. Darüber hinaus wird im Rahmen der nachösterlichen Tradition die Bezeichnung „Davidssohn" auf Jesus als den Messias übertragen. Dieser kerygmatische Neuansatz wird besonders deutlich in der „Genealogie" des Matthäusevangeliums („Dies ist das Buch von der Geschichte Jesu Christi, des Sohnes Davids, des Sohnes Abrahams"; Mt. 1,1), er findet sich aber auch sonst bei den Synoptikern.

zur messianischen Davidssohntheologie bei Matthäus und Lukas s. Kap. 3.1

Mt. 9,27; 12,23; 15,22; 20,30f.; 21,9.15; Mk. 10,47f.; Lk. 18,38f. – vgl. auch das christologische Credo in Röm. 1,3

8.7 Die frühkirchlichen Christusbekenntnisse

Die dogmengeschichtlich wohl folgenreichsten Lehrdefinitionen aus frühkirchlicher Zeit wurden erstellt auf den Konzilien von Nicäa (325) und Chalcedon (451).

Während die christologischen Hoheitstitel noch in den kerygmatischen bzw. konfessionalistischen Tendenzen der frühen Gemeinden verwurzelt waren, hatte sich inzwischen die Kirche nicht nur als religiöse Institution, sondern auch zunehmend als politischer Faktor auf breiter Basis etabliert. Die auf beiden Konzilien getroffenen Lehrentscheidungen sind somit nicht als isolierte Dogmen, sondern in engem Zusammenhang mit (hier nicht näher zu erörternden) politischen und kirchenpolitischen Fragen jener Zeit zu sehen.

Unter Kaiser Konstantin dem Großen (306–337) wurde durch das Edikt von Mailand (313) das Christentum „religio licita", erlaubte Religion im Römischen Reich. Kaiser Theodosius der Große (379–395) machte dann 381 das Christentum zur Staatsreligion.

Gleichzeitig sind die formulierten Glaubenssätze auch eine theologische Antwort auf die gewachsene Vielfalt religiöser Strukturen und die Forderungen praktischer Frömmigkeit.

MITTELMEERGEBIET

DIE AUSBREITUNG DES CHRISTENTUMS BIS ZUM JAHRE 325

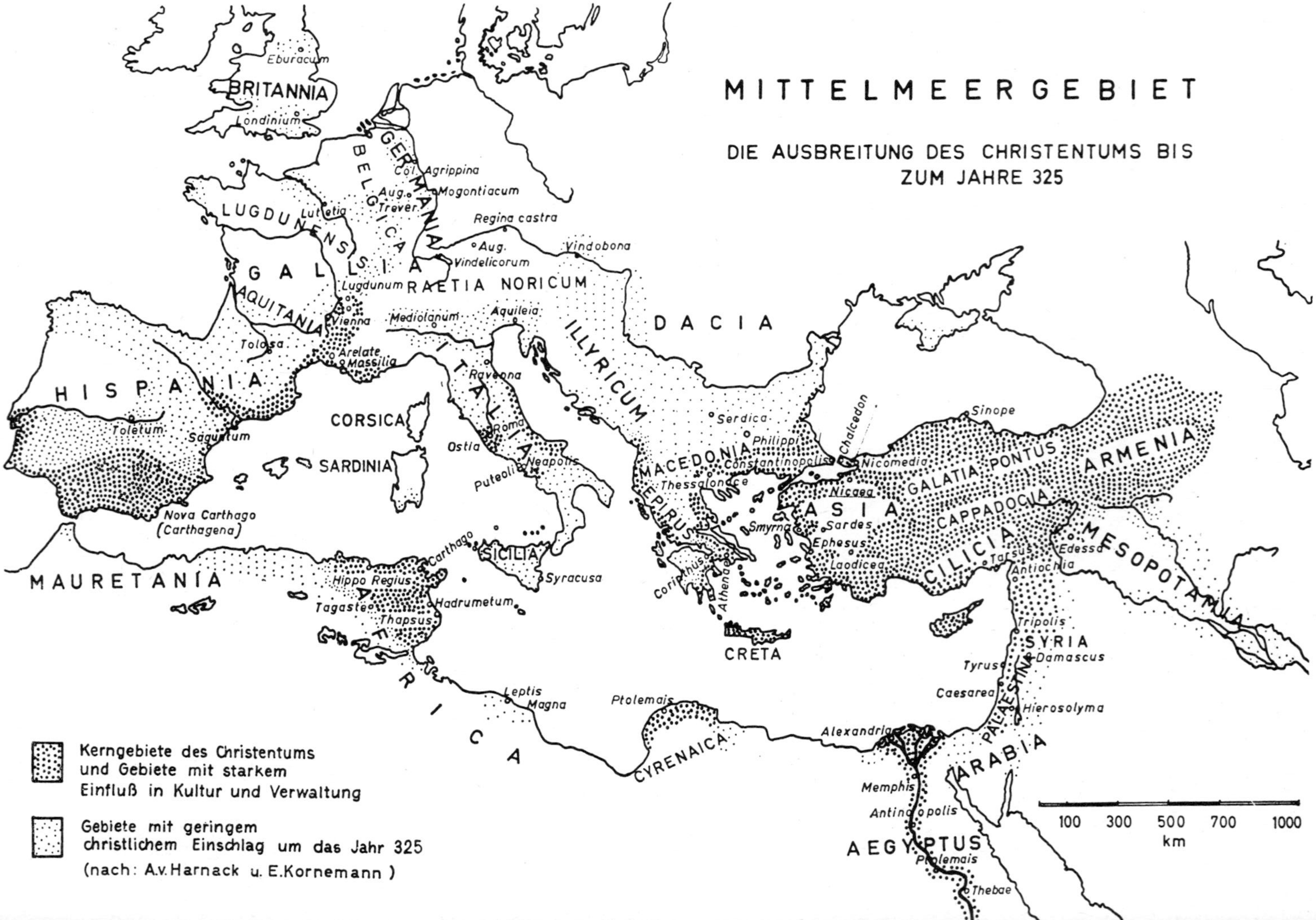

8.7.1. Das Trinitätsdogma des Konzils von Nicäa (325)

Trinität (lat.) = Dreieinigkeit, Dreifaltigkeit

In Nicäa ging es um die begriffliche Bestimmung des Verhältnisses Jesu zu Gott. Vorausgegangen war der sog. „arianische Streit" (s. u.). An der Durchführung des Konzils hatte Kaiser Konstantin selbst maßgeblichen Anteil.

Nicäa (andere Schreibweisen: Nicaea, Nicaia, Nikaia, Nikäa [zur Lage vgl. Karte S. 168]) ist das heutige Iznik in der westlichen Türkei.

- Der alexandrinische Presbyter Arius und seine Anhänger hatten gelehrt, daß die Wesenseinheit Christi mit Gottvater in Gegensatz zum Glauben an *einen* Gott stehe und deswegen abgelehnt werden müsse. Denn der „gewordene" Sohn könne der wesenhaft „ungewordenen" Gottheit des Vaters nicht wesensgleich sein. Aufgrund seiner sittlichen Bewährung habe Gott ihm aber die Sohneswürde verliehen. Jesus ist Gott *wesensähnlich*.

geb. um 280, gest. 336

Wegen dieser Lehre wurde Arius im Jahr 318 von seinem Bischof Alexander exkommuniziert.

griech. „homoiousios"

- Einer solchen Auffassung widersetzte sich die Volksfrömmigkeit. Auch bestand die Gefahr einer die Einheit des Reiches in Frage stellenden politisch-theologischen Zersplitterung. Um also den arianischen Streit zu beenden, berief Kaiser Konstantin für den Sommer des Jahres 325 das erste ökumenische Konzil nach Nicäa ein.

Die Streitsituation forderte zu einer klaren Stellungnahme heraus. Die Synode beschloß die Annahme eines Glaubensbekenntnisses, des sog. „Nicänums".

Man einigte sich auf folgende theologische Lehrmeinungen:

1. Gott und Jesus sind *wesenseins*. (Damit war die Christologie des Arius verworfen.)
2. Gott kann als göttliches Seinsprinzip in sich vielfältig sein und sich in drei verschiedenen Erscheinungsformen - als Vater, Sohn und Heiliger Geist - der Welt mitteilen. Ihrem Wesen, ihrer göttlichen Natur nach bilden diese drei „Personen" dennoch einen einzigen Gott.

griech. „homousios" – Den Begriff, der allerdings auch wiederum auslegungsfähig war, brachte Konstantin selbst in den Bekenntnistext mit ein.

In der Sache und auch in der kirchenpolitischen Frontenstellung war der arianische Streit allerdings keineswegs beendet. Erst das Konzil von Konstantinopel (381) brachte mit der Bestätigung des Nicänums und der Errichtung der orthodoxen katholischen Staatskirche einen gewissen Abschluß.

8.7.2 Die Zweinaturenlehre des Konzils von Chalcedon (451)

Zur Lage von Chalcedon vgl. Karte S. 168. Der Ort lag an der Stelle des heutigen Kadiköy.

Um das Verhältnis zwischen der göttlichen und der menschlichen Natur in der Person Jesu ging es auf der vierten allgemeinen Synode, die von der oströmischen Kaiserin Pulcheria (450–457) und ihrem Gemahl Marcian im Jahr 451 nach Chalcedon einberufen wurde.

Das sog. „Chalcedonense" bekennt den einen Christus, vollkommenen Gott und vollkommenen Menschen, *in* (nicht nur *aus*) zwei Naturen. Jesus ist wahrer Mensch und wahrer Gott zugleich. Beide Naturen bleiben „unvermischt" und „unveränderlich", aber auch „ungetrennt" und „unzerteilt".

Literaturverzeichnis

Bauer, Walter: Griechisch-deutsches Wörterbuch zu den Schriften des Neuen Testaments und der übrigen urchristlichen Literatur. Berlin [5]1963 (Verlag Alfred Töpelmann)

Bornkamm, Günther: Jesus von Nazareth. Stuttgart [14]1988 (W. Kohlhammer Verlag) [Urban Bücher 19]

Braun, Herbert: Jesus - der Mann aus Nazareth und seine Zeit. Gütersloh [2]1989 (Gütersloher Verl.-Haus Mohn) [GTB Siebenstern 1422]

Bultmann, Rudolf: Das Evangelium des Johannes. Göttingen [21]1986 (Vandenhoeck & Ruprecht)

Bultmann, Rudolf: Die Geschichte der synoptischen Tradition. Göttingen [9]1979 (Vandenhoeck & Ruprecht)

Bultmann, Rudolf: Jesus. Tübingen 1988 (J. C. B. Mohr [Paul Siebeck]) [UTB 1272]

Connolly, Peter: Das Leben zur Zeit des Jesus von Nazareth. Hamburg 1984 (Tessloff Verlag)

Cullmann, Oscar: Die Christologie des Neuen Testaments. Tübingen [5]1975 (J. C. B. Mohr [Paul Siebeck])

Diskussion um Kreuz und Auferstehung. Hrsg. von Bertold Klappert. Wuppertal [5]1981 (Aussaat Verlag)

Eßlinger, Erich/Rupp, Hartmut/Schott, Uwe: Gottes verborgene Gegenwart. Stuttgart 1988 (Calwer Verlag) [Oberstufe Religion/ Materialheft 10]

Evangelischer Erwachsenenkatechismus. Hrsg. von Werner Jentsch u. a. Gütersloh [2]1975 (Gütersloher Verlagshaus Gerd Mohn)

Feine, Paul/Behm, Johannes/Kümmel, Werner Georg: Einleitung in das Neue Testament. Heidelberg [13]1964 (Quelle & Meyer)

Flieger, Fridolin/Neumüller, Gebhard: Jesus Christus. Frankfurt am Main/München 1979 (Verlag Moritz Diesterweg und Kösel-Verlag) [Materialien für den Religionsunterricht in der Sekundarstufe II, Nr. 6]

Herodot, Die Bücher der Geschichte (1.-4. Buch). Übertragen von W. Sontheimer. Stuttgart 1967 (Phil. Reclam Jun. Verlag) [Reclam-Tb Nr. 2200/01]

Heussi, Karl: Kompendium der Kirchengeschichte. Tübingen [18]1991 (J. C. B. Mohr [Paul Siebeck])

Jens, Walter: Der Fall Judas. Stuttgart 1975 (Kreuz Verlag)

Jüngel, Eberhard: Tod. Stuttgart [4]1990 (Kreuz Verlag)

Keller, Werner: Und die Bibel hat doch recht. Hamburg 1964 (Rowohlt) [rororo 618–620]

Küng, Hans: Christ sein. München/Zürich [10]1983 (R. Piper & Co. Verlag)

Küng, Hans: Ewiges Leben? München/Zürich [5]1990 (R. Piper & Co. Verlag)

Lapide, Pinchas: Wer war schuld an Jesu Tod? Gütersloh [2]1989 (Gütersloher Verl.-Haus Mohn) [GTB Siebenstern 1419]

Leroy, Herbert: Jesus. Überlieferung und Deutung. Darmstadt [2]1989 (Wissenschaftliche Buchgesellschaft) [Erträge der Forschung, Band 95]

Lohmeyer, Ernst: Das Evangelium des Markus. Göttingen [17]1967 (Vandenhoeck & Ruprecht)

Luther, Martin: Von weltlicher Obrigkeit. München und Hamburg 1965 (Siebenstern Taschenbuch Verlag) [Siebenstern-Taschenbuch 55]

Mack, Rudolf/Volpert, Dieter: Der Mann aus Nazareth - Jesus Christus. Stuttgart 1981 (Calwer Verlag) [Oberstufe Religion/Materialheft 7]

Millard, Alan: Schätze aus biblischer Zeit. Gießen/Basel 1986 (Brunnen Verlag)

Moltmann-Wendel, Elisabeth: Ein eigener Mensch werden. Frauen um Jesus. Gütersloh [7]1991 (Gütersloher Verl.-Haus Mohn) [GTB Siebenstern 1006]

Die Religion in Geschichte und Gegenwart. Hrsg. von Kurt Galling. Band 1-6. Tübingen [3]1957 ff. (J. C. B. Mohr [Paul Siebeck])

Schmidt, Wolf-Rüdiger: Der Mann aus Galiläa. Suche nach einem Unbekannten. Mit Interviews mit Gerd Theißen, Elisabeth Schüssler-Fiorenza, Schalom Ben-Chorin. Gütersloh 1990 (Gütersloher Verl.-Haus Mohn) [GTB Sachbuch 1426]

Speidel, Kurt A.: Das Urteil des Pilatus. Bilder und Berichte zur Passion Jesu. Stuttgart [3]1988 (Verlag Katholisches Bibelwerk)

Weiser, Alfons: Was die Bibel Wunder nennt. Ein Sachbuch zu den Berichten der Evangelien. Stuttgart [7]1988 (Verlag Katholisches Bibelwerk)

Wengst, Klaus: Ostern - Ein wirkliches Gleichnis, eine wahre Geschichte. Zum neutestamentlichen Zeugnis von der Auferweckung Jesu. München 1991 (Chr. Kaiser Verlag) [Kaiser-Taschenbuch 97]

Wilckens, Ulrich: Auferstehung. Stuttgart [4]1988 (Kreuz Verlag)

Zink, Jörg: Eine Handvoll Hoffnung. Stuttgart 1979 (Kreuz Verlag)

Abbildungsnachweis

S. 11 © Archiv für Kunst und Geschichte Berlin

S. 12 aus: Konzepte 6: Jesus Christus. Kösel-Verlag München, Diesterweg-Verlag, Frankfurt

S. 16 Museo Capitolino, Rom

S. 17 aus: G. Kroll, Auf den Spuren Jesu. St. Benno Buch- und Zeitschriften-Verlags mbH, Leipzig; © Pater G. Kroll

S. 46 Albanipsalter, 12. Jhdt., Hildesheim, aus: E. Moltmann-Wendel, Ein eigener Mensch werden. Frauen um Jesus. GTB/Siebenstern, Gütersloh 1980, S. 79

S. 58 Aus dem italienischen Spielfilm „Das erste Evangelium Matthäus" von P. P. Pasolini. © tele bunk, Berlin

S. 90 Lukas Cranach d. Ä. (1533): Martin Luther im 50. Jahr. Germanisches Nationalmuseum, Nürnberg

S. 96 aus: Millard, a.a.O., S. 185. Mit freundlicher Genehmigung des Direktors und Leiters der Universitätsbibliothek der John Rylands Universität, Manchester

S. 102 aus: P. Connolly, a. a. O., S. 51. © Peter Connolly 1983

S. 112 Refektorium des Klosters S. Maria delle Grazie, Mailand (1495–1498). © Archiv für Kunst und Geschichte, Berlin

S. 116 Calvin: Zeitgenössischer Kupferstich. © Archiv für Kunst und Geschichte, Berlin
Zwingli: Hans Asper (1531). © Graphische Sammlung der Zentralbibliothek Zürich (Depositum im Schweiz. Landesmuseum, Zürich)

S. 122 A. Dürer (um 1509). © Archiv für Kunst und Geschichte, Berlin

S. 128 © Archiv für Kunst und Geschichte, Berlin

S. 135 Ausschnitt aus dem Isenheimer Altar. © Archiv für Kunst und Geschichte, Berlin

S. 168 aus: Religion in Geschichte und Gegenwart, Bd. 3, a. a. O., Sp. 685 f. © Archiv für Kunst und Geschichte, Berlin

Photos auf den Seiten 14, 25,28, 37, 49, 74, 79, 86, 104, 107, 130, 132, 135, 146, 152: Dr. Uwe Stamer, Dettenhausen